KB124377

특수교육학개론

다양한 학습자와 함께하는 통합교육

강영심 · 김기흥 · 김자경 · 여승수 · 최진혁 · 황순영 공저

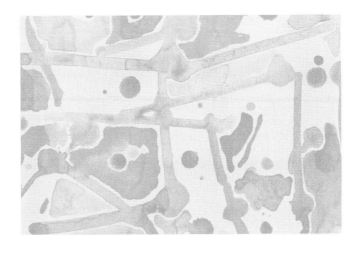

Special Education

학지사

머리말

　장애인은 인류의 역사적 흐름 가운데서 사회적으로나 교육적으로 매우 다양한 존재로 인식되어 왔다. 먼저 원시나 고대시대에 장애인은 국가로부터 인간의 기본권인 생명권도 보장받지 못한 채 유기, 학대 혹은 살해의 대상으로 다루어졌다. 그러다가 기독교 사상을 바탕으로 한 중세시대의 도래와 함께 장애인은 자선과 보호의 대상으로 바뀌는 놀라운 변화를 맞이하게 되었다. 그럼에도 불구하고 그들은 공교육권에서 전적으로 배제된 채 사회적으로 하위계층에 속하였고, 대부분 의존적인 존재로 살아왔다. 이후 근대시대에 이르러 인문과학, 자연과학 및 의학 분야 등 학문적인 발전을 기초로 하여 장애인도 학교교육의 대상으로 포함되기 시작하였다. 그러나 장애인이 가진 특수성과 그에 따른 특별한 교육방법을 지나치게 강조한 나머지, 그들을 위한 수업과 교육은 비장애인으로부터 분리된 특수교육기관에서 이루어졌다.

　이처럼 일반적인 교육환경으로부터 분리된 장애인의 교육은 매우 오랫동안 '정상적'인 것으로 간주되었다. 하지만 1950년 후반부터 북유럽을 중심으로 '정상화 운동'이 시작되면서, 장애인이 특수시설에서 지나치게 고립되어 사회적 차별이 심각하다는 비판적인 인식이 촉발하였다. 이러한 사회운동은 1970년대를 전후로 유럽과 미국 등 학교교육에서 장애인의 통합교육으로까지 확대되어 특수교육 패러다임의 대전환기를 맞이하게 하였다.

　또한 2006년 12월 13일에 채택되어, 2008년 5월 3일에 발효된 '유엔 장애인권리협약'을 통해, 동등한 교육권을 비롯한 삶의 모든 영역에서 장애인에 대한 각종 불이익과 차별금지가 전 세계에 선포되었다. 우리나라도 최근 이러한 국제사회의 통합교육 강화 정책에 발맞추어 모든 예비교사가 장애학생에 대한 태도와 역량을 함양하고자 2008년「유치원 및 초등·중등·특수학교 등의 교사자격 취득을 위한 세부기준」제6조(교직과목 세부 이수기준)에 교직소양과목 중 '특수교육학개론'을 포함시켜 2009학년도에 입학하는 모든 예비 일반교사부터 필수 이수과목으로 규정되었다.

이에 이 책은 통합교육의 이해를 비롯한 특수교육대상자의 이해, 통합교육 실행(행정적 지원 및 교육적 지원), 통합교육의 전망 등 총 5부 13장으로 구성하여 예비 특수교사나 예비 일반교사가 특수교육, 장애학생 혹은 통합교육과 관련하여 습득해야 할 가장 기초적인 지식, 정보 및 기능에 대하여 소개하고 있다.

아울러 개론서인 관계로 각 장마다 주제에 따른 모든 내용을 심오하고 광범위하게 다루고 수록하기에는 여러 가지 이유로 부족하였음을 부인할 수 없다. 그럼에도 불구하고 독자들이 이 책을 통하여 기본적으로 비장애인과 마찬가지로 장애인도 동일하게 절대적이고 무조건적인 존엄성을 가진 인간 존재임을 자각함과 더불어 장애인도 교육을 통하여 변화가 가능한 교육적 존재임을 깊이 깨닫는 자그마한 계기가 되기를 바라는 바이다. 또한 예비교사들이 앞으로 교직을 수행하는 동안에 인간, 교육 그리고 교사에 대하여 끊임없이 고민함으로써 모두가 행복한 학교와 교육을 실현하는 데 이바지하기를 기대해 본다.

끝으로 이 책이 출판되도록 도와주신 학지사의 김진환 대표님과 관계자 여러분께 진심으로 감사를 드리는 바이다.

2019년 3월
저자 일동

차례

제1부

통합교육의 이해

제1장

통합교육의 기본개념 및 현황

 학습목표

- 통합교육의 개념이 추구하는 본질적인 의미와 목적을 명확하게 이해할 수 있다.
- 통합교육의 역사적 배경을 개관할 수 있다.
- 우리나라의 통합교육과 관련된 통계적 현황을 이해할 수 있다.
- 통합교육의 일반적인 효과 및 통합교육의 과제와 전망에 대하여 설명할 수 있다.

학습개요

장애인 교육은 고대시대에서는 인간의 기본권인 생존권도 보장받지 못한 멸절의 시대를 비롯하여 보호와 자선의 사회정책 가운데 있었지만 대다수의 장애인들은 공교육권에서 배제된 중세시대를 거치게 되었다. 이어서 자연과학, 의학 및 사상적 변화를 통하여 오랫동안 교육적으로 배제 대상이었던 장애인들이 공교육권으로 들어왔지만 장애인시설이나 특수학교 등 분리된 환경에서 실시된 분리교육이 오랫동안 지속되었다. 그러나 20세기 후반을 전후하여 유럽에서부터 통합교육이라는 새로운 패러다임으로 그 이념과 실천적 기초가 마련되기 시작하였다. 이에 가장 기초적인 요소에 해당하는 통합교육의 기초적인 개념에 대하여 알아본다. 개념을 정의하는 일은 매우 중요한 일인데, 그 속에는 일정한 철학, 원칙, 방향 및 방법 등을 포함하고 있기 때문에 정확한 개념정의는 필수적인 것이다. 이어서 통합교육의 역사적인 배경에 대하여 살펴보고, 통합교육의 일반적인 효과와 통합교육의 현실적인 과제와 전망에 대하여 조망하고자 한다. 이로써 국내·외적인 통합교육에 관한 기초적인 배경지식과 정보들을 습득함으로써 장차 통합학급교사로서의 자질과 역량을 함양하는 계기가 되길 기대한다.

1. 통합교육의 개념

　오늘날 통합의 영어 표현인 'inclusive'는 어원상 라틴어의 'includere'라는 동사에서 유래된 개념으로서 '포함하다' '포괄하다' '편입하다' 등의 의미를 가지고 있다. 통합은 본래 학교의 수업 등 교육학적인 접근보다는 다문화 사회 가운데서 사회학적인 관점에서 정상(normal)과 다양성(diversity)에 대하여 기본적으로 이해하고, 수용하며, 존중하는 사회 공동체적인 삶에 적용하였다. 즉, 모든 사람들은 각자가 무엇인가를 할 수 있는 것으로 보았으며, 존중과 배려의 정신이 상호적인 문화를 형성하고 어떤 사람도 제외됨이 없이 사회적 삶에 참여하고 제외되지 않는다는 것이다(Albers, 2011).

　통합교육(inclusive education)은 흔히 분리교육과는 대조적인 용어로 특별한 행동 및 사고방식 등의 다양한 특성을 일반적인 교육체제 속으로 포함하는 것을 말한다. 특히 학교교육학에서는 특수교육대상자들이 또래의 비장애 아동 및 청소년들의 학교수업에 함께 참여하도록 조성된 교육환경을 의미한다. 통합교육은 학교교육이나 수업 및 학업성취의 평가 등에서 학생들의 다양성을 존중하고 인정하며 각종 차별과 불이익을 지양하는 것을 기본원칙으로 설정하고 있다. 통합교육의 지지자들은 인간(학생)들의 상호 이질성(heterogeneity)을 '정상적'인 현상으로 간주한다. 따라서 그들은 특수학교의 폐지를 주장하며, '다양한 것이 정상이다.' '다양성은 힘이다.' '각각의 아동들은 특별하다.' 등의 슬로건과 함께 2006년 뉴욕에서 제정된 유엔 장애인권리협약 제24조(교육)에서 규정한 장애인에 대한 균등한 교육기회, 교육권 및 교육환경 등을 골자로 하는 통합교육의 개념을 인용하고 있다(Boban & Hinz, 2004).

　브루거 파기(Brugger-Paggi, 2010)에 따르면 통합교육은 무엇보다도 모든 학생들의 개별적인 욕구들을 고려하게 하며 동시에 수업의 질적 수준도 점점 개선하는 데 이바지하는 것으로 본다. 또한 장애학생과 비장애학생의 통합교육은 모든 학생들이 각자 재능을 가지고 있는 것으로 인정하며, 아울러 교육자, 교육관청 및 입법기관으로 하여금 통합교육의 실현을 위하여 창의성을 유발하게 한다는 것이다. 통합교육의 실현 가능성 여부는 우선 통합교육을 지지하고 함께 학습하는 시간 동안 모든 아동 및 청소년들의 개별적인 촉진 방법을 숙지하고 있을 경우에만 가능한 것이다. 아울러 많은 학생들을 차별하고 분리하며, 또한 그것으로 인하여 결국 학습상 다양한 문제를 야기하는 교육제도를 개선하기 위하여 법률 제정도 매우 중요한 요소에 해당한다.

알버스(Albers, 2011)는 통합교육과 관련하여 다음과 같은 점을 분명히 강조하고 있다.

> 통합교육은 사고방식의 전환을 요구한다. 교육적 행위는 어떤 학생이 일반학교에 입학이 가능한가의 여부에 대한 질문보다는 각각의 학생들이 가진 개별적 욕구를 적합하게 촉진하기 위하여 학교가 어떻게 변화되어야 하는가에 대한 질문이 결정적으로 작용하는 것이다.

힌츠(Hinz, 2000)는 통합교육에 대하여 다음과 같이 다양하게 정의하고 있다.

- 통합교육은 일반학교에서 모든 학생들이 함께 배우고 함께 살아가는 것을 의미한다.
- 통합교육은 각 아동 및 청소년들의 관심을 비롯하여 특별한 재능, 문제 및 어려움 등을 고려한 학교환경을 의미한다.
- 통합교육은 협력적 학습을 바탕으로 모든 학생들을 위한 공동학습과 동시에 개별학습을 의미한다.
- 통합교육은 각자 특별한 욕구, 요구 및 지원 등을 필요로 하는 모든 학생들을 위한 포괄적인 촉진을 의미한다.
- 통합교육은 모든 학생들의 개별화 수업을 중심으로 교육적 촉진을 지향함을 의미한다.
- 통합교육은 개별적인 학업성취도 기준과 평가를 적용한다.
- 통합교육은 상대방의 피부 색깔부터 신체적 · 정신적인 부분까지 다름에 대하여 존중과 개방적인 사고로 대하도록 하는 자세를 함양한다.
- 통합교육은 사회적 시스템 가운데 하나인 학교의 의미와 기능 및 역할 등에 대하여 재고할 수 있는 기회를 제공하는 것이다.
- 통합교육은 초학문적 팀을 통하여 모든 학생들에 대한 공동 책임을 요구하는 상호 협력이 요청된다.

- 통합교육은 수화통역, 승강기 등 교수-학습 환경 및 물리적 환경을 위한 다양한 요소들을 필요로 한다.

독일의 바덴뷔템베르크(Baden-Wüettemberg) 주(州)의 '교사교육 발전을 위한 전문가 위원회(Expertenkommission zur Weiterentwicklung der Lehrerbildung)'에서 다음과 같이 밝히고 있다.

통합교육의 결정적인 성공조건은 일반학교를 통하여 모든 학생들에 대한 교육적 책임을 위임받는 것이다. 통합교육은 특수교육학적인 과제만은 아니다. 그리고 일반학교에 모든 학생들의 입학이 가능해야 하며, 학교장, 교사, 또래 학생 및 부모들을 통하여 각각의 개별적인 학습 및 발달 능력을 가진 모든 학생들이 고려되어야 한다. 또한 모든 학생들이 학교 활동에 참여가 가능해야 하며, 학업 성취 면에서도 차별이나 불이익에서 배제되어야 한다.

프로이스 라우지츠(Preuss-Lausitz, 2004)는 통합교육을 '모든 학생들이 가진 다양성과 공통성을 통하여 학교가 창의적으로 형성되는 것'으로 보았다. 원래 철학이나 사회학 및 심리학 분야에서 먼저 사용했던 'Integration'은 교육학에서는 '모음식 통합교육'의 의미를 가진 채 1970년대와 1980년대에 특수교육학에서 널리 사용되었다. 그러나 1994년 6월 7일부터 10일까지 스페인의 살라망카(Salamanca)에서 개최된 유네스코(UNESCO) 회의에서 'Inclusion'이라는 용어가 처음으로 도입되어 '포함식 통합교육'으로 이해하고 오늘날까지 주로 사용되고 있다. 사실 'inclusion'의 개념이 'integration'에서 유래되었는데, 'integration'은 라틴어의 'integrate'라는 동사형에서 나왔으며 '보완하다.' '보조하다.' '완전하게 하다.' 등을 의미한다(Eberwein, 1999).

아울러 실제로는 'integration'과 'inclusion'의 의미가 다음 〈표 1-1〉과 같이 원칙적으로 내용상으로는 다양한 차이가 나타남을 알 수 있다. 'integration'은 장애유형 및 정도 등 일정한 조건을 갖춘 장애학생을 일반교육기관에 수용하여 필요에 따라서 특수교육 지원의 배경하에서 또래 비장애학생들과 함께 교육과 수업에 참여하게 한다. 그러나 'integration'은 우선 '장애학생'과 '비장애학생' 등으로 구분한 후에 다시 편입하는 경향이 매우 강하게 나타난다. 반면에 'inclusion'은 장애유무가 학생들을 분류하는 기준으로 보지 않으며, 각각의 학생들은 서로 다양한 존재이며 독특한 교육적 욕구와 재능을 가지고 동등한 권리를 가지고 있는 것으로 인정하는 것이다(Hinz, 2002; Sander, 2004; Speck, 2010). 결국 'inclusion'은 'integration' 개념보다는 장애학생과 비장애학생의 학교의 수업과 교육적 통합에서 한층 더 적극적이고 긍정적이며 포괄적인 의미를 가진 것으로 이해할 수 있을 것이다.

표 1-1 'integration'과 'inclusion'의 개념적 의미 비교

integration	inclusion
• 장애학생의 개별적인 촉진을 위한 부가적 지원 강조(장애학생에 초점을 둠).	• 교육과정, 평가방법 혹은 교육학 등 환경 및 구조적 개선 강조(주변 환경개선 강조)
• 의학적, 심리학적 및 사회학적 이론에 기초	• 인권적 차원에 이론적 기저를 둠(모든 학생들은 거주지에서 가까운 곳에서 교육을 받고 범주화되거나 낙인화되지 않을 권리를 가짐)
• 통합적인 환경설정 가운데서 개별적 단점 보완(재활 혹은 경제적 지원)	• 모든 학생들에게 적합한 환경설정 가운데서 교수-학습 형태 적용
• 부모 협력을 통한 전문가 주도의 결정 강조	• 장애인의 자기 결정권 강조
• 학생의 이질성이 집단 구분의 기준	• 학생의 다양성을 인정하고 존중함
• 장애학생을 기존의 학교제도에 맞춤	• 학교제도를 모든 학생들의 욕구와 수준에 맞도록 조절함
• 장애학생의 지원자 역할로서의 특수교사	• 전체 학급 및 교사들을 위한 지원자 역할로서의 특수교사
• 특수교사와 특수교육 중심으로 운영	• 일반학교교사 및 일반학교교육학 중심으로 운영
• 장애학생과 비장애학생 등 '두 집단'이론 강조함	• 교육학적으로 분리할 수 없는 이질적 집단 이론 강조함
• 장애학생의 특별한 지원 계획 강조함	• 모든 학생들의 공통적이며 개별적인 학습 환경 강조함

한편, 우리나라 「장애인 등에 대한 특수교육법」 제1장(총칙) 제2조(정의) 6항은 "통합교육이란 특수교육대상자가 일반학교에서 장애유형·장애정도에 따라 차별을 받지 아니하고 또래와 함께 개개인의 교육적 요구에 적합한 교육을 받는 것을 말한다."라고 정하고 있다.

2. 통합교육의 역사적 배경

장애인 교육의 역사를 시대별로 살펴볼 때 다음 [그림 1-1]과 같이 개괄할 수 있다.

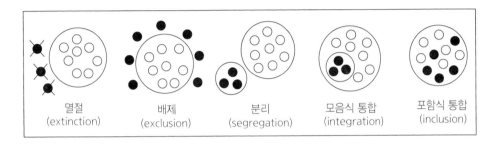

멸절	배제	분리	모음식 통합	포함식 통합
(extinction)	(exclusion)	(segregation)	(integration)	(inclusion)

[그림 1-1] 장애인 교육의 역사적 변천사

우선 인간의 기본권인 생명권조차 박탈당했던 멸절의 시대를 비롯하여 사회의 공교육의 제도권에서 완전히 배제된 시대가 있었다. 이어서 장애인들이 공교육권 안에 제도적으로는 포함이 되었지만 특별한 시설이나 교육기관에서 비장애인들과 분리되어 오랫동안 교육과 수업을 받았던 시대를 지나오기도 했다. 그 후 1970년 대 후반 이후로부터 북유럽의 다양한 사회적 운동을 배경으로 시작된 통합운동은 'Integration'에서 'Inclusion'으로 용어의 변화와 더불어 장애학생과 비장애학생이 함께 동일한 학교에서 개인적으로나 집단적으로 차별이나 불이익이 없는 수업 및 교육권이 보장되는 교육환경의 국제적 확대가 이루어지고 있는 추세이다.

이러한 통합교육은 역사적으로 정상화의 원리를 비롯하여 탈수용시설화, 최소 제한환경, 주류화, 일반교육주도, 완전통합 및 유엔 장애인권리협약 등 매우 다양한 용어와 배경을 바탕으로 오늘날까지 그 의미가 확대·발전하고 있는 것이다. 1960년대 이전에는 장애아동 및 청소년들이 대부분의 사회 공동체로부터 격리된 시설 가운데서 생활함에 따라 장애인 교육도 분리교육이 가장 적절한 교육환경인 것으로 평가되어 실시되었다.

그러나 정상화의 원리(principle of normalization)가 도입되면서 장애학생과 비장애학생들의 교육적 통합에 대한 논의의 중요한 기초로 작용하였던 것이다. 사실,

정상화의 원리는 1959년 덴마크의 '정신지체인과 특히 약한 재능을 가진 사람들을 위한 구호법'에서 출발하였다. 이러한 정상화 사상은 먼저 덴마크의 법률가였던 방크미켈선(Bank-Mikkelsen)과 스웨덴의 니르예(Nirje)에 의하여 구체적인 목표설정을 바탕으로 현장에 적용하도록 발전된 것이다. 이어서 1960년대에는 울펜스버거(Wolfensberger)를 통하여 미국과 캐나다에서 정상화 운동이 계속적으로 번져나갔으며, 독일에서는 특수교육학자이자 사회학자였던 팀(Thimm) 교수가 정상화원리의 대표적인 지지자라 할 수 있다.

니르예는 1993년 스위스의 프라이부르크대학교 철학부로부터 명예박사학위를 수여받았으며, 정상화의 원리를 장애인들의 모든 삶의 영역에서 제공되어야 할 인권으로 이해했다. 니르예에 따르면 정상화 운동의 사상은 다음과 같은 8가지 영역에서 장애인들도 동등하게 참여할 수 있는 정상적인 환경과 권리가 보장될 것을 주장하였다(Nirje, 1994).

- 정상적인 일일생활리듬(취침 및 기상, 아침식사, 유치원, 학교, 직장, 여가활동 등)
- 정상적인 주(周)생활리듬(주말, 야외외출 등)
- 정상적인 연간생활리듬(파티, 축제, 생일, 휴가 등)
- 정상적인 생애주기리듬(가족, 유치원, 학교, 직업, 노동, 본가로부터의 독립 등)의 경험
- 정상적인 개성 존중 및 자기 결정권 보장(권리, 욕구, 관심, 결정 등의 인정 및 존중)
- 정상적인 성생활의 영위(우정, 성생활, 성교육 등)
- 정상적인 경제생활 및 사회적 여건의 보장(직업을 통한 경제적 안정, 자율적인 돈 관리 및 지출 기회 등)
- 공동체 내에서의 정상적인 환경 조성 보장(개인 거주 공간의 확보, 나이에 적합한 거주지의 환경 조성, 모든 문화행사 혹은 공동체의 축제 등에 대한 참여 등).

즉, 정상화의 보편적 원리는 교육, 의료, 심리·정서, 사회, 법 그리고 정치 영역 등 장애인을 포함한 모든 사람들의 삶의 전반적인 차원에서 적용되는 원칙과 기준을 의미하는 것이다. 따라서 장애아동 및 청소년들에게도 교육적 차별이나 사회적 불이익을 야기하는 환경을 지양하고 비장애인과 마찬가지로 동등하고 정상적인

환경과 권리가 제공되어야 할 것을 주장한 것이었다.

또한 탈수용시설화(deinstitutionalization) 운동은 1960년대와 1970년대 사이에 유럽을 중심으로 있었던 열악한 장애인시설에 대한 비판으로, 분리된 수용시설에서 벗어나 장애인들이 가정이나 그룹 홈(Groups Home) 형태 등 소규모 시설에 머물게 하여 지역사회 안으로 돌아가게 함으로써 일어난 사회적 통합운동이었다(김기홍, 2014; Kobi, 2004).

이어서 이러한 유럽에서의 통합운동은 1975년 미국에서 최소제한환경(least restrictive environment: LRE)의 원리로 학교교육에 영향을 미쳐, 장애학생들이 가능한 분리환경을 지양하고 특수교육대상자들의 배치과정에서 가능한 또래 비장애학생들과 함께 의미 있는 상호작용을 할 수 있도록 동등한 환경에서 교육과 수업을 받을 권리가 법적으로 보장되었던 것이다.

그 후 1980년대에 일어났던 주류화(mainstreaming)는 최소제한환경의 원리를 배경으로 학교교육 프로그램의 재구조화를 통하여 장애학생들이 가능한 한 비장애학생들과 함께 일반학교 및 일반학급에서 교육받는 것을 의미하였다. 다시 말하자면, 학교에서의 수업이나 교육환경이 주로 비장애학생을 중심으로 구성이 되어있는데 이 큰 흐름에 장애학생들도 포함시킨다는 것을 의미하였다. 이는 장애학생들을 학교생활 전반에 통합시키기보다 학교생활의 일부는 한정적으로 일반학급에 참여하고 나머지 시간은 특수학급에 배치하는 것이었다.

그러나 주류화 운동을 통하여 장애학생들이 부분적으로는 통합교육을 받지만 특수교사에게 장애학생에 대한 대부분의 교육적 책임이 부여되는 것을 비판하면서 일반교육주도(regular education initiative: REI)라는 개념이 이어졌다. 이는 1986년에 미국의 교육부 차관인 윌(Will)에 의하여 주도된 것인데, 일반교육과 특수교육의 이중적 구조형태를 비판하고 특수교육대상자들을 일반교육환경으로 통합하고자 한 시도였다. 이후 1994년에 기존의 'integration' 대신에 'inclusion'이라는 새로운 개념을 도입함으로써 더욱더 적극적인 교육적 통합을 실현하고자 하였다.

그와 더불어 1990년대 중반 이후에는 장애 유형이나 정도에 상관없이 장애학생과 비장애학생 등 모든 학생들에게 각자의 거주지 근처에 소재하고 있는 일반학급이 가장 적절한 교육환경임을 의미하는 완전통합(full inclusion)의 개념이 제기되었다(김원경 외, 2008; 한국특수교육연구회, 2009).

한편, 2006년 12월 13일 제61차 유엔총회에서 채택된 유엔 장애인권리협약

(Convention on the Rights of Persons with Disabilities)은 전 세계의 약 6억 5000만 장애인들의 존엄성과 권리를 보장하기 위한 21세기 최초의 국제인권법에 따른 인권조약에 해당하며, 2012년 12월을 기준으로 총 126개국이 비준하였다. 이 협약은 장애를 차별이나 불이익의 기준이 아니라 인간의 삶 가운데서 나타나는 다양성의 한 부분으로 재인식하게 하였으며 국가의 사회 및 장애인정책의 시금석으로 삼게 하는 계기를 마련해 주었던 것이다. 특히 유엔 장애인권리협약 제24조(교육)에는 장애인에 대한 동등한 교육권을 인정하며 통합교육 및 평생교육을 보장할 것을 분명히 규정하고 있다.

3. 우리나라의 통합교육의 개관

우리나라의 통합교육 역사는 비교적 짧으며, 대체적으로 1970년대 초에 특수학급의 설립과 함께 본격적으로 시작된 것으로 볼 수 있다. 우리나라 최초의 특수학급은 1937년 일본인에 의하여 허약아동을 위하여 공립 동대문국민학교에 설립된 것을 들 수 있다. 그리고 1968년 서울 월계국민학교에 시각장애학생을 위한 특수학급과 1971년 대구 칠성초등학교에서는 정신지체학생을 위한 특수학급 및 1987년 서울 교동국민학교에 난청아동을 위한 특수학급이 각각 세워졌다. 무엇보다도 그 당시 경상북도교육위원회가 특수학급의 설립에 있어서 매우 선도적인 역할을 하였다. 1972년에 '경상북도교육 5대 시책' 가운데 한 분야가 특수학급 설치에 관한 교육사업이었다. 그해에 18개 특수학급이 설립되었고 이어서 1973년에 33개의 특수학급에 500여 명의 학생들이 함께 교육을 받게 되었다. 이에 문교부는 1974년부터 전국 각 시·군에 한 학급씩 특수학급을 설립하도록 함으로써 통합교육을 위한 기초적인 환경 조성에 급진적인 발전을 보였다(김흥주 외, 1994). 그러나 박승희(1999, 2003)는 우리나라 통합교육의 계기가 특수교육대상자들의 교육적 권리옹호나 사회적 통합을 위한 것이라기보다는 오히려 장애학생들의 교육적 수혜율을 단 시간 내에 가시적으로 높이기 위한 측면과 특수학교의 신설에 비해 시간과 비용적인 측면에서 절감되는 등 교육경제학적인 성격이 더 강하였다는 지적을 하고 있다.

우리나라의 통합교육은 1981년 '세계장애인의 해', 1982년에는 '세계 장애인 10년 행동계획' 등의 국제적인 움직임과 「헌법」을 비롯하여 「장애인복지법」 「장애인 고용

촉진 및 직업재활법」「장애인 등에 대한 특수교육법」「장애인차별금지 및 권리구제 등에 대한 법률」 등 법적인 배경을 중심으로 사회적 인식의 변화에 따라서 통합교육이 강조되고 있다.

그리고 교육부(2018)의 통합교육과 관련한 자료에 따르면 전체 90,780명의 특수교육대상자들 가운데 64,443명이 일반학교 및 특수학급 등 통합교육 환경에 배치되어 약 71.0%의 통합율을 보이고 있다. 그러나 다음 〈표 1-2〉에서 살펴볼 수 있는 바와 같이 최근에는 특수교육대상 학생들의 통합비율에서 특수학교의 지속적인 증설에 따라서 미세한 변화를 엿볼 수도 있다.

표 1-2 연도별 통합비율과 특수학교 수

연도	특수학교 및 특수 교육지원센터(명)	일반학교(명)	전체(명)	통합비율(%)	특수학교(개)
2014	25,827	61,451	87,278	70.4	166
2015	26,094	61,973	88,067	70.4	167
2016	25,961	61,989	87,950	70.5	170
2017	26,199	63,154	89,353	70.7	173
2018	26,337	64,443	90,780	71.0	175

출처: 교육부(2018).

이어서 우리나라의 특수학급은 다음 〈표 1-3〉에서 알 수 있는 바와 같이 2018년 현재 유·초·중·고등학교 등 전체 7,954개교에 10,676개 학급이 설치되어 총 48,848명이 재학 중에 있다.

그 가운데 초등학교에 5,480개의 특수학급이 있어 전체 중에 약 51%를 차지하고 있다. 또한 한 학교당 평균 1.3개의 특수학급이 설치되어 있고, 또 평균 약 6명의 특수교육대상자가 재학 중에 있다. 그리고 특수학급의 교원은 학교당 평균 약 1.4명이 배치되어 있음을 알 수 있다. 그 밖에도 일반학급(전일제 통합학급)은 전국 7,725개교에 14,712개 학급에 15,595명의 특수교육대상자가 재학 중에 있다. 따라서 한 학교당 평균 1.9개 일반학급에 특수교육대상자가 배치되어 있으며, 또한 한 학교당 약 2.0명 정도의 장애학생이 재학 중에 있다.

표 1-3 우리나라의 특수학급 현황

과정별	학교 수(개)	특수학급 수(개)	학생 수(명)	교원 수(명)
계	7,954	10,676	48,848	11,077
유치원	740	853	3,058	859
초등학교	4,281	5,480	24,169	5,528
중학교	1,839	2,372	9,990	2,395
고등학교	1,076	1,938	11,422	2,235
전공과	18	33	209	60

출처: 교육부(2018).

4. 통합교육의 효과

장애학생과 비장애학생의 통합교육은 지금까지 오랫동안 이어 온 전통적인 분리교육을 벗어나 특수교육에서 패러다임(paradigm)의 대전환일 뿐만 아니라, 교육적 측면에 이어 사회적 측면까지 확대되어 국가공동체에 미치는 가치와 의미는 매우 크다 할 것이다. 정대영(2005)에 따르면, 통합교육은 우선 인간의 외모, 성격, 재능, 능력 등 다양성의 인정과 존중을 비롯하여 사회 구성원 개개인이나 집단 간의 차별과 불이익을 지양함으로써 공동체적 조화성을 추구하고, 개인의 능력과 요구에 따라 적합한 교육적 권리와 서비스를 제공하는 교육 기회의 평등성을 부여하고, 아울러 영재학생이나 영재교육의 차원을 넘어 각 개인의 잠재능력을 최대한 계발시키는 것으로 이해하는 수월성의 보장이라는 중요한 이념의 실현을 추구하는 것으로 보았다.

한편, 통합교육은 장애학생뿐만 아니라 비장애학생들에게도 마찬가지로 교육적으로 다양한 긍정적인 효과를 보이는 것으로 나타났다. 하임리히(Heimlich, 1998)에 따르면, 통합교육은 유아를 비롯하여 아동 및 청소년들 모두에게 특히 사회성 발달에 매우 긍정적인 영향을 미치는 것이라고 주장하였다. 또한 김원경 등(2008)의 연구에서도 통합교육은 장애의 정도와는 무관하게 장애학생들의 학업성취, 사회성 향상 및 아동발달에 도움을 주는 것으로 나타났다. 아울러 비장애학생들도 통합교육을 통하여 학업성취도나 사회성에서 긍정적인 향상 효과를 보였다는 것이다.

통합교육의 효과를 장애학생과 비장애학생으로 각각 구분하여 살펴보면 다음과 같다(김광웅, 1990; 박승희, 1999; 이소현, 2004).

먼저, 장애학생들은 통합교육을 통하여 비장애학생의 행동을 관찰하고 모방하고 또한 밀접한 상호작용을 통하여 사회적으로 인정받는 바람직한 행동을 다양하게 배울 수 있다는 것이다. 아울러 장애학생들은 학교에서 비장애학생들과의 공동생활과 학습활동 등의 상호작용을 통하여 언어적인 측면에서 어휘나 표현언어 및 수용언어 능력 향상을 기대할 수 있다는 것이다. 또한 장애학생들이 비장애학생과의 다양한 활동을 통하여 자신의 잠재능력을 발견하고 계발할 수 있는 동기와 기회를 가질 수 있으며, 이는 더 나아가서 장애학생의 자아존중감을 향상시키는 데 큰 영향을 줄 수 있다.

한편, 비장애학생들은 장애를 가진 또래들과의 통합교육 환경을 통하여 인간의 다양성을 인정하고 존중하는 태도를 함양하는 기회를 가지며, 타인을 배려하고 자신의 건강함에 감사하는 마음을 가질 수 있다. 그리고 장애학생들과의 접촉을 통하여 실제적인 정보와 객관적인 지식을 습득함으로써 장애학생에 대한 거부감, 두려움이나 오해 등 장애학생에 대한 인식과 태도 개선에 큰 효과를 볼 수 있다. 아울러 타인을 돕거나 혹은 도우려는 자세를 함양함으로써 올바르고 다양한 사회적 행동을 학습하게 된다.

따라서 통합교육의 효과는 결국 장애학생들에게는 모방학습을 통하여 언어, 인지, 사회성 및 행동 등의 향상을 기대할 수 있으며, 비장애학생들에게는 통합교육을 통하여 무엇보다도 올바른 사회적 가치관을 정립하게 도움으로써 인성 함양에 큰 계기를 마련해 줄 수 있을 것이다.

5. 통합교육의 과제와 전망

장애인 교육의 역사 가운데서 오랫동안 내려온 전통적인 사고방식은 그들을 사회로부터 격리하는 것을 항상 '정상적'인 것으로 보았다. 그러나 20세기 중반 이후부터 분리교육에 대한 저항으로 일어난 통합운동이 오늘날 국내·외적으로 특수교육학에서뿐만 아니라 일반교육학에서도 중요한 주제가 되었음에는 틀림이 없는 사실이다. 그리고 최근에 통합교육에 대한 장애학생 부모들의 요구가 증가하고 사회적인 지지가 더해 감에 따라서 성공적이고 효과적인 통합교육의 실현을 위해 다양한 통합교육 환경의 조성 및 개선 요구도 증가하고 있다.

첫째, 통합교육의 본질적인 의미를 실현하기 위해서는 무엇보다도 학교교육에 있어서 올바른 인간관과 교육관 등을 핵심으로 하는 교육철학이 국가적인 차원의 모든 교육정책의 근본으로 정립되어야 한다(김기홍, 2012). 칸트(Kant)와 파울젠(Paulsen)이 이미 언급한 바와 같이, 모든 인간은 교육을 필요로 하고, 또한 교육을 통하여 변화가 가능한 존재라는 것이다. 여기에는 누구도 예외가 될 수 없으며, 이를 위해서는 모든 인간의 절대적이며 무조건적인 존엄성과 가치가 기초적으로 인정되고 보호되어야 한다. 인간이 가진 장애가 개인적 혹은 집단적 차별, 불이익 혹은 사회적 분리의 기준이 되어서는 결코 안 된다. 독일의 통합교육운동의 선구자였던 무트(Muth, 1991)에 의하면, 통합은 인간의 삶에서 모든 사람들이 가지는 기본적인 인권으로 보았다. 결국 통합교육은 모든 인간의 다양성을 존중하고 가치를 인정하며 인간의 삶의 전 영역에서 배제되지 않고 동등한 권리와 환경을 보장함으로써 사회 공동체에서 인간답게 함께 어우러져 살아가는 모습을 의미한다. 이러한 인간과 교육에 대한 보다 더 넓은 이해를 요구하는 통합교육의 철저한 기본적인 이념과 철학의 바탕 위에 법적 · 제도적 환경이 동시에 조성되어야 할 것이다.

둘째, 통합교육에서는 다양한 영역에서의 적극적인 지원과 실천적인 협력관계가 성공요인에 해당한다는 점이다. 통합교육은 일반교육에 비하여 더 많은 인적, 시설적 혹은 보조 서비스 등 지원을 필요로 함에 따라서 능동적인 행 · 재정적인 뒷받침이 확립되어야 한다. 그리고 다양한 학습적 능력과 요구를 가진 학습자들로 구성된 관계로 교사 교육을 비롯하여 교육과정, 교육방법, 평가, 학교 및 교실환경 등 교수-학습의 전 과정에서 재구성과 개선이 절실히 요구되는 바이다. 그뿐만 아니라 통합교육의 질적인 발전을 위하여 무엇보다도 통합교육과 관련된 환경 내에 있는 행정가, 일반 및 특수교사, 학부모, 학생 등 인적 자원들 상호 간의 긍정적이고 적극적인 이해, 존중 및 협력관계가 반드시 전제되어야 한다(김원경 외, 2008; 박승희, 2003; 한국통합교육학회, 2009).

셋째, 최근 통합교육의 지속적인 증가 추세에 따라서 특수학교의 정체성이나 역할 등의 관계성 재정립에 대한 고민이다. 특수학교는 장애인 교육의 역사에서 장애인들로 하여금 멸절 및 배제의 시대를 벗어나 오늘날 대표적인 분리교육 시설이라는 비판을 받고 있지만 장애인들로 하여금 공적 교육제도에 포함시켜 교육권이나 학습권 보장의 실현을 실천적으로 이행했다는 점은 부정할 수 없을 것이다. 그러나 오늘날 통합교육 차원에서 장애학생들이 일반학교의 일반학급이나 혹은 특수학급에서 교육의 기회가 확대됨에 따라서 과거의 장애학생 교육의 중추적 역할이 특수학교에서 일반학교로 그 중심축이 이동하는 현상을 살펴볼 수 있다. 우리나라는 1970년대 이후로 꾸준히 증가된 특수학급 설치를 통하여 장애학생들에게 또래 비장애학생들과 동일한 환경에서 교육적 기회를 제공하는 데 공헌한 점은 인정할 수 있다. 그럼에도 불구하고 현실적으로 교육현장에서는 장애학생들에게 차별과 불이익을 지양하고 더불어 함께하는 교육적 이념을 가진 통합교육의 온전한 실현이 아직도 부족한 것이 사실이다. 더 나아가서 특수학급을 통한 통합운동이 일반교육 및 학교교육학에 인간과 교육의 개념을 폭넓게 이해하여 교육 전반에 근본적인 변화를 꾀하는 자극제로서는 여전히 미약하였다(박승희, 2003).

최근 교육부(2018)의 특수교육통계에 따르면, 지속적인 특수학교의 건립과 더불어 통합교육이 일정 비율(70%)에서 오랫동안 주춤하고 있음을 알 수 있다. 이는 오늘날 우리나라 일반학교 내의 일반학급이나 특수학급을 통한 통합교육의 현실적인 한계와 더불어 여전히 특수학교의 존재가 필요한 것으로 보인다. 김기홍(2014)의 연구에 의하면, 특수학교에 재직 중인 특수교사들은 통합교육의 본질적인 의미는 이해하지만 장애학생 및 학부모들의 선택권과 더불어 통합교육 현장에서 나타나는 장애학생에 대한 다양한 교육적·정서적 차별이나 불이익 현상을 여전히 특수학교의 의미와 존립의 당위성의 근거로 본다는 점이다.

그러나 장애학생과 그들의 교육을 중심으로 일반학교에서의 통합교육과 특수학교에서의 장애인 교육 등 장소적인 입장에서 상호 대립이나 갈등 관계로 이어지는 것은 바람직하지 않다. 일반적인 교육의 궁극적인 목적이 인간의 잠재능력의 최대한 계발, 인간다운 삶의 추구, 자아실현 혹은 행복추구 등이라고 볼 때에, 이러한 교육적 이념이나 이상적인 인간상(人間像)을 달성하기 위하여 각 학문 분야의 전문성을 중심으로 하는 상호 이해와 협력을 바탕으로 지속적인 논의가 절실히 요구된다 할 것이다.

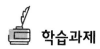 학습과제

1. 통합교육의 개념이 가지는 본질적인 의미와 목적은 무엇인지 구체적으로 논의하시오.

2. 통합교육이 교육현장에서 실현되는 과정에서 가장 어려운 점과 개선방안은 무엇인지 논의하시오.

3. 통합교육이 확대되고 있는 시점에서 장차 일반학교와 특수학교의 역할은 각각 무엇인지 논의하시오.

4. 통합교육의 시대에 일반학교와 특수학교 간의 상호 관계성은 어떻게 정립되어야 할 것인지 논의하시오.

 참고문헌

교육부(2018). 특수교육통계.

김광웅(1990). 정신지체유아의 통합교육에 관한 연구. 단국대학교 대학원 박사학위논문.

김기홍(2012). 독일의 통합교육 현황과 운영사례를 통한 시사점. 특수아동교육연구, 14(1), 221-255.

김기홍(2014). 특수학교에 재직 중인 특수교사들이 바라본 일반학교에서의 통합교육과 특수학교 교육에 대한 인식. 발달장애연구, 18(1), 253-278.

김원경, 조홍중, 허승준, 추연구, 윤치연, 박중휘, 이필상, 김일명, 문장원, 서은정, 유은정, 김자경, 이근민, 김미숙, 김종인(2008). 최신특수교육학. 서울: 학지사.

김홍주, 여용운, 강수균(1994). 특수교육학. 서울: 교육출판사.

박승희(1999). 통합교육의 빛과 통합교육의 그림자. 국립특수교육원 개원 5주년 기념세미나 자료집. 경기: 국립특수교육원.

박승희(2003). 한국 장애학생 통합교육: 특수교육과 일반교육의 관계 재정립. 서울: 교육과학사.

이소현(2004). 장애유아의 사회적 통합 촉진을 위한 사회적 상호작용 증진활동이 일반유아들의 사회적 행동에 미치는 영향. 유아교육연구, 24(2), 159-179.

정대영(2005). 통합교육에서의 주요쟁점과 실천과제 고찰. 특수아동교육연구, 7(1), 21-45.

한국통합교육학회(2009). 통합교육 2판. 서울: 학지사.

한국특수교육연구회(2009). 특수아동의 이해. 경기: 양서원.

Albers, T. (2011). *Mittendrin statt nur dabei*. Muenchen, Basel: Ernst Reinhardt-Verlag.

Boban, I., & Hinz, A. (2004). *Gemeinsamer Unterricht im Dialog*. Vorstellungen nach 25 Jahre Integrationsentwicklung.

Brugger-Paggi, E. (2010). *Inklusive Schule, inklusiver Kindergarten. Visionen und Realitaet*. Universitaet Bozen.

Eberwein, H. (1999). *Integrationspaedagogik*. 5. Aufl. Weinheim/Basel: Beltz Verlag.

Heimlich, U. (1998). 25 Jahre Integration-Bilanz und Perspektiven einer Bildungsreform. In: *Zeitschrift des Verbandes Bildung und Erziehung, 51*(5), 8-12.

Hinz, A. (2002). Von der Integration zur Inklusion-terminologisches Spiel oder konzeptionelle Weiterentwicklung? *Zeitschrift fuer Heilpaedagogik, 53*, 354-361.

Kobi, E. (2004). *Grundfragen der Heilpaedagogik-Eine Einfuehrung in heilpaedagogisches Denken*. 6., bearb. und erg. Aufl. Bern, Stuttgart, Wien, München: Reinhardt.

Muth, J. (1991). Zehn Thesen zur Integration von behinderten Kindern. *Vierteljahresschrift fuer Heilpaedagogik und ihre Nachbargebiete(VHN), 60*, 1-5.

Nirje, B. (1994). Das Normalisierungsprinzip-25Jahre danach. In: *Vierteljahresschrift fuer Heilpaedagogik und ihre Nachbargebiete(VHN), 63*(1), 12-32.

Preuss-Lausitz, U. (2004). Heterogene Lerngruppen-Die Chance fuer mehr Lernwirksamkeit und Erfahrungsreichtum. Vortrag auf der Tagung von GGG, GEW, Grundschulverband und Aktion Humane Schule am 30.10.2004 in der IGS Neumuenster 4-Faldera/Schleswig-Holstein.

Sander, A. (2004). *Inklusive Paedagogikverwirklichen-Zur Begruendung des Themas*. In: Schnell, I./Sander, A.(Hrsg.): *Inklusive Paedagogik*. Bad Heilbrunn: Klink- hardt.

Speck, O. (2010). *Schulische Inklusionaus heilpaedagogischer Sicht. Rhetorik und Realitaet*. Muenchen, Basel: Reinhardt.

제2장

통합교육의 역사적 개관

 학습목표

- 서양의 시대별 특수교육의 역사적 배경에 대하여 알 수 있다.
- 우리나라 특수교육의 역사적 흐름에 대하여 설명할 수 있다.
- 특수교육에 대한 역사적 사실을 통하여 현재를 직시하고 미래에 나아가야 할 특수교육 정책이나 장애인 정책에 대하여 논의할 수 있다.

학습개요

장애인에 대한 역사를 개괄적으로 살펴보면 흔히 멸절의 시대를 비롯하여 자선과 보호의 시대와 분리교육의 시대를 거쳐 오늘날 통합교육의 시대를 맞이하고 있다. 일반적으로 역사를 연구하는 이유는 매우 다양하지만 무엇보다도 어떤 역사적 사건을 비롯하여 인물, 제도 및 정책 등에 대한 판단력이나 비판력을 증진시키는 데 있다 할 것이다. 이를 바탕으로 장애인 교육 혹은 장애인 복지정책에 있어서 과거의 역사적 흐름을 살펴봄으로써 현실을 직시하고 나아가야 할 바람직한 미래를 알아보는 일은 매우 중요한 일이다. 역사를 연구하는 입장에는 여러 가지 사관(史觀)들이 있는데, 그중에 특히 규칙성이나 법칙성의 기초 위에서 역사는 반복된다는 순환론적(循環論的) 역사관이 있다. 이에 따르면 오늘날까지 통합교육이라는 새로운 교육적 패러다임으로까지 거듭하여 발전하고 있는 특수교육이 미래에도 지속적으로 나아질 것이라는 기대감과 더불어 인간성 상실이나 인간의 가치가 생산성, 합리성, 경제성이라는 잣대에 의해서만 평가되는 경향이 강한 오늘날 시대정신을 보면 극심한 불안과 염려를 떨칠 수가 없는 것이 사실이다.

1. 서양의 장애인 교육사

1) 고대시대(B. C. 1100년~A. D 476년): 멸절의 시대

고대시대 당시 대부분의 문화권에서 신생아에 대한 유기 및 살해 행위는 산아(産兒) 조절을 위한 수단이었으므로 도덕적으로나 법적으로 허용되었다. 이러한 권리는 명백하게 신체적으로나 정신적으로 장애가 없는 신생아들에게조차도 공공연하게 자주 행사되었다. 유아살해는 기본적으로 해당 아동의 아버지에게만 허락되었다. 아버지는 자신의 신생아를 유기하거나 혹은 수많은 남신(男神)과 여신(女神)들 가운데 한 신에게 제물로 바치기 위하여 매매할 수 있는 권리가 부여되었다.

우선, 고대 그리스에서는 대체적으로 병약한 아이와 장애아동들은 사회적으로 생존권이 허용되지 않았는데, 특히 장애아동들은 출생 직후에 산에 버려졌다. 축제 행사가 개최될 경우에는 장애인들이 희생양이 되기도 했는데, 매를 맞거나 돌로 쳐서 처형하기도 하였다. 다만, 맹인들은 예언자로 간주하였는데, 그들이 미래를 예측하거나 많은 신들과 소통할 수 있는 것으로 보았다. 따라서 맹인들에 대한 조소 행위를 하는 사람에 대하여 처벌을 하였다. 고대 그리스의 주요 도시국가(Polis)에 속했던 테베(Thebes)에서는 장애아동의 유기나 살해 행위에 대해서는 사형 제도를 통하여 금지하였다. 만일 아버지가 양육이 불가능할 정도로 매우 가난하다면 자녀를 출생 직후에 바로 관할 관청에 인도하였다. 그리고 관계 당국은 그 아이를 적합하고 호의적인 시민에게 양도하였으며, 그는 계약상으로 나중에 자신의 노예로 사용될 이 아이를 양육할 의무가 있었다(Haessler, 2011).

이어서 스파르타(Sparta)의 경우는 매우 엄격한 사회적 배경에 따르면 자녀는 아버지에게 소유권이 주어진 것이 아니라 국가에 속하였다. 국가는 리쿠르고스(Lycurgus) 법전에 의거하여 출생 시부터 아이에 대하여 결정권을 가지는데, 장애를 가진 남자아이들은 출생 직후에 바로 살해하였다. 한 아이가 출생하면 규정된 선발절차를 거치게 된다. 아버지는 신생아를 데리고 당시 최고 연장자들의 총회인 원로회의에 출석하게 된다. 만일 원로원이 아이에 대하여 현재 시점에서 건강하고 앞으로도 강인한 신체를 가질 것이라는 기대에 부합되는 것으로 판단할 경우에는 공동체 속으로 수용된다. 하지만 반대로 신생아가 병약하거나 기형인 경우에는 아버지로부터 아이를 빼앗은 후에 타이게투스(Taygetos) 산의 깊은 협곡으로 던져 유기하였다.

아테네(Athene)에서도 군사력 유지 외에 경제적인 발전을 국시(國是)로 정하였으므로 국가의 유지와 발전에 기여할 수 없는 사람들은 생존권이 보장되지 않았다. 다시 말하자면, 장애를 가진 신생아의 살해는 이른바 사회의 공익적 차원에서 자행되었다. 기원전 594년의 솔론(Solon)법에 의하면, 병역의무를 수행하지 못하고 정치적이나 경제적인 활동에 참여하지 못하며 나중에 자신의 부모나 가족을 부양할 수 없는 장애인들의 생명권은 박탈되었다(Schlegel, 1994).

한편, 로마제국에서는 기원전 4세기 경에는 장애아동에 대한 살해는 범죄 행위가 아니라 12동판법(十二銅板法)으로 성문화된 법률에 보장된 것이었다. 특히 강력한 가부장권이 보장된 로마시대에 아버지에게는 자녀나 아내에 대한 절대적인 처분권한이 부여되었다. 신생아의 출생 이후에 생사의 결정은 오로지 아버지의 결정에 달려 있었으며, 대부분의 유아살해는 장애아동들에게 적용되었는데, 종종 건강한 여아들도 그 대상이 되기도 하였다. 그리고 때때로 가난하거나 혹은 난폭한 부모들은 자신의 자녀들을 거지로 만들기 위하여 신체의 일부를 절단하기도 하였다. 만일에 장애가 나중에 확인될 경우에는 아버지의 재량에 따라서 살해하거나 혹은 노예로 팔기도 하였다. 아울러 로마에서는 5명의 이웃이 동의를 하면 아버지에게는 장애자녀를 유기할 수 있도록 가부장권이 부여되었다. 고대 로마에서는 생존능력이 없거나 신체적 장애를 가진 아동 및 정신 병리학적으로 일탈된 사람들을 유기하거나 추방하기도 하고 심지어 살해하는 것이 전통적 관례에 속하였다. 그리고 부자들이나 귀족들은 소위 '곱사등이(척추장애)'나 '난쟁이(왜소증)'를 선물로 사용하기도 하였다. 장애인들은 축제행사 시에 종종 나체 상태나 혹은 서커스 공연의 구경거리로 이용되기도 하였다. 이후에는 세계 각지에서 온 장애인들을 매매하는 특수시장이 형성되어 거래되기도 하였다. 그리고 당시의 로마 법에 의하면 거세된 남자들은 아이를 입양할 수 없었으며, 지적장애인, 농인들은 증인으로 설 수 없었다. 동시에 절도 행위에서 형사상 책임을 질 수 있는 연령을 11세로 정하였는데, 이는 이미 이 나이의 아동은 그런 행위가 악한 일이며 죄라는 사실을 인식할 수 있는 시기라 보았기 때문이었다. 또한 법적 근거에 따라서 동성애자들은 참수형으로 처벌하기도 하였다(Mosen et al., 2001).

그 밖에도 그리스의 철학자들은 개인의 가치를 대부분 사회적인 유용성을 근거로 평가하였다. 따라서 플라톤(Platon, B. C. 428/427∼B. C. 348/347)이나 아리스토텔레스(Aristoteles, B. C. 384∼B. C. 322) 등은 아이들의 유기를 정당한 것으로 간주하였다. 특히 국민건강을 위하여 장애인들을 제거할 것을 주장하였으며, 오로지 이상적(理想的)인 인간상(人間像)에 부합하는 사람들만 양육할 것을 요구하였다.

결론적으로 고대사회에서는 인간의 가치를 신체기관의 아름다움이나 기능 및 능력 여부에 중점을 두었다. 따라서 신체적인 장애를 가지거나 만성질환자 혹은 지적장애인들은 사회적으로 부정적인 낙인(stigma)을 경험할 수밖에 없었다. 특히 아테네 시민들이 지향하는 이상적인 인간상이라 할 수 있는 가치인 칼로카가티아[Kalokagathia: 미(美)와 선(善)의 조화]로 말미암아 '아름다운 것은 선한 것이다'라는 태도가 형성되었다. 이러한 인식 가운데서 단지 전상자(戰傷者)들이 가진 장애에 대해서는 명예로운 것으로 간주하였지만, 사회적 기대나 이상에 미치지 못하는 대부분의 장애인, 병약자 및 지적장애인들은 자연스럽게 거부와 배척의 대상이 된 것이다. 그뿐만 아니라 그리스와 로마의 철학자들은 원하지 않는 아이에 대해서는 인공임신중절을 지지하였다. 그리고 고대시대에서는 전통적으로 약하거나 장애가 있는 아동들은 출생 후에 바로 유기하거나 살해의 대상이 되었다. 이는 고대 스파르타, 아테네 및 로마에서 공통적으로 우수한 인종의 번식을 늘리고 열등한 종족의 생식을 통제하는 우생학적 사상을 바탕으로 제정된 법에 따라서 유능하고 건강한 아이들은 양육을 받고 그렇지 못한 아이들은 유기와 살해의 대상으로 전락하였기 때문이다(Greving & Ondracek, 2005)

2) 중세시대(A. D. 560년∼1500년): 학대 및 보호 등 상반 감정의 병존 시대

흔히 암흑의 시대, 봉건주의 시대 혹은 계급주의 시대라 일컫는 중세는 약 천 년 동안 지속되었으며 유럽 역사에서 서로마 제국이 멸망하고 게르만 민족의 대이동 시기를 거쳐 르네상스 이전의 시기를 말한다.

유럽 중세사회의 가장 중요한 특징 가운데 하나는 기독교 사상의 유입과 함께 시작하였다는 것이다. 기독교 교회나 수도원들은 자비의 원칙을 바탕으로 일상생활 가운데서 환자, 부상자, 지체장애인 등 사회적 약자에 대하여 의학적인 혹은 복지적인 측면에서 지원하고 보호하였다. 그러나 중세의 로마 가톨릭교회를 옹호하고 이단자(異端者)를 탄압하기 위하여 12세기에서 16세기에 행하여진 종교 재판

기간 동안에 수많은 장애인들이 희생되기도 하였다. 중세시대에 이르러 고대 시대에 있었던 전쟁포로의 엄지손가락 절단 행위, 원치 않는 아이에 대한 유기나 살해 등의 악습들은 폐지되었으며, 빈곤한 자에 대한 법적인 구제제도가 도입되었다. 아울러 장애인들을 위한 시설이 최초로 설립되기도 하였다. 전쟁이나 사고 및 각종 질병으로 인하여 발생한 절단장애 등을 가진 지체장애인들은 주로 시장이나 성문 앞에서 거지로 연명할 수 있도록 구제정책을 실시하였다. 그리고 몇몇 도시에서는 구걸행위와 관련하여 규정을 제정하기도 하였는데, 1370년에 독일의 뉘른베르크(Nürnberg)에서 처음으로 구걸에 관한 규정이 만들어졌다. 그 내용을 몇 가지 살펴보면, 우선 구걸행위는 허락을 받아야 하며, 해당 지역 출신 거지들은 우대를 받았다. 구걸행위에 대한 허가서는 항상 보이도록 부착하여야 했다. 그리고 이 규정들이 1518년에는 더 확대 개편되어 노동능력이 없는 자들을 배려하여 평일에는 노동능력이 있는 거지들의 구걸행위를 금지하는 조치를 취하였다. 또한 그들은 사회로부터 추방되기도 하였으며 1년에 한 번 또는 몇 번 서는 연시(年市)에

[그림 2-1] 16세기 목판화에 나타난 장애인에 대한 기부

출처: http://www.dorsten-lexikon.de

서 지적장애나 지체장애인들을 장난감이나 구경거리로 삼기도 하였던 것이다. 다른 한편으로, 장애인들은 신의 보호 아래에 있는 약한 존재로 간주되기도 하였다 (Fronefeld, 2000).

이처럼 중세는 고대시대보다는 병·허약자나 장애인들에 대한 인식과 처우가 많이 개선되었지만 미신을 바탕으로 한 학대와 무시 현상과 더불어 기독교 교리에 따라 장애인을 자선과 보호의 대상으로 수용하기 시작하는 등 상반된 감정이나 가치관이 공존하였다. 성경적인 진술을 살펴보면, 신체적으로 장애가 있거나 흠이 있는 사람들은 신(神)에 대한 제례(祭禮) 의식이나 행사에 참여할 수 없었으며, 제사장직 임명도 허락되지 않았다. 사람들이 가진 질병이나 몸의 손상은 신(神)의 계명이나 규정을 어긴 벌로 평가되었다. 따라서 장애를 가진 당사자들은 악행으로 말미암은 위협적인 존재로 여겨졌으며, 결국은 신앙공동체로부터 제외되기도 하였다.

그러나 다른 한편으로는 미신적인 사상으로 말미암아 장애를 신(神)의 벌, 도덕적 죄악의 결과나 위협적인 존재 혹은 악마에 씌운 것으로 간주하기도 하였다. 장애아동들은 암암리에 살해당했으며 그 후에는 공개적인 유아살해가 허용되기조차 하였다. 1486년에는 독일의 가톨릭 수도사였던 크라머(H. Kramer, 1430~1505)와 야콥 스프렝거(J. Sprenger, 1435~1495)는 미신적인 근거를 바탕으로『마녀의 망치 (라틴어: Malleus Maleficarum)』라는 책을 공동으로 발간하였다. 여기에서 불치병이나 기형아들은 '악마의 작품'으로 기술하였으며, 실제로 중세사회에서는 공식적으로 처형을 하기도 하였다. 1454년에 독일의 오스나브뤽(Osnabrueck)에서만 160여 명의 지적장애인들을 마녀로 간주하여 화형이 집행되었다. 루터(M. Luther, 1483~1546)조차 장애아들을 물로 가득 찬 통에 던져 익사시킬 것을 주장하였다. 왜냐하면 그들은 장애인을 악마가 바꿔치기한 '괴물'로 믿었기 때문이었다(Speck, 1991).

장애나 질병의 발생은 우선 당사자에게 책임을 전가하며 개인의 가치를 평가 절하시키는 요인으로 작용하였다. 중세 사회에서는 장애인들이 가진 장애에도 불구하고 그들을 사회적으로 완전히 가치가 있는 존재로 수용한다는 것이 매우 어려운 일이었다. 이러한 중세 사회의 부정적인 인식 가운데 예외적인 경우는 지체장애인이자 가톨릭의 베네틱트 교단의 수도사이며 저명한 과학자, 작곡가 및 작가였던 헤르만누스 콘트락투스(Hermannus Contractus, 1013~1054)를 들 수 있다. 중세 시대에 있어서 문헌이나 예술작품들을 통하여 살펴볼 수 있는 것은 장애인들의 사회적 위치가 가장 낮은 계층에 속하였다는 것인데, 이는 그들이 다만 상위 귀족층들의 자선, 보호 및 호의에만 의존하였기 때문이다. 자선의 대상으로서 장애인들은 지배계층들로 하여금 끊임없는 정신적인 공덕을 쌓게 해 주는 역할을 할 수 있었다. 이는 장애인들에 대한 보호나 자선행위가 인격적인 상호관계에서 이루어지기보다는 이기주의적인 구원의 방편으로 이해했다고 볼 수 있는 것이다. 그럼에도 불구하고 종종 때에 따라서는 장애인들이 귀찮은 존재로 간주되어 추방을 당하기도 하였다. 단지 가톨릭 수도회에서는 장애인들과 환자들을 위하여 지속적인 보호와 구제활동을 실시하였다.

중세시대에서 일반적으로 장애인들은 호의와 구제의 대상으로 여기기보다는 법적으로 불이익과 차별적 대우를 받았다. 이에 인간은 신(神)의 형상을 따라서 창조되었다는 사상에 부합되지 않는 사람이나 혹은 그가 가진 장애는 악마에게 사로잡혀 있는 것을 암시한다고 생각하였다. 그 당시에 정상이라는 개념과 맞지 않는 신생아는 악마가 바꿔치기 했다고 믿는 흉한 괴물로 본 나머지 장애아동에게 생존기회와 양육권을 박탈하고 학대하며 유기하거나 살해하였다. 루터(M. Luther, 1483~1546)는 장애아 및 기형아들을 익사시킬 것을 권했는데, 그들은 악마에 의하여 영혼이 없는 육신만 가진 존재라고 여겼기 때문이었다. 또한 성인 장애인들은 그 당시 마녀재판과정에 의거하여 전통적인 고문이나 극히 참혹한 형태로 귀신을 쫓아내는 행동양식이나 화형에 처하였다. 또한 대부분 관계 당국은 마부(馬夫)나 선장들에게 장애인들이나 정신질환자들을 도시나 마을로부터 다른 곳으로 추방할 것을 지시하였다. 중세 말엽과 근대 초기에 장애인들은 아주 잘된 경우에는 양로원 같은 시설에 갈 수 있도록 지정을 받았지만 대부분 감옥이나 정신병원에 감금되었던 것이다(Mayer, 2001).

중세시대의 사상들은 기원전의 게르만주의, 고대의 이교도(異敎徒)주의, 유대교와 기독교적인 이념 등이 혼합되어 있었다. 예를 들어, 기원전의 게르만주의적 관점에서 인간의 가치에 대한 평가는 신체적인 결점 여부에 따라서 자격을 부여하거나 법적인 권리가 인정되었다. 이런 기준에 따라서 각종 사고나 질병들은 신의 심판으로 이해되었다. 또한 고대의 이교도적인 인식에 의하면 신체적인 상태를 기준으로 각자 영혼의 특성이나 성격을 파악할 수 있다고 보았다. 12세기에 유명한 관상학(觀相學)에 관한 많은 글들을 통하여 개인의 일정한 신체적인 특성으로부터 직접 성격이나 인품을 파악할 수 있다고 보았으며, 아울러 장애인들과의 만남을 회피하도록 경고하기도 하였다. 이어서 유대교와 기독교적인 입장에서 성경은 다양한 기적적인 치료들이 언제나 죄에 대한 용서를 전제로 나타나는 것으로 묘사하고 있다. 다시 말하자면, 죄가 모든 장애와 질병의 원인으로 이해하는 등 인과응보(因果應報) 사상이 만연하였다는 의미이다. 그 밖에도 사회적으로 지적장애인들에 대한 인식은 매우 다양하여 '멍청이' 혹은 '바보'라 간주하기도 했고, 다른 한편으로는 악마로 보아 두려워하기도 하거나, 반대로 비록 드물지만 '신령한 사람'으로 숭배를 하기도 하였다.

3) 근대시대(A. D. 15~19세기): 특수(분리)교육의 시대

근대시대는 일반적으로 르네상스 시대로부터 시작하여 개인의식, 자본주의 및 시민 사회의 성립이 이루어지는 19세기까지를 포함하고 있다. 이 시대는 중세의 신(神)중심주의, 교회주의, 내세주의, 권위주의, 계시(啓示)주의, 금욕주의 등의 모든 가치관을 부정하는 가운데 새로운 사회적 인식의 변화들을 비롯하여 교육학, 의학 및 자연과학의 발달을 바탕으로 장애인에 대한 치료와 교육이 점진적으로 시작되었던 시기였다. 우선, 15세기는 유럽에서 발생한 문예부흥 혹은 학예부흥으로 불리는 르네상스(Renaissance) 시대이며, 시대적 정신 운동의 시기이다. 르네상스는 이탈리아를 중심으로 시작하여 전 유럽 국가들로 확산되었으며 지적 혹은 이념적 변화를 바탕으로 인간중심과 인간의 이성(理性)을 지향하는 인간성 회복이라는 인문주의 사상을 본질로 하고 있었다.

그럼에도 불구하고 한편으로는 르네상스 시대에서도 여전히 점성술이나 마술 등 비이성적이거나 비과학적인 인식들이 존재하고 있었으며, 아울러 건축, 음악, 미술, 문학 및 철학 등의 분야에서 지식층이나 기득권층에게만 사고의 변화가 있었고, 대부분의 유럽 각 국가들의 시민들에게는 여전히 중세 사회의 시대 정신이 유지되고 있었다고 보기도 한다. 이러한 맥락에서 르네상스 시대에 마녀사냥은 더 악화되었으며 장애를 가진 신생아들은 흉조(凶兆)를 의미한다고 믿었다. 그러나 이에 대하여 처음으로 저항이 일어났는데, 르네상스 시대의 이탈리아 철학자였던 피코 델라 미란돌라(Pico della Mirandola, 1463~1494)는 장애는 미신적인 입장에서 보기보다는 오히려 자연스러운 원인으로 인하여 발생한 것으로 보았다. 그러한 맥락에서 의사이며 마녀사냥에 대한 반대자였던 요하네스 바이러(Johannes Weyrer,

1515~1588)는 피코 델라 미란돌라의 생각에 동의하며 악마나 귀신 들린 자들은 성
직자 혹은 무속인들보다는 의사들에 의하여 치료되어야 할 것을 강조하였다. 그
러나 그 당시 모든 사람들이 물론 이 의견에 동의하지는 않았으며, 특히 의사이며
연금술사, 점성술사, 철학자였던 파라셀수스(Paracelsus, 1493~1541)는 장애나 질
병의 자연 발생적인 원인에 대하여 인정하지 않았다고 한다(Meier, 2013; Thumfart,
1996).

　이어서 16세기경에 종교계의 르네상스라 부를 수 있는 종교개혁 사상은 장애인
에 대한 사회적 인식 개선이나 복지제도에 많은 영향을 미치기도 하였다. 그 가운
데 성직자이며 성서학자, 언어학자인 루터는 종교개혁의 신학적 개척자로 불리고
있는 인물이다. 16세기 초기였던 1517년 교황 레오 10세(Leo X, 1475~1521)가 성
베드로 성당 개축비용을 마련하기 위해 면죄(벌)부 판매를 비롯하여 정치권력과의
유착, 교권의 부패, 성직매매 등 로마 교황청의 세속화에 대한 반발로 종교개혁은
시작되었다. 우선, 루터는 그 당시 전통처럼 악마의 존재에 대하여 믿었다. 1518년
의 10계명 해석에서 마녀로 의심받는 여성들에 대하여 배척하고 사형할 것을 요구
하였다. 그는 1526년 3월에서 5월 사이에 구약 성경의 출애굽기를 중심으로 한 설
교전집에서 다음과 같이 언급하고 있다.

　　(전략)…… 그녀들은 어떤 가정에서 우유나 버터 등 모든 것을 훔칠 수 있다.
　……(중략)…… 그리고 아이를 마법에 걸리게 할 수도 있으며, 비밀스런 질병들
　을 인간의 무릎 안에서 생기게 하여 몸을 허약하게 할 수도 있다. 다시 말하자면,
　마녀들은 인간의 몸과 영혼에 해를 끼친다. ……(중략)…… 마녀들은 살해해야 하
　는데, 그것은 그들이 도둑이며, 간부(姦婦), 강도 및 살인자들이고 사탄(Satan)과
　내통하기 때문이다. ……(이하 후략).

　루터는 자신이 직접 마녀사냥꾼으로 활동을 하지 않았지만, 1540년 마녀로 간
주되었던 사람들이 처음으로 독일의 비텐베르크(Wittenberg)에서 화형을 통하여
희생되었다. 이어서 루터 당시의 시대는 무엇보다도 장애인 혹은 장애와 관련하여
선천성 장애를 가지고 출생한 아이들을 악마가 건강하게 태어난 아이들과 몰래 바
꿔치기한 괴물로 간주하였다. 루터도 이러한 입장을 수용하였으며, 연설이나 저서
에 장애인을 예외 없이 악마의 피조물이라고 기술하고 있다. 또한 그의 두 번의 연

설을 통하여 장애인에 대한 태도를 알 수 있다. 여기에서 루터는 중중 지적장애를 가진 아동에 대하여 영혼이 없는 '고기 덩어리'로 묘사하였으며, 악마가 그 아이의 영혼의 자리를 차지하고 있다고 주장하였다. 따라서 그는 당시 성직자들에게 이 아이들을 강에 익사시킬 것을 주문하였다. 성직자로서 그는 이러한 장애아동에 대한 살해를 실행하였다고 하지만, 사람들은 그의 말에 귀를 기울이지 않았다고 한다. 또한 루터는 이러한 아이들에 대한 세례와 관련한 질문에서는 비교적 옹호하는 입장을 취하였다. 이는 아이들의 출생 직후에는 장애 여부를 아직 알 수 없다고 봄으로써 영혼의 구원과 관련하여 암시적으로는 긍정적인 인식도 일부 엿볼 수 있다고 할 것이다(Stuemke, 2007).

이어서 유럽 문명사에서 르네상스의 찬란했던 문화와 종교개혁 이후의 17세기는 '바로크(Baroque) 시대'라 지칭하고 있다. 이 시기는 종교전쟁, 기아 및 전염병, 신대륙의 발견 및 과학의 발달 등을 통하여 철학적, 사회적 혹은 정치적 큰 전환기이자 격동기라 할 수 있다. 특히 16세기와 17세기에 발생한 신·구 종교 간의 종교전쟁은 종교와 더불어 사회와 정치의 기초를 죽음과 폭력을 통하여 혼란하게 함으로써 혼합적이고 반항적인 바로크 감성의 형성에 큰 영향을 미치게 되었다. 이러한 시대적인 배경 가운데서 바로크시대의 절대 왕정시절에 왕이나 귀족들은 장애인들을 궁중의 익살광대로 이용하였다. 예를 들어, 카타리나 데 메디시(Caterina de' Medici, 1519~1589) 여왕은 9명의 이른바 '난쟁이'들을 소유하고 있었다. 1680년 처음으로 프랑스에서 마녀와 그와 유사한 사람들에 대한 잔인한 사형제도를 철폐하였다. 그러나 당시 사회는 장애를 악마의 작품으로 덜 간주하는 반면에 오히려 반사회적이고 시(市)나 국가적인 짐으로 더 많이 묘사하게 되었다. 따라서 17세기 중엽부터 장애인들은 가장 가난한 신민(臣民)으로서 특별규정에 따라 이송된 정신질환자들과 함께 이른바 '거지 교도소'에 감금되기도 하였다(Speck, 1979).

그리고 18세기는 유럽의 지적(知的) 운동이며 이성(理性)을 특히 강조한 계몽주의 시대를 맞이하게 된다. 계몽주의는 영국의 합리주의와 결합하면서 1780년 이후부터 인간의 이성을 통하여 우주를 이해하고 사회의 불합리성, 부자유 혹은 불평등을 극복하고자 했던 사상운동이자 사회개혁운동이었다(Meyer, 2010).

교육과 관련하여 계몽주의의 중심 사상은 모든 인간은 적합한 교육을 통하여 변화와 개선이 가능하며 정신적으로 성숙해지고 사회가 발전할 수 있다는 것인데, 이는 학문뿐만 아니라 삶의 다른 여러 분야에도 영향을 끼쳤다.

이처럼 교육학의 이념은 항상 계몽주의 사상을 바탕으로 하는 등, 계몽주의와 교육학은 서로 유사한 입장과 세계관을 통하여 매우 긴밀한 관계를 형성하였던 것이다. 아울러 박애주의(philanthropism)적인 이념과 목적들이 18세기와 19세기의 총체적인 사상을 이루었는데, 계몽주의 사상을 바탕으로 시작된 프랑스 혁명(1789)에서도 자유, 평등과 더불어 박애를 기본 이념으로 삼았던 것이다. 더 나아가서 박애정신은 인간의 존엄을 전제로 하며 인간애(人間愛)를 발휘하여 가난, 질병, 장애를 개선하고자 하였는데, 장애인들에 대한 교육가능성 이념을 형성하는 데도 큰 기여를 하였다. 계몽주의 시대의 이러한 획기적인 사상적 변화는 장애인에 대한 차별적인 인권과 교육 개선에도 매우 긍정적인 요인으로 작용하였다. 18세기에 일반학교제도가 처음으로 생성되었으며, 아울러 장애인을 위한 특수학교도 설립되기 시작하였던 시기였다. 18세기 이전까지 장애인에 대한 처우는 단지 치료적인 측면에서만 이루어졌으며, 특수학교는 물론 아직 설립되지 않았다. 얀 아모스 코메니우스(Jan Amos Comenius, 1592~1670)는 신학자이자 철학자 및 주교였으며 무엇보다도 17세기의 가장 위대한 교육학자였는데, 그의 저서인『위대한 교수법(Didactica Magna)』에서 모든 인간의 평등성을 주장하는 기독교적인 세계관을 바탕으로 각 개인은 교육을 필요로 하고 교육이 가능한 존재라고 강조하였다(Haeberlin, 2005). 또한 코메니우스는 원래 차별을 받거나 약한 사람들의 경우 특별하고 더 많은 관심을 필요로 하는 것으로 인식하였다. 사실 모든 인간에 대한 평등성의 원칙은 그 당시에 아직 중증장애인들에게까지는 확대되지 않았다. 이는 18세기 후반에 이르러 비로소 장애인에 대한 계획적인 교육이 실시되기 시작하였는데, 이는 유럽의 계몽주의 사상 도입과 함께 장애인을 포함한 모든 사람들에게 보편적 교육권이 선포되었기 때문이다. 그러나 이러한 시대적 변화에도 불구하고 계몽주의적 교육학에서 실제로 약자들에 대한 이해도는 여전히 낮았다. 단지 몇몇 소수의 사람들만이 일반적으로 가난과 곤경 및 불행한 존재로 간주되는 장애인들을 위한 특별한 시설의 필요성에 대하여 생각하였다. 이에 18세기에 첫 번째로 특수교육을 위한 시설들이 전문교육자들에 의하여 설립되기보다는 주로 빈민구호자, 성직자 등에 의하여 조직되었다. 스위스의 철학자이며 정치인, 사회개혁자, 교육자였던 페스탈로치(Pestalozzi, 1746~1827)도 역시 그 당시에는 사회적 약자나 소외된 사람들에게 교육적이라기보다는 사회복지적인 측면에서 접근한 것을 알 수 있다. 이는 그 당시에 일반대중들의 일상이 초기 산업화 시대의 사회적인 곤궁으로 인하여 점점 어려워짐에 따라서 사회비판적인 교육자들이 이에 대하여 맞서기 시작하였던 것이다(Haeberlin, 2005).

또한 인간 개인의 발달 잠재능력에 대한 새로운 시각은 영국의 철학자였던 로크(Locke, 1632~1704)에 의하여 열리게 되었다. 그는 계몽주의 시대의 주요 교육자이며 모든 인간에 대한 교육의 필연성에 대하여 강조하였다. 인식과 지식의 기초를 선천적인 것이 아니라 전적으로 감각의 작용으로 보는 감각론자(sensationist)로서 그는 감각적 지각 이전의 마음 상태는 마치 백지(白紙)와 같아서 감각에 의하여 비로소 마음이 그 내용을 얻는다고 보았다(Ellger-Ruettgardt, 2008).

이와 더불어 프랑스 출생의 계몽주의 시대의 대표적인 사상가 루소(Rousseau, 1712~1778)를 비롯하여 달랑베르(d'Alembert, 1717~1783), 디드로(Diderot, 1713~1784) 또는 콩디야크(Condillac, 1714~1780) 등은 로크와 자신들의 새로운 입장을 통하여 교육 분야에 영향을 많이 끼쳤다. 특히 디드로의 경우에는 자신의 글인 『시각장애인에 대한 편지(Lettre sur les Aveugles)』(1749)에서 시각장애인에 대한 수업에 관하여 구체적인 질문들이 공론화되기 시작하였다. 그 밖에도 그는 감각장애를 더 이상 결손으로 간주하기보다는 다른 감각, 예를 들어 촉각 등을 통한 보상기제에 대하여 관심을 보이기도 하였다. 다시 말하자면, 그는 장애인들에 대하여 기본적으로 학습능력이 있는 존재로 인식하였던 것이다. 디드로는 자신의 철학적 대화체인 『라모의 조카(Le Neveu de Rameau)』에서 평가한 바와 같이 수화(手話)를 자연스럽고 설득력이 있는 인간의 언어로 보았다(Ellger-Ruettgardt, 2008).

또한 인간과 교육에 대한 인식의 변화에 힘입어 중세 이후에 서서히 장애인들을 위한 시설들이 설립되기 시작하였다. 초기에는 주로 농아나 시각장애인들을 위한 기관들이 세워졌는데, 지적장애인들은 교육이나 구제 사업에서 종종 배제되기도 하였다. 최초 청각장애인을 위한 교육은 이미 16세기 중반에 스페인의 베네틱트파 수도사이며 동시에 농인들을 위한 음성언어 교육의 창시자였던 페드로 폰세 데 레온(Pedro Ponce de Leon, 1516~1584)에 의하여 시작되었다. 언어치료학과 관련하여 이미 1584년에 이탈리아의 의사였던 메르쿠리알레(Mercuriale, 1530~1606)는 처음으로 언어치료학에 대한 학문적인 보고서를 서술하였다. 그 후 1770년에는 프랑스의 파리에서 아베 드 레페(Abbé de L'Epée, 1712~1789)가 첫 교육기관을 설립하여 수화(手話)를 통한 청각장애학생 교육이 시작되었으며, 1778년에는 라이프치히에서 하이니케(Heinicke, 1727~1790)가 독일의 첫 번째 청각장애학생들을 위한 학교를 통하여 구화(口話)교육을 중심으로 하는 교육을 실시하였다. 이 시기에 장애학생들을 위한 교육기관들은 주로 사립 형태로 설립 · 운영되다가 점진적인 수적 증가와 더불어 국가에 의한 관리 · 감독의 체제로 구축되기 시작하였다(Moeckel, 1988).

오늘날 학습장애와 정서 · 행동장애아와 관련하여 이미 1533년에 독일의 인쇄업자이자 집필자였던 요르단(Jordan, 약 15세기~1560 혹은 1570)은 읽기 및 쓰기 학습법에 관한 책을 썼으며, 펠비거(von Felbiger, 1724~1788)는 학습능력이 지체되는 학생들을 일반 수업에 포함시켜 교육을 시도하기도 하였다. 또한 17세기에 유럽의 여러 나라들에서는 종교와 왕조, 영토 및 통상에서의 적대관계 등 다양한 이유로 발발한 30년 전쟁(1618~1648)으로 말미암아 수많은 고아원들이 설립되기도 하였다.

1784년 독일의 바게만(Wagemann, 1746~1804) 목사는 괴팅엔(Goettingen)에 공업학교를 세워 사회적으로 하위계층의 아이들을 대상으로 직업교육을 시켰다. 스위스의 페스탈로치도 정서적으로 혹은 행동적으로 다양한 어려움이 있는 아이들을 대상으로 시설을 중심으로 교육과 수업을 실시하였다. 그뿐만 아니라 프랑스의 의사이며 농아 교육자였던 이타르(Itard, 1774~1838)는 아비뇽(Aveyron)에서 발견된 지적장애 혹은 자폐성장애를 가진 야생아(Victor)에 대한 교육을 통하여 특수교육 분야에 지대한 공헌을 하였다(Mueller, 1996).

[그림 2-2] 야생아 빅터

출처: https://de.wikipedia.org

일반적으로 시각장애인들은 18세기 말엽까지만 해도 교육이 불가능한 존재로 간주되었는데, 1784년에는 프랑스의 교사였던 아우이(Haüy, 1745~1822)에 의하여 파리에 최초의 시각장애인 교육을 위한 학교가 설립되었다. 그 당시 아우이의 학습목표는 무엇보다도 두꺼운 종이에 라틴어 철자들을 각인(刻印)한 후에 촉각으로 뒷면을 만지게 함으로써 읽기 능력을 향상시키는 것에 두었다. 그는 특히 1786년에 프랑스 국왕에게 시각장애인들의 교육에 대한 보고서를 쓰기도 하였으며, 그 밖에도 음악 수업과 다양한 수공업 관련 수업들을 자신의 학교에 도입하였으며, 이러한 사례들은 곧이어 1790년에는 영국 리버풀(Liverpool) 등 다른 유럽 국가들뿐만 아니라 미국에서도 계속하여 교육기관이 설립되는 계기가 마련되었다.

　　이어서 19세기에도 교육현장에서는 수많은 특수교육기관들이 계속하여 세워졌으며 동시에 특수교육 이론들이 형성되기 시작하였다. 그러나 지적장애 아동 및 청소년들에 대한 교육적인 노력은 여전히 배제된 상태였다. 다만, 오스트리아에서는 지적장애학생들을 위한 학교가 1830년에 구겐모스(Guggenmoos, 1775~1838)에 의하여 세워졌으며, 1841년에는 스위스의 의사인 구겐뷜(Guggenbuehl, 1816~1863)이 지적장애학생들을 위한 치료소를 설치하여 의학과 교육학의 접목을 시도하였다. 그러나 중증 지적장애인들은 교육 제도권에 포함되지 않았다. 그 당시 장애학생에 대한 교육이 점점 더 국가적인 책임으로 위임되어 감에도 불구하고 많은 부분은 주로 교회적 차원에서 혹은 종교인들에 의하여 운영되고 있었다. 아울러 자연과학의 발전과 더불어 장애인이나 장애 현상에 대하여 사회적으로 더 많은 관심을 기울이기 시작하였다.

　　이 당시 장애아동이나 청소년들을 위한 학교나 각종 시설을 살펴보면 우선 1813년에 독일의 기독신학자이며 문필가인 팔크(Falk, 1768~1826)는 정서·행동장애학생들을 위하여 '곤경에 처한 친구들의 모임'이라는 단체를 결성하였다. 1816년에는 오스트리아의 구겐모스에 의하여 난청 학생과 중증 의사소통 장애학생을 위한 학교에서 처음으로 특별한 학교수업이 실시되었다. 이와 같은 헤에 독일에서는 정형외과 기사인 하이네(Heine, 1771~1838)를 통하여 처음으로 정형외과 연구소가 건립되었다. 1820년에는 독일의 첼러(Zeller, 1779~1869)에 의하여 페스탈로치의 기본 정신과 원칙을 바탕으로 정서행동 장애학생들을 위한 교육 및 구호시설들이 만들어지기 시작하여 1848/49년의 독일혁명이 발발할 때까지 확대되었다. 이어서 1833년에는 독일의 정형외과 의사였던 에들러(Edler, 1776~1841)에 의하여 처음으로 지체장애학생을 위한 교육기관이 건립되었다. 지적장애학생을 위한 첫 번째 공립 기관은 1846년에 독일의 후베르투스부르크(Hubertusburg)에 설립되었다. 맹아학교는 1804년에 오스트리아의 빈, 1806년 독일의 베를린(Berlin), 1819년에는 옛 독일의 브레스라우(Breslau)를 거쳐 미국 전역에 세워지기 시작하였다. 또한 1845년에는 독일의 슈투트가르트(Stuttgart)에 처음으로 가난한 사람들을 위한 연구소가 설치되었으며, 이로 인하여 1850년에는 정형외과적인 빈민치료소가 탄생하게 되었다.

　　그리고 19세기 후반에는 특수교육 관련 기관들이 더 다양화되었으며, 더 나아가서 일부에서는 한층 더 강력한 법령도 제정되었다. 다시 말하자면, 19세기 후반기는 특수교육의 큰 발전의 시대로 특징지을 수 있다. 이 당시 세워진 특수교육 기관, 시설 및 법령과 관련하여 살펴보면, 우선 1860년에 농학교가 당시 초등학교로부터 분리되기 시작하였으며, 1870년에는 이에 관한 법적 명문화가 이루어졌다. 1894년에는 처음으로 사립학교에서 난청학생만을 위한 수업이 실시되었다. 이어서 독일의 교육자인 슈테츠너(Stoetzner, 1832~1910)는 1864년 자신의 저서인『학습능력이 지체되는 아동을 위한 학교』에서 오늘날 학습장애학교를 독립적인 기관으로서 발전시키는 데 필요한 교육, 수업 및 교육과정 등의 이론적 기초 형성에 크게 이바지하였다. 1881년에는 처음으로 독립된 기관으로서 학습장애학생을 위한 학교들이 독일의 브라운슈바이크(Braunschweig)와 라이프치히 등을 비롯하여 전 지역으로 확대되었다. 1898년에는 독일의 하노버(Hannover)에서 학습장애학교의 확대와 학습장애학생 교육학의 학문적 발전을 목적으로 독일 학습장애학교연합회가 설립되었으며, 아울러 낙제의 이유가 경미한 지적 기능에 기인하지 않는 모든 아이들의 학습장애학교 입학을 거부할 것을 결의하였다. 지적장애인과 관련하여 1854년 독일의 개신교 신학자이며 목사였던 뢰에(Loehe, 1808~1872)를 비롯하여 빈, 함부르크(Hamburg) 등에서 주로 목사나 교육학자 혹은 의사들에 의하여 계속하여 지적장애인 시설이 건립되었다. 그리고 1872년부터는 기독교 목사이며 신학자였던 보델슈빙(Bodelschwingh, 1832~1910)에 의하여 간질성질환자 시설이 운영되었다. 그러나 대부분의 중증장애인들은 여전히 사회로부터 배제되거나 혹은 단지 수용의 대상으로 취급받았다. 1865년에는 학습장애와 지적장애인 촉진협회가 설립되었으며, 계속하여 1867년에는 독일의 드레스덴(Dresden) 초등학교에 처음으로 지적장애학생을 위한 학급이 개설되었다(Moeckel, 1988).

한편, 지체장애인과 관련하여 19세기 말엽에 덴마크의 목사였던 크누센(Knudsen)을 통하여 국내 선교회 내에 지체장애인 지원시설이 생겨났다. 여기에서는 마비 아동 혹은 기형아들을 수용하여 정형외과적인 치료와 더불어 학교교육 및 직업교육을 통하여 지체장애학생들로 하여금 가능한 한 다른 비장애인들과 동등한 삶을 살 수 있도록 촉진하는 데 그 목적을 두었다. 1899년에는 크누센 목사의 구상을 바탕으로 독일의 호페(Hoppe) 목사에 의하여 포츠담(Potsdam)에 국내 선교의 차원에서 첫 번째 지체장애인 기숙시설이 설립되어 장애인들의 재활에 많은 기여를 하였다.

1871년에는 정서・행동장애학생 교육과 관련하여 특히 독일의 형법전(刑法典)에서 제시된 형의 집행에서 성인과 청소년을 분리하여 각각 규정하였다. 또한 언어치료와 관련하여서는 1883년부터 독일의 브라운슈바이크(Braunschweig)에 취학전과 학령기 연령의 아동들을 위한 말더듬 치료과정이 개설되기 시작하였다. 특히 지적장애학생 교육과 관련하여 1905년에 프랑스의 심리학자였던 두 사람, 즉 알프레드 비네(Alfred Binet, 1857~1911)와 테오도어 시몽(Théodore Simon, 1872~1961)이 함께 비네-시몽 검사(Binet-Simon-Test)로 명명된 도구를 통하여 지능검사를 최초로 시도하였다.

한편, 이 당시 장애학생들을 위한 교육에 있어서 선도적인 역할을 한 나라는 유럽에서는 프랑스와 독일이었으며, 장애유형별 특수학교의 설립순서는 농학교를 선두로 하여, 맹학교, 지적장애학교 및 지체장애학교 순으로 각각 설립되었다. 그리고 전통적인 특수학교의 기능적인 측면에서도 보호 특성이 강한 기숙제 학교제도에서 서서히 교육적 성격을 강조하는 통학제 특수학교로 변화하였다. 아울러 장애아동 및 청소년을 위하여 개인적 혹은 종교적 배경을 바탕으로 시작한 사립 또는 종교 기관을 통한 사립학교 중심의 교육이 점진적으로 국가의 책임으로 보는 공교육 제도권으로 포함되기 시작하였다(김기홍, 2014).

4) 20세기 이후: 독일의 나치 시대와 통합교육 시대의 도래

지금까지 서양의 특수교육의 역사에 대하여 개괄적으로 살펴본 바와 같이 장애인에 대한 교육은 역사적으로는 매우 다양하게 바뀌어 왔다. 먼저, 원시나 고대 시대에 장애인은 사회로부터 인간의 가장 기본 권리인 생명권도 박탈당하였다. 그러나 중세시대의 도래와 함께 특히 기독교 윤리를 바탕으로 장애인은 대체로 자선과 보호의 대상으로 수용되는 등 사회적 인식에 큰 변화가 일어났다. 이어서 근대시대는 의학, 교육학, 자연과학 등 다양한 학문의 발전과 더불어 장애인을 비장애인과 동일한 교육의 대상으로 보고 특수학교를 통하여 서서히 공교육권에 포함시키기 시작하였다. 이렇듯 특수교육은 시대를 거듭할수록 양적인 측면뿐만 아니라 질적인 측면에서도 점진적으로 비약할 만한 발전을 보였던 것이었다.

그러나 20세기 초에는 특수교육이나 장애인에 대한 태도가 점점 비관적이거나 부정적인 관점으로 바뀌게 되어 특수교육 무용론까지 대두되기에 이르렀다. 즉,

특수교육의 퇴보 현상은 사회의 단편적인 인식이나 장애의 원인과 관련하여 지나치게 유전적인 요인을 강조함으로써 교육을 통해서는 해결 불가능하다는 생각이 지배적인 데서 비롯되었다 할 것이다. 특히 이러한 모습은 독일의 정치이념과 맞물려 특수교육에 있어서 암흑의 역사를 맞이하게 되었다. 히틀러와 민족사회주의자들은 사회적 다윈주의(social darwinism)과 인종주의(racism) 등을 중심으로 한 정치이념 아래에서 치료, 노동 및 교육이 가능하지 않는 사람들을 대상으로 '살 가치가 없는 목숨'으로 분류하였다. 여기에는 주로 지적장애인이나 지체장애인 또는 정신질환자 등이 포함되었는데, 이들 가운데 유전성 질병을 가진 것으로 판명된 사람 약 20만 명 이상이 국가적으로 강제적인 불임수술을 받았으며, 약 30만 명이 독 가스실에서의 안락사를 통하여 비참하게 목숨을 잃었던 것이었다. 이러한 인간의 존엄성을 훼손한 역사를 반성하듯 오늘날 독일의 기본법 제1조 제1항에는 "인간의 존엄성은 저촉될 수 없다. 이것을 지키고 보호하는 것이 모든 국가권력의 의무이다"라고 가장 먼저 선언하고 있는 것이다(김기홍, 2014).

20세기 초에 일어난 특수교육의 쇠락은 제2차 세계대전 이후인 1950년대 후반부터 다시 큰 발전을 보이기 시작하였다. 특히 북유럽을 중심으로 일어난 정상화의 원리(Principle of Normalization)나 탈수용시설화(Deinstitutionalization) 등의 개념을 통하여 오랫동안 특수시설에 격리된 장애인들의 생활환경에 대한 격렬한 비판이 일어나기 시작하였다. 이로써 역사적 흐름 속에서 불변의 전통으로만 여겼던

[그림 2-3] 하르트하임(Hartheim) 안락사 시설의 장애인 수송차량

장애인의 사회적 분리 현상이 학교교육에 있어서도 통합교육을 위한 토론과 정책의 기초가 되었다.

특히 모든 장애인들의 존엄성과 권리를 보장하기 위한 유엔 인권 협약인 장애인권리 협약(Convention on the Rights of Persons with Disabilities)이 2006년 12월 13일 제61차 유엔 총회에서 채택됨으로써 노동, 거주, 교육, 문화 등의 모든 분야에서 장애인에 대한 사회적 차별과 불이익이 전면 금지되기에 이르렀다.

2. 우리나라의 장애인 교육사

1) 구한말 이전 시대: 제한적이고 비체계적인 구휼 정책기

우선, 삼국시대에 있어서 노인, 빈곤자, 환자 등 사회적 약자를 위하여 비록 임시적이고 제도화된 단계는 아니더라도 세금을 감면하거나 곡물을 제공하는 등 나름대로 다양한 구휼정책들을 살펴볼 수 있다(한국재활재단, 1996).

이어서 고려시대에는 삼국시대의 사회적 제도가 불교 사상을 바탕으로 좀 더 구체화되기에 이르렀다. 특히 이 시대에는 노인층이나 환자들을 비롯하여 장애인들을 포함한 사회적 구제 대상들을 중심으로 다양한 국가적 사업들이 실시되었으며, 관련 시설들이 설립되기도 하였다. 또한 고려 원종(1259~1274) 시대에는 무엇보다도 시각장애인을 위하여 복업(卜業)을 과거제도에 포함하여 복인(卜人)을 선발하여 점복행정을 담당하도록 함으로써 자립생활을 위한 제도적 장치를 마련하였던 것이다(김승국, 1995).

조선시대에서도 사회적 소외계층에 대한 구휼사업이 지속적으로 실시되었으며, 고려의 시각장애인들을 위한 복업(卜業)은 운명(運命), 길흉(吉凶) 혹은 화복(禍福)을 예견하는 학문으로서 명과학(命課學)으로 편성되어 교육적 서비스가 제공되었으며, 또한 이들은 대부분 여기(女妓)들의 안무나 노래에 반주를 담당하는 관현맹(管絃盲)으로 고려 문종 30년(1076)부터 공양왕 3년(1391)까지 약 300년 이상 존속되어 시각장애인들의 직업재활을 꾀하였던 것이다(한국재활재단, 1996). 비록 시각장애인에게는 제한적이기는 하지만 장애인의 교육적 재활과 직업적 재활에 있어서 국가적인 차원에서의 정책적 지원은 우리나라의 특수교육의 역사에 큰 의미가 있음을 알 수 있다.

그러나 다른 한편으로는 우리나라의 장애인과 관련된 다양한 문학작품이나 전통적인 속담들을 살펴보면 사회적으로 장애인들에 대한 인식과 태도는 대부분 부정적이거나 거부적인 것임을 쉽게 알 수 있다. 특히 장애를 대상으로 한 88개의 속담 가운데서 두 가지 정도만 긍정적인 이미지를 표현하고 나머지는 대부분 차별, 편견 및 멸시의 의미를 내포하고 있으며, 뿐만 아니라 장애인의 인권이나 성격과 관련하여 미천한 인간, 미움의 대상 혹은 무능한 인간 등으로 묘사하고 있다는 점이다(안태윤, 1968; 이규태, 1981).

2) 개화기에서 일제 강점기: 근대 특수교육의 태동기

우리나라의 장애인 복지나 특수교육은 사실 구한말 개화기를 중심으로 서구 문화의 유입과 함께 대부분 외국인 선교사 및 국내 기독교인들에 의하여 활성화되기 시작하였다. 19세기 후기에 도입되기 시작한 개화사상은 특히 교육에 있어서 새로운 사상적 전기를 형성하였을 뿐만 아니라 근대식 학교를 설립하는 중요한 계기로 작용하였다. 또한 국내에서도 장애학생의 교육문제에 관심을 가지고 외국의 장애인 시설에 관한 몇 가지 보고서나 문서가 소개되기도 하였다. 예를 들어, 1881년에는 조선 후기의 문신, 외교관, 내각총리대신이며 대한제국의 온건 개화파였던 박정양(1841~1905년) 등 신사유람단은 일본의 맹아원에 대하여 보고를 하였다. 또한 조선 후기의 문신, 외교관, 작가이며 동시에 대한제국의 개화사상가였던 유길준(1856~1914)은 1895년에『서유견문』이라는 저서를 통하여 유럽과 미국 등 구미(歐美)의 맹교육, 농교육 및 지적장애아 교육에 관하여 구체적으로 소개하기도 하였다(구본권 외, 1991; 최중옥 외, 2000).

우리나라에서 최초의 근대식 특수교육은 미국의 여의사이자 북 감리교 선교사이며 교육자였던 로제타 셔우드 홀(Rosetta Sherwood Hall, 1865~1951) 여사에 의하여 처음으로 시작되었다. 그녀는 1894년 평양에서 맹 소녀였던 오봉래에게 뉴욕 점자를 사용하여 점자지도와 농교육을 실시하였다(김병하, 1986; 안병집, 1974).

이후 일본 제국주의는 1910년에 강제적으로 한일합병을 체결하고 1912년에 조선총독부를 통하여 제생원 관제와 규칙을 제정·공포하였다. 1913년에는 제생원 내에 맹인과 농인들로 구성된 맹아부를 두어 보통교육을 실시하고, 또한 양육부를 두어 고아들을 양육·보호하였다. 특히 제생원 맹아부는 사실 근대적 교육기관이라기보다는 장애학생을 단지 수용하는 데 주목적을 두었다. 그리고 그곳에서는 주로 초등교육과 침(鍼), 구(灸, 뜸) 및 안마(按摩) 등 직업교육이 실시되었으며, 수업 연한에서 조선 장애인과 일본 장애인 사이에 교육적 차별이 있었다. 당시 맹아부의 재학생들도 대부분 일본인들로 구성되어 있었던 것이다. 그러나 이러한 일제의 암흑기 가운데서도 제생원의 맹아부 교사였던 박두성(1888~1963)은 '조선점자연구위원회'를 조직하여 1929년에 한글점자인 '훈맹정음'을 창안하였다. 이후 1935년에 이창호 목사는 평양 광명맹아학교를 설립하고, 맹아부 졸업생인 손용수는 1938년에 원산맹학교를 세웠다(김승국, 1995; 최중옥 외. 2000).

3) 해방기에서 1970년대까지: 특수교육의 법제화기

우리나라는 1945년 해방 이후부터 1948년 대한민국 정부가 수립되기까지 미군정 시대를 맞이하게 된다. 미군정청은 일본의 관리·감독하에 있던 제생원을 보건후생부의 관할하에 두고 학제를 초등학교 6년제로 개정하였으며, 학교의 명칭도 국립맹학교로 개명하였다. 이어서 1949년에는 「교육법」이 제정·공포되어 장애학생을 위하여 유·초·중·고에 준하는 특수학교 설립에 관한 규정과 특수교육대상자를 신체허약자, 성격이상자, 정신박약자, 농자 및 난청자, 맹자 및 난시자, 언어부자유자 및 기타 불구자로 구분하여 규정하였다. 이 법령에 따라서 시각장애와 청각장애학교와 더불어 지적장애 및 지체부자유 학생을 위한 특수학교가 잇달아 설립되었다. 뿐만 아니라 1962년에는 최초로 저시력아동을 서울 월계국민학교에, 1969년에 경북영주국민학교에 지적장애아동을 입급시킴으로써 특수학급이 각각 설치되었다. 그 후에 1987년에는 서울교동국민학교에 난청아동을 위한 특수학급이 세워지게 되었다.

그러나 사실은 대한민국정부가 수립된 후에 한국전쟁까지도 장애인 복지 및 교육과 관련하여 독립적인 법령이나 제도는 찾기 어려우며 단지 빈곤, 재난, 아동 및 부녀문제 등과 함께 포괄적으로 다루어졌다. 또한 해방 이후 1950년대부터 1960년대까지 특수교육이나 장애인 문제는 국가 주도적인 측면보다는 대부분 민간 사회사업가나 외국의 지원 단체 혹은 종교 단체 등 다양한 사립기관들의 영향이 절대적인 역할을 담당하였다. 예를 들어, 해방 이후에 우리나라 최초의 사립특수학교는 1946년에 이영식 목사에 의하여 설립되었고 현재 대구영화학교와 대구광명학교(大邱光明學校)의 전신인 대구맹아학교이다. 이처럼 오늘날 우리나라의 특수교육 발전에 크게 이바지한 당시의 사립특수교육기관들은 대부분 기독교 단체들에 의하여 설립되었으며 주로 수용보호시설의 성격이 더 강하였다(김흥주 외, 1994).

이어서 1970년대에는 우선 장애인에 대한 국제적인 관심이 매우 고조된 시기라 할 수 있다. 1971년에 '정신지체인 권리 선언'을 비롯하여 1975년에는 '장애인 권리선언'이 제기되었다.

특히 우리나라의 경우에는 1977년 「특수교육진흥법」과 그 이듬해에 시행령과 시행규칙이 각각 제정·공포되었다. 1979년부터 시행된 이 법을 통하여 특수학교뿐만 아니라 특수교육을 받는 장애학생들의 수도 크게 증가하게 되었다. 그뿐만 아니라 시각장애자를 비롯하여 청각장애자, 정신장애자, 지체부자유자, 정서장애자, 언어장애자 기타 심신장애자 등 7가지 유형의 특수교육대상자가 선정되었으며, 특수교육교원의 자질향상, 사립특수교육기관에 대한 국가적인 지원 및 특수교육대상자에 대한 각종 차별 및 불이익 금지 등 특수교육제도에 있어서 양적·질적 발전에 크게 이바지하게 되었다(한국재활재단, 1996). 그 이후 동법은 1987년 1차 개정을 비롯하여 1990년 2차 개정 및 1994년의 3차 개정을 통하여 특수교육대상자의 취학, 의무교육 및 무상교육 기회의 확대, 통합교육과 직업·진로교육의 강조 등 특수교육제도의 획기적인 발전을 위한 법적 근거를 확고히 다지는 계기가 되었다.

또한 1970년대에 들어서면서 우리나라의 일반초등학교에 특수학급이 설치되어 오늘날 일반학급과 더불어 통합교육의 실현을 위한 환경을 형성하게 되었다. 사실 우리나라 최초의 특수학급 설치의 예로는 일제 강점기였던 1937년의 서울 동대문국민학교의 양호학급이나 1968년의 서울 월계국민학교의 약시학급 등을 들 수 있다. 무엇보다도 경상북도교육위원회의 특수학급 설치에 관한 매우 적극적인 관심이 발단이 되어 1971년 대구 칠성국민학교에 이른바 '교육가능 정신지체아' 특수학급이 설치된 이후에 전국적으로 급속히 확대되는 계기를 마련하였던 것이다. 이어서 1974년부터 전국의 각 시·군에 1개의 특수학급을 설치할 것을 정하고 학급운영비를 지급하였다.

4) 1980년대 이후: 특수교육 및 통합교육의 발전기 및 병립기

1981년에는 유엔이 그해를 '세계장애인의 해'로 정하였으며, 또한 1983년에서 1993년까지는 유엔이 장애인권리증진을 위하여 정한 '세계장애인 10년'이었다. 또한 1982년 12월 3일에 유엔은 '세계장애인 10년 행동계획'을 채택하는 등 국제적으로 장애인 복지를 위한 다양한 강령들이 선포되었다.

한편, 우리나라는 1981년에 최초의 장애인 복지에 관한 법률인「심신장애자복지법」이 공포되어, 심신장애자의 대상을 비롯하여 상담, 복지 및 의료시설의 입소, 통원, 조치, 보장구, 고용, 편의시설, 각종 수당 등에 관하여 규정하였다. 또한 1983년 1월 1일부터 우리나라에서 최초로 장애인 운전면허가 법적으로 보장되어 서울시부터 시행되었다. 무엇보다도 1988년 10월 15일 우리나라에서 제8회 장애인올림픽(Paralympic) 대회가 개최됨으로써 장애인에 대한 인식과 장애인을 위한 편의시설 등 많은 개선이 있었다. 1989년 12월 30일「심신장애자복지법」이 전면 개정되어「장애인복지법」이 제정되기에 이르렀다. 이를 통하여 장애인 복지와 관련하여 국가 및 지방자치단체의 책임, 장애인등록제도와 장애인수첩제도의 도입, 각종 복지 서비스, 장애인의 날과 장애인 주간 설정 등 다양한 규정을 포함하였다(전용호, 2003; 한국재활재단, 1996).

1990년대에서는 국제적으로 '아시아·태평양 장애인 10년(1993~2002)'이 선포되고 이어서 '아·태 장애인 10년 행동계획'이 채택되었다. 한편, 국내적으로는 1990년 1월 13일「장애인 고용촉진 등에 관한 법률」이 제정되어 국가 및 지방자치단체와 더불어 민간기업에서의 장애인에 대한 의무고용제도가 도입되었다. 그리고 1994학년도부터는 전국의 대학 입학시험에 장애학생을 정원 외로 선발하는 특례입학제도가 실시되어 장애인에게 고등교육의 기회 부여와 취업기회를 확대하는 것으로 평가되었다. 1995년에는「장애인 고용촉진 등에 관한 법률」이 개정되어 장애인의 고용과 관련하여 국가 및 지방자치단체의 책임을 더 확대하고 장애인을 고용하는 사업주에 대한 지원을 강화하는 규정을 명시하였다.

이어서 2007년에는「장애인의 교육지원에 관한 법률안」과「특수교육진흥법 전부 개정안」의 대안 법안으로 만 3세에서 만 17세까지의 장애학생들에 대한 무상 및 의무교육을 골자로 마련된「장애인 등에 대한 특수교육법」이 제정되었다. 그리고 같은 해에는 모든 생활영역에서 장애를 이유로 한 차별을 금지하고 장애를 이유로 차별받은 사람의 권익을 효과적으로 구제함으로써 장애인의 완전한 사회참여와 평등권 실현을 통하여 인간으로서의 존엄과 가치를 구현함을 목적으로 하는 「장애인차별금지 및 권리구제 등에 관한 법률」이 제정되었다. 그리고 2014년에는 지적장애, 자폐성장애 혹은 뇌성마비 등 발달장애인의 권리를 보호하고 그 보호자 등의 삶의 질을 향상시킬 수 있도록 「발달장애인 권리보장 및 지원에 관한 법

표 2-1　2018년 특수교육 주요 현황

배치별			특수학교	일반학교		특수교육 지원센터	계
				특수학급	일반학급 (전일제 통합학급)		
특수교육대상자 수			25,919	48,848	15,595	418	90,780
학생수 학생수	장애영역별	시각장애	1,260	267	450	4	1,981
		청각장애	762	687	1,801	18	3,268
		지적장애	14,390	30,041	4,268	48	48,747
		지체장애	3,680	3,924	2,714	121	10,439
		정서·행동장애	214	1,337	670	-	2,221
		자폐성장애	5,065	6,283	803	5	12,156
		의사소통장애	124	1,150	802	5	2,081
		학습장애	20	1,062	545	-	1,627
		건강장애	30	154	1,574	-	1,758
		발달지체	374	3,943	1,968	217	6,502
		계	25,919	48,848	15,595	418	90,780
	학교과정별	장애영아	164	-	-	418	582
		유치원	944	3,058	1,628	-	5,630
		초등학교	7,245	24,169	6,617	-	38,031
		중학교	5,534	9,990	3,264	-	18,788
		고등학교	7,076	11,422	4,086	-	22,584
		전공과	4,956	209	-	-	5,165
		계	25,919	48,848	15,595	418	90,780
학교 및 센터 수			175	7,954	7,725	199	11,501
학교 및 센터 수			175		11,127	199	11,501
학급 수			4,747	10,676	14,712	77	30,212
특수학교(급) 교원 수			8,483	11,077		-	479	20,039
특수교육 보조인력 수			4,480	7,596	373	-	12,449

출처: 교육부(2018).

률」이 제정되었다.

한편, 교육부(2018)의 특수교육통계에 따르면 〈표 2-1〉에서 살펴볼 수 있는 바와 같이 장애영아를 비롯하여 유·초·중·고등학교 및 전공과를 포함하여 총 90,780명이 특수교육대상자이다.

그 가운데서 초등학교에 재학 중인 장애학생이 약 42%로 가장 높은 비율을 차지하고 있으며, 고등학교(전공과 포함) 약 31%, 중학교 약 21%, 이어서 유치원 약 6% 순으로 각각 나타났다. 그리고 장애유형별로는 지적장애가 48,747명으로 절반이 넘는 약 54%를 차지하고 있으며, 이어서 자폐성장애 12,156명으로 약 13%를 차지하고 있으며, 이어서 지체장애는 10,439명으로 약 10% 등으로 조사되었다.

그 밖에도 특수학교 수는 해마다 증가 추세로 2018년 현재 총 175개교이며, 그중에 사립학교의 비율이 약 53%로 가장 높으며, 장애영역별 특수학교 수와 관련하여 지적장애학교의 비율이 약 69%로 가장 높았다. 또한 전체 특수교육대상자 가운데 교육환경별로 구분해 보면, 특수학교 및 특수교육지원센터 등 분리교육환경의 재학생이 26,337명으로 29%이며, 일반학급이나 특수학급 등 통합교육적 환경에 배치된 경우는 64,443명으로 71%로 나타났다.

 학습과제

1. 우리나라와 서양의 특수교육의 역사를 살펴볼 때 공통점과 차이점은 각각 어떤 것이 있는지 논의하시오.

2. 독일의 나치 시대에 인종주의와 사회적 다원주의에 입각하여 펼친 인간관에 대하여 비판하시오.

3. 오늘날 사회적 이슈로 부각되는 인공임신중절, 안락사(조력자살), 자살 혹은 사형제도 등 생명윤리와 관련된 주제에 대하여 논의하시오.

4. 지금까지 살펴본 특수교육의 역사를 통하여 미래의 장애인 교육이 나아가야 할 방향과 원칙 등을 전망해 보시오.

참고문헌

교육부(2017). 특수교육통계.

구본권, 김동연, 김영욱, 김원경, 박화문, 석동일, 윤점룡, 정재권, 정정진, 조인수(1991). 특수교육학. 서울: 교육과학사.

김기홍(2014). 장애아교육학(개정판). 서울: 집문당.

김병하(1986). 로제타 서우드 홀 여사에 의한 한국특수교육의 성립 史考. 특수교육학회지, 제7집.

김승국(1995). 특수교육학. 서울: 양서원.

김홍주, 여용운, 강수균(1994). 특수교육학. 서울: 교육출판사.

안병집(1974). 한국 특수교육 발달과정에 관한 일 연구. 한국사회사업대학 대학원 석사 학위논문.

안태윤(1968). 한국특수교육의 발전과정에 관한 일연구. 한사대논문집, 1, 39~64.

이규태(1981). 장애자복지에 대한 한국의 의식구조. 한국장애자재활협회, 재활, 13, 8~25.

전용호(2003). 차별로부터의 자유, 그 당당한 삶을 위한 장애인 복지. 서울: 학문사.

최중옥, 김숙경, 김윤옥, 김진희, 남상석, 박희찬, 서현아, 안성우, 오세철, 이해균, 정대영, 최성규(2000). 특수아동의 이해와 교육. 서울: 교육과학사.

한국재활재단(1996). 한국장애인복지 변천사. 서울: 양서원.

Ellger-Ruettgardt, S. L. (2008). *Geschichte der Sonderpaedagogik. Eine Einfuehrung. Eine Einfuehrung*. Muenchen, Basel: Ernst Reinhardt Verlag.

Fronefeld, B. (2000). *Einfuehrung in die Geistigbehindertenpaedagogik*. Muenchen/ Basel: Reinhardt.

Greving, H., & Ondracek, P. (2005). *Handbuch Heilpaedagogik*. 1. Aufl. Troisdorf: Bil- dungsdungsverlag EINS.

Haeberlin, U. (2005). *Grundlagen der Heilpaedagogik. Einfuehrung in eine wertgeleitete erziehungswissenschaftliche Disziplin*. 1. Aufl. Bern, Stuttgart, Wien: Haupt Verlag.

Haessler, F. (2011). *Intelligenzminderung. Eine aerztliche Herausforderung*. Berlin, Heidelberg: Springer-Verlag.

Mayer, A. (2001). *Eine Geschichte der Behinderten*. Jubilaeums-Dokumentation 40 Jahre Lebenshilfe Fuerth. Lebenshilfe Fuehrt: Eigenverlag.

Meier, P. (2013). *Paracelsus. Arzt und Prophet. Annaeherungen an Theophrastus von Hohenheim*. 6. Auflage. Zuerich: Unionsverlag.

Meyer, A. (2010). *Die Epoche der Aufklaerung*. Berlin: Akademie-Verlag.

Moeckel, A. (1988). *Geschichte der Heilpaedagogik*. Stuttgart: Ernst Klett Verlag.

Mosen, G., Lohs, A., Hagemaier, R., Knapp, R., & Sackarendt, B. (2001). *Bildstoerung! Der lange Weg vom Tollhaus zur Werkstatt fuer Behinderte. Eine Ausstellung ueber die Geschichte des Umgangs mit behinderten Menschen*. Katalog zur Ausstellung, 2. Aufl., Frankfurt a. M., Bundesarbeitsgemeinschaft Werkstaetten fuer Behinderte e. V.

Mueller, K. (1996). *Der Krueppel. Ethnologia passionis humanae*. Muenchen: C. H. Beck.

Schlegel, K. F. (1994). *Der Körperbehinderte in Mythologie und Kunst*. Stuttgart: Thieme Georg Verlag.

Speck, O. (1979). *Geschichte*. In: *Handbuch der Sonderpaedagogik*. Bd. 4, *Paedagogik der Geistigbehinderten*. Berlin: Marhold.

Speck, O. (1991). *System Heilpaedagogik. Eine oekologisch reflexive Grundlegung*. Muenchen/Basel: Ernst Reinhardt Verlag.

Stuemke, V. (2007). *Das Friedensverstaendnis Martin Luther. Grundlagen und Anwendungsbereiche seiner politischen Ethik*. Stuttgart: Kohlhammer.

Thumfart, A. (1996). *Die Perspektive und die Zeichen. Hermetische Verschluesselungen bei Giovanni Pico della Mirandola*. Muenchen: Fink.

https://de.wikipedia.org

http://www.dorsten-lexikon.de

http://www.gelsenzentrum.de

제2부
특수교육대상자의 이해

제3장

신체 및 건강장애를 가진 특수교육대상자의 이해

 학습목표

- 신체 및 건강장애를 가진 특수교육대상자의 정의를 설명할 수 있다.
- 특수교육대상자의 진단기준을 자신에게 적용해 보고 특수교육대상자의 특성을 이해할 수 있다.
- 특수교육대상자별로 인지적, 학업적, 사회정서적, 신체적 특성 등을 파악하여 교육계획을 수립하는 데 기본적인 정보를 습득할 수 있다.

학습개요

　신체의 장애는 시각, 청각 등 신체 감각과 관련된 장애와 절단, 마비, 척추장애 등 정형외과적 장애인 지체장애로 구분해 볼 수 있다. 건강장애가 우리나라 특수교육대상자에 포함된 것은 2005년 「특수교육진흥법」의 일부 개정부터이며, 이들이 가진 만성적 질병의 원인, 유형, 진행 정도에 따라 개인차가 매우 크다. 신체 및 건강의 문제는 단순히 신체의 불편만을 야기하는 것이 아니라 여러 가지 어려움을 동반한다. 시각 및 청각장애학생의 경우 학업, 보행, 진로 및 직업 그리고 여가활동 등의 참여에 제한을 받으며 건강장애학생의 경우 만성적 질환으로 인해 원적학급에서 수업받기 곤란한 경우가 많아 학업을 중단하기도 한다.

　이 장에서는 특수한 교육적 요구가 높아 교수-학습적으로 특별한 지원이 필요한 신체 및 건강에 장애가 있는 학생들에 대해 소개하고자 한다. 특히 「장애인 등에 대한 특수교육법」에서 특수교육대상자로 규정하고 있는 시각장애, 청각장애, 지체장애, 건강장애의 정의, 진단기준 그리고 그 특성들을 살펴보고자 한다.

1. 시각장애

1) 시각장애의 정의

시각장애는 법적 정의와 교육적 정의로 나눌 수 있다. 법적으로 시각장애의 여부와 정도는 시력과 시야로 정해진다. 법적 정의는 시각 검사 결과를 토대로 장애 정도를 객관적으로 판정하는 데 효율적이지만 시각장애를 가진 학생이 실제 생활에서 교육을 받을 때 어느 정도 시력을 사용하는지 알 수 없는 한계가 있다. 이러한 이유로 특수교육 관계자는 교육적 정의를 선호하는 편이다. 교육적 정의는 기능적 정의로 시각장애를 가진 학생이 잔존 시력으로 무엇을 할 수 있는지에 초점을 둔다. 이러한 교육적 정의는 시력, 시야, 색각 외에 학생의 지능, 성격, 동기 실명시기, 장애정도, 생활연령 등의 다양한 요인에 의해 결정되어야 한다(이경림, 2008). 현재 우리나라 「장애인 등에 대한 특수교육법」은 시각장애를 지닌 특수교육 대상자를 다음과 같이 정의하고 있다.

표 3-1) 「장애인 등에 대한 특수교육법」에 따른 시각장애 정의

시각계의 손상이 심하여 시각기능을 전혀 이용하지 못하거나 보조공학 기기의 지원을 받아야 시각적 과제를 수행할 수 있는 사람으로서 시각에 의한 학습이 곤란하여 특정의 광학기구·학습매체 등을 통하여 학습하거나 촉각 또는 청각을 학습의 주요 수단으로 사용하는 사람

교육적 정의인 「장애인 등에 대한 특수교육법」에 근거한 시각장애는 맹과 저시력을 포함하며 이들에게 필요한 교육적 시사점을 제시한다. 맹은 교육을 위한 목적으로 촉각(점자)이나 청각을 사용해야 하는 상태이고 저시력은 시각에 장애가 심각하지만 사용 가능한 잔존 시력이 어느 정도 있어서 교정렌즈, 확대경 등의 보조기구를 사용하여 인쇄물을 읽을 수 있는 상태를 의미한다.

2) 시각장애의 진단과 평가

시각장애의 진단과 평가는 일차적으로 안과 전문가에 의한 시력과 시야 검사를 통하여 이루어진다. 시력은 개인이 얼마나 잘 보는지를 보여 주는 것으로 20피트 거리에서 글자를 읽거나 물체를 알아보는 정도를 측정하여 비율로 나타낸다. 정상 시력은 20/20으로 1.0이다. 시야는 한 점을 주시하고 있을 때 눈을 움직이지 않고 볼 수 있는 외계의 범위이다. 정상 시야는 바로 서서 앞으로 보았을 때 수직이 140도, 수평이 180도의 범위이다. 시력과 시야에 문제를 일으키는 원인에 따라 치료와 교육적 접근이 달라지므로 진단 시 이에 대한 정밀검사가 필요하다. 이러한 시각에 대한 의학적 진단과 함께 학생의 개별화교육계획을 수립하기 위해 현재 교육적 수준, 목표 등을 고려하여 교육적 평가를 실시해야 한다.

표 3-2   **시각장애 선별검사(유 · 초 · 중 · 고등학생용)**

	검사 문항	해당 여부
Ⅰ. 맹	① 눈꺼풀이 처져 있거나 눈이 감겨져 있다.	
	② 시각으로 사물, 글자, 그림 등을 전혀 식별하지 못한다.	
	③ 시각이 아닌 촉각이나 청각 등의 감각에 의지하여 생활한다.	
	④ 사물의 형체를 알아보지는 못하지만 빛을 감지할 수 있다.	
	⑤ 사물을 보지 못해 이동할 때 자주 부딪히거나 걸려 넘어진다.	
Ⅱ. 저 시 력	① 사시가 있어 초점을 맞추지 못한다.	
	② 안경이나 렌즈를 끼고도 사물을 분명하게 식별하기 어려워한다.	
	③ 가까이에 있는 사물을 볼 때 눈을 지나치게 근접시켜 본다.	
	④ 자신과 떨어진 거리에 있는 사물을 눈을 찌푸려서 가늘게 뜨고 본다.	
	⑤ 시각이 집중적으로 요구되는 활동에서 자주 눈을 문지르거나 깜빡거리면서 피로감을 보인다.	
	⑥ 글자를 눈에 가까이 대고 읽어 속도가 느리고 틀리게 혹은 빼고 읽는다.	
	⑦ 글자를 또래보다 지나치게 크게 쓰고 줄을 맞춰서 바르게 쓰지 못한다.	

진단검사 필요 아동: 아동의 연령에 관계없이 ① 또는 ②에 해당되는 아동
① Ⅰ. 맹에서 2개 문항 이상 해당된 경우
② Ⅱ. 저시력인 경우에서 2개 문항 이상 해당된 경우

출처: 국립특수교육원(2009).

시각장애가 있을 경우 가급적 조기에 발견하여 교육적 조치를 취하는 것이 중
요하다. 〈표 3-2〉의 국립특수교육원(2009)에서 제시한 선별검사에서 두개 이상의
항목에 해당하는 학생은 시각장애를 지닌 특수교육대상자로 의심되므로 정확한
진단을 받도록 안내할 필요가 있다.

3) 시각장애학생의 특성

(1) 인지적 특성

시각장애학생의 지능은 사용된 지능검사나 샘플링 방법에 따라 다소 차이가 있
으나 정안학생과 비교했을 때 큰 차이가 없고, 기억도 지적 기능을 담당하는 대
뇌의 부위에 병인이 없으면 정안학생과 비교해서 질적인 차이가 없다(김옥윤 외,
2006). 시각이 인간의 감각기관 중 가장 빠른 시간 내에 가장 많은 양의 정보를 받
아들이는 통로인 만큼 시각이 손상된 경우 개념 형성과 지식 축적에 한계가 있으
며 지식이 형성되어도 질적이나 양적으로 풍부하지 못할 가능성이 높다. 따라서
시각장애학생이 정안학생에 비해 인지능력이 낮은 이유는 시각장애 자체에 기인
한 것이라기보다 시각의 손상으로 이동능력이 제한되고, 환경에서의 경험 종류와
범위가 좁아지며, 환경을 조절하거나 환경에 맞춰 자신을 조절할 기회가 박탈되어
다양한 경험을 통해 정보를 습득하고 처리하는 데 한계가 있기 때문이다. 따라서
시각장애학생은 부족한 감각을 보완하기 위해 촉각, 청각, 동작 등을 활용하여 환
경을 충분히 경험할 수 있도록 지원하는 것이 필요하다.

(2) 의사소통적 특성

시각장애학생은 시각적 모방의 제한으로 언어발달이 지연되는 경향이 있고, 어
휘 사용 수는 풍부하지만 추상적 표현이 많고 구체적 의미를 모르고 어휘를 사용
하는 경우가 많다. 그리고 다른 사람과 대화할 때 말하는 속도가 정안학생에 비해
다소 느린 편이고, 억양이나 음성에 변화가 없어 단조로운 편이다. 정안학생과 비
교했을 때 비언어적인 의사소통 수단인 얼굴 표정이나 눈짓, 몸동작을 사용하는
데에서 차이가 있다(박순희, 2014). 다시 말하면, 정안학생과 같이 끄덕임, 미소, 눈
찌푸림 등 얼굴 표정이나 몸동작 등을 보거나 활용할 수 없어 비언어적 신호로 전
달되는 감정이나 정보를 놓치므로 다른 사람과 대화할 때 어려움을 겪을 수 있다.

(3) 심리사회적 특성

시각장애학생은 다른 사람의 행동을 관찰하면서 자연스럽게 배우는 우발적 학습이 어렵다. 또한 성장함에 따라 독립적으로 생활하는 데 우선적으로 필요한 정위와 이동 능력이 부족하다. 정위는 주변에 물체가 어디에 있는지 아는 것이고 이동은 한 곳에서 가고자 하는 다른 곳으로 안전하게 움직이는 것을 의미한다. 자신의 주위 환경을 자유롭게 탐색하며 돌아다닐 수 없으면 타인에게 의존하거나 소극적이 되기 때문에 자존감이 낮고 심리적으로 위축되는 경향이 있다. 보행 기술을 습득하더라도 어느 정도 다른 사람의 도움이 필요할 수밖에 없기 때문에 열등감을 느끼게 된다(임안수, 2008). 비언어적 신호를 인지하지 못하는 시각장애학생의 의사소통 특성으로 인하여 사회적 상호작용이 제한되고 타인의 행동을 잘못 해석하여 타인과 부정적 관계를 형성하고 사회적으로 고립될 위험이 있다. 그에 따라 시각장애학생은 정안학생보다 우울증 정도와 절망감이 높고, 자아존중감이 낮다(박중휘, 2006; 서경희, 이해균, 2002).

(4) 신체적 특성

시각장애학생은 체력이 약하고 운동능력이 떨어지는 경우가 많다. 특히 환경의 상황이나 목적에 따라 자세를 자유롭게 변화시키거나 유지하는 데 중요한 자세조정능력은 타인의 동작을 모방함으로써 습득되는데, 시각장애학생의 경우 시각장애로 인하여 관찰학습이 어려워 동작이 유연하지 못하다. 시각장애학생에게서 가장 쉽게 발견되는 자세이상은 머리를 기울이는 머리경사와 배면의 척추후만증이다(임안수, 2008). 이러한 자세는 공간을 이동할 때 자신의 얼굴과 머리가 문이나 벽과 같은 물체에 부딪히지 않게 보호하려는 본능과 의도가 반영된 것으로 볼 수 있다. 시각장애학생이 독립적으로 살아가기 위해서는 무엇보다 효율적이고 안정적인 보행 지도가 필요하다. 특히 흰 지팡이를 사용하여 보행훈련을 하는 전맹학생과 잔존 시력이 있는 저시력 학생의 독특한 요구에 맞게 지도할 필요가 있다(박만석 외, 2016).

시각장애학생은 정적 활동과 동적 활동 모두에서 균형을 잡는 데 어려움을 보인다. 균형능력이나 근긴장도에 문제가 있기 때문에 어깨는 구부정하게 굽어 있거나 한쪽이 다른 쪽보다 올라와 있고, 허리 부분에 전만증이 있거나 복부가 앞으로 나와 있고, 평발이거나 팔자로 발을 위치시키거나 다리를 넓게 벌리는 자세를 보일 수 있다(박순희, 2014). 또한 몸을 흔들고, 머리를 내저으며, 눈을 비비는 등 사회적으로 부적절한 상동행동을 하는 경우가 있다(임안수, 2008). 이 경우 그 행동의 빈도, 강도, 시기, 원인, 결과 등에 대한 기능적 평가를 토대로 부적절한 행동을 감소시키고 바람직한 대체행동을 가르쳐야 할 것이다.

(5) 학습적 특성

저시력부터 전맹까지 시력의 상태에 따라 시각장애학생의 교수–학습적 요구는 다양하다. 저시력 학생의 경우 교실에서 주로 확대 보조도구를 이용하여 학습을 하는 반면, 전맹 학생은 대부분 점자와 듣기 보조도구를 사용하여 학습을 한다. 저시력 학생의 경우 눈을 글자나 확대경 가까이에 두고 구부정하게 엎드린 자세를 유지해야 하므로 신체적인 어려움이 학습에 영향을 미치며, 장시간 시기능을 집중하는 데 있어 눈의 피로를 호소한다. 또 한번에 볼 수 있는 글자의 양이 제한되어 동일한 단어나 문장이 줄을 바꿔 제시될 때 혼란을 느끼는 등 전체 글 구조 파악에 어려움을 겪는다. 표, 그래프, 그림 및 사진이나 도해조직자와 같은 시각자료 활용에도 한계가 있을 수 있으며(김정현 외, 2013), 시각적 어려움으로 인해 메모하기, 밑줄 긋기, 찾아 읽기와 같은 주요 학습전략을 활용하지 못하기도 한다(정소라, 김동일, 2018). 학습의 이해 측면에서는 사실적 이해보다 추론적 이해에서 어려움을 겪으므로, 읽기 이해를 위해 요구되는 배경지식의 형성과 어휘 및 문법지식의 습득, 사고력과 논리력의 신장에 중점을 둘 필요가 있다(정소라, 김동일, 2017). 전맹 학생이 활용하는 점자는 6개의 점을 조합하여 64개의 점형을 만들고 각각의 점형에 의미가 부여된 문자로서, 문자언어와 마찬가지로 여러 가지 규칙을 가진 언어체계이다. 특히 시각장애를 조기에 발견할수록, 연령이 어릴수록 점자를 쉽게 습득할 수 있으며 손가락을 이용하여 읽기 때문에 시각장애학생의 촉기능 및 인지능력과도 밀접한 관련성을 가진다.

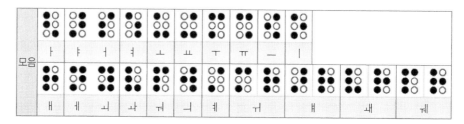

[그림 3-1] 한글점자 일람표

출처: 문화체육관광부(2017).

2. 청각장애

1) 청각장애의 정의

청각은 귀를 통하여 정보를 받아들이고 처리하는 감각이다. 청각장애는 청력이 손실된 것을 의미하며 청력손실의 정도는 정상적인 청력을 가진 상태인 건청과 귀를 통하여 말을 이해할 수 없는 정도로 청력이 손실된 상태인 농 사이에 다양하게 분포되어 있다. 교육적인 관점에서는 청력손실이 학생의 말하는 능력과 언어발달에 얼마나 영향을 미치는지를 강조하고 교육적 성취와 의사소통 가능성을 강조하고 있다. 「장애인 등에 대한 특수교육법」은 청각장애를 지닌 특수교육대상자를 다음과 같이 정의하고 있다.

표 3-3 「장애인 등에 대한 특수교육법」에 따른 청각장애 정의

청력손실이 심하여 보청기를 착용해도 청각을 통한 의사소통이 불가능 또는 곤란 상태이거나, 청력이 남아 있어도 보청기를 착용해야 청각을 통한 의사소통이 가능하여 청각에 의한 교육적 성취가 어려운 사람

다시 말하면, 청각장애는 농과 난청을 포함한다. 농은 심한 청력손실로 인하여 시각적인 단서에 의존하는 의사소통 수단을 선택해야 하는 상태이고, 난청은 청력이 많이 손실되었지만 보청기 등을 이용하여 청각을 통한 의사소통이 가능한 상태를 의미한다.

2) 청각장애의 진단과 평가

청각장애의 진단은 의료진에 의한 청력검사를 통하여 이루어진다. 청력검사에는 다양한 유형의 검사가 있는데 주로 소리를 들려주어 피검자가 들었는지 반응하도록 하는 주관적 청력검사를 사용한다. 이때 청력과 청력손실은 소리의 강도와 주파수의 차이를 통하여 측정된다. 소리의 크기는 데시벨(dB)로 나타내는데 데시벨이 클수록 소리의 크기가 크다. 주파수를 달리하면서 0~120데시벨 수준까지의 소리를 제시하여 소리에 대한 민감성을 측정함으로써 청력손실의 정도를 알 수 있다. 〈표 3-4〉는 청력손실 정도에 따른 청각장애의 정도와 소리를 듣고 이해하는 기능적 특성을 보여 주고 있다.

표 3-4 청각장애의 진단과 분류

청력손실	청각장애 정도	기능적 청력손실의 특징
26dB 이하	정상	• 희미한 소리를 듣는 데 특별한 어려움이 없음 • 일상적인 의사소통에 지장 없음
26~40dB	경도 (mild)	• 희미한 소리를 듣는 데에만 어려움이 있음 • 회화거리를 유지하지 못하면 이해하기 어려움
41~55dB	중도 (moderate)	• 9cm~1.5m 거리에서 얼굴을 맞대고 하는 말과 대화를 이해함 • 특정 발음이 어렵거나 안 되어 의사소통이 힘듦 • 언어 습득과 발달이 지체됨
56~70dB	중등도 (moderately severe)	• 정상적인 대화와 말을 듣는 데 잦은 어려움이 있음 • 큰 소리는 이해하나 일대일 대화가 어려움 • 보청기를 착용하면 음을 이해함
71~90dB	고도 (severe)	• 소리를 치거나 증폭된 말소리만을 이해함 • 큰 소리로 이야기해도 이해가 어려움 • 보청기를 착용해도 음을 이해하기 어려움

91dB 이상	최고도 (profound)	• 증폭된 말소리조차 듣기 어려움 • 청력에 의존한 음의 수용과 이해, 학습활동이 어려움 • 보청기를 착용해도 어음 명료도와 변별력이 현저히 떨어짐

이러한 의료적 진단과 함께 청각장애학생에게 필요한 교육적 지원을 위한 교육심리적 평가가 필요하다. 무엇보다 청각장애는 선천성 장애가 아닌 경우 대부분 행동에서 발견되므로 국립특수교육원(2009)에서 제시한 선별검사에서 〈표 3-5〉와 같은 이상 징후를 보이면 정밀한 진단을 받도록 하는 것이 좋다.

표 3-5   청각장애 선별검사(초 · 중 · 고등학생용)

	검 사 문 항	자주 나타남	가끔 나타남	나타나지 않음
I. 청각적 자극에 대한 반응	① 상대방의 주의를 끌기 위해 음성을 잘 사용하지 못한다.	2	1	0
	② 다른 사람과 말로 의사소통하지 못한다.	2	1	0
	③ 일부 자음을 틀리게 발음할 때가 있다.	2	1	0
	④ 언어발달이 또래에 비해 늦다.	2	1	0
	⑤ 음성이나 말의 운율은 정상이지만 특정 자음(ㅅ, ㅆ, ㅎ, ㅈ, ㅉ, ㅊ)을 바르게 발음하지 못한다(예: 바지→바디, 바이, 사자→가다, 아다).	2	1	0
	⑥ 말은 하지만 언어구조가 비정상적이다(학교에서 친구가 풀을 빌려줬어 → 학교 친구 풀 나 줘, 주요 명사 중심으로 표현이 이루어진다).	2	1	0
II. 의사 소통 표현	① 양순음(ㅁ, ㅂ, ㅍ)이외에 다른 자음을 바르게 발음하지 못한다.	2	1	0
	② 자음을 거의 사용하지 않는다(예: 가지 → 아이, 불놀이 → 우노이).	2	1	0
	③ 심한 콧소리나 코 막힌 소리를 낸다.	2	1	0
	④ 대화 내용이나 메시지 전달에 따른 음성변화가 거의 없다(예: 양말?/!→양말 맞아요? 아니면 양말 주세요! 의미를 음성장단, 강약 같은 운율을 사용하여 표현하지 못한다).	2	1	0
	⑤ 부모나 가족들과의 대화 내용을 잘 이해하지 못한다.	2	1	0

⑥ 대화를 할 때 말하는 사람의 입술을 지속적으로 쳐다본다.	2	1	0
⑦ 대화를 할 때 특정한 자음을 듣지 못하고 반복해 달라고 요구하거나 되묻는다.	2	1	0
⑧ 낯선 사람의 일상적인 질문을 잘 이해하지 못한다.	2	1	0
⑨ 가족 이외 이웃 사람들과의 일성적인 대화 내용을 이해하지 못한다.	2	1	0
⑩ 또래들과 대화에서 동문서답이 이루어진다.	2	1	0
⑪ 대화에서 익숙한 낱말만 이해하고 전체적인 말의 내용은 이해하지 못한다.	2	1	0
⑫ 소음 속에서 자신의 이름을 불렀을 때 대답하지 못한다.	2	1	0
⑬ 조용한 곳에서 자신의 이름이 불렸을 때 대답하지 못한다.	2	1	0
⑭ 익숙한 환경소리를 알아듣지 못한다(예: 차소리, 물소리, 전화벨소리 등 일상생활에서 들을 수 있는 소리).	2	1	0
합계			
총점			

진단검사 필요 아동: ① 또는 ② 중 하나에 해당되는 아동
① Ⅰ. 청각적 자극에 대한 반응의 점수가 2점인 경우
② Ⅱ. 언어적 의사소통 욕구 표현의 점수가 8인 경우

출처: 국립특수교육원(2009).

3) 청각장애학생의 특성

(1) 인지적 특성

청각장애학생에 대해 기억해야 할 가장 중요한 것은 이들 대부분이 정상적인 지능을 갖고 있다는 것이다(이규식 외 2007). 이들은 인지능력에 결함이 있는 것이 아니라 단순히 잘 듣지 못할 뿐이며, 건청학생과 동일한 인지발달 단계를 따르나 약간 느릴 뿐이다. 그러나 청력손실의 결과로 나타나는 언어 결함으로 인해 청각장애학생은 낮은 학업성취를 보인다. 청력손실의 정도와 언어능력은 정적 상관이 있기 때문에 청력손실이 있는 청각장애학생은 언어능력이 떨어지고, 기본적인 개념

습득의 통로인 언어능력에 문제가 있으면 인지기능의 제한으로 이어지고 결국 학업 수행에도 부정적인 결과를 초래하게 된다. 청각장애학생의 읽기 수준이 건청학생들의 평균 아래 수준에 있고 이러한 상황은 국어교과에 머무르는 것이 아니라 전반적인 교과목의 학업성취에 영향을 미치게 된다. 실제 청각장애학생의 교과목 성적은 건청학생군의 성적보다 유의하게 낮으며, 고학년으로 올라갈수록 각 교과에서 건청학생과 더 큰 성적 차이를 보이는 것으로 나타났다(임동규, 1991).

(2) 의사소통적 특성

청각은 언어를 습득하는 데 중요한 일차적인 기관이기 때문에 청각에 장애를 갖게 되면 언어를 이해하고 말하는 데 심각한 영향을 받는다. 청각장애학생의 언어 습득 정도는 청력손실의 정도, 청력손실의 시기, 다른 장애의 유무 등에 따라 다양하다. 일반적으로 청력손실도가 클수록 말소리의 명료도가 낮고 언어 지체도 크다. 청각장애학생은 사회에서 사용하는 일상적인 언어로 의사소통하기 어려운 경향이 있는데, 특히 언어적으로 표현하는 능력이 생기기 이전에 청력이 손실된 청각장애학생인 경우는 우발적 학습을 통하여 자연스럽게 언어를 습득할 기회가 적다. 이 학생들은 언어를 반복적으로 연습하고 교정하는 훈련을 통해 배워야 하기 때문에 건청학생보다 국어나 말하기 능력에서 많이 뒤떨어진다.

청각장애학생은 전 어휘집단을 통해 명사 범주는 50% 정도로 다소 높은 비율로 산출하는 반면, 동사 범주는 건청학생에 비해 낮은 비율로 습득하며, 동사, 문법형태소, 기타 어휘 중 특히 연결하는 말의 비율이 낮다(이규식 외, 2007). 또한 모든 어음 환경에서 청각장애학생이 건청학생에 비해 모음의 지속시간이 더 길었고(김영태 외, 2000) 음도가 높게 나타났다(박희정, 2014). 청각장애학생은 발화 시, 특정 음소를 생략하거나 다른 음소로 대체하고, 말의 속도와 강도, 억양 등을 잘 조절하지 못하기 때문에 말소리가 명료하지 못하여 다른 사람들이 이해하기 힘든 경우가 많다. 특히 수화를 주된 의사소통 수단으로 사용하는 농이나 심한 청각장애학생은 같은 수화사용자 외의 다른 사람과 수화통역사의 도움을 받아야 의사소통이 가능하기 때문에 전반적인 사회생활에 많은 제약이 따른다.

(3) 사회정서적 특성

청각장애학생은 건청학생보다 자기존중감이 상당히 낮은 편이다. 이는 의사소통의 문제, 즉 타인과 자연스럽게 의사소통을 하지 못하여 자신의 감정이나 생각을 표현하는 데 한계가 있고 다른 사람의 생각을 파악하고 이해하는 데 어려움이 있는 데서 기인한다. 특히 보청기를 착용한 경우는 겉으로 보기에 타인과 다르기 때문에 주위의 부정적인 시선과 반응을 받게 되어 자아개념 발달에 좋지 않은 영향을 미친다.

청각장애가 심할수록 타인을 수용하고 공감하는 대인관계능력이 낮다(강우진, 2011). 왜냐하면 청각장애로 인하여 의사소통기술이 발달되지 못하면 사회적 관계를 맺는 데 필요한 태도나 규칙을 학습하기 어렵고 또래와 상호작용하는 기회가 적어지게 되어 결국 또래 문제에서 부정적인 결과를 초래하기 때문이다(박경란, 신은영, 2018). 제한된 의사소통은 독립적으로 사고하는 능력, 자기 지시와 자기 통제 능력, 다른 사람을 의식하고 받아들이는 능력 등을 포함한 사회적 기술이 전반적으로 부족하게 되는 결과를 초래한다(이규식 외, 2007). 그리고 청각장애학생의 행

[그림 3-2] 한국수어

출처: 국립국어원 한국수어사전.

동문제는 건청학생과 비교해서 심각한 정도는 아니지만 전반적으로 더 많은 것으로 나타난다(안성우 외, 2002). 특히 수화를 사용하여 의사소통을 하는 청각장애학생은 수화를 사용하지 않는 청각장애학생이나 건청학생과 의사소통을 할 때 고립감을 느껴 수화를 사용하는 청각장애학생들끼리 어울려 지내는 등 사회에 통합되지 못하고 스스로를 분리시킬 위험이 있다.

(4) 학습적 특성

교실 상황에서 청각장애를 가진 학생을 위해 다양한 적합화의 노력이 필요하다. 편측성 난청을 가진 학생의 경우 보다 잘 들리는 귀가 교사를 향할 수 있도록 자리를 배치하거나, 잔존 청력이 어느 정도 남아 있는 학생의 경우 스피커와 가까운 곳에 배치하여 청력을 활용할 수 있도록 한다. 청각장애학생은 시각장애 학생과 마찬가지로 부족한 감각을 보완하기 위해 시각적 단서를 활용하거나(독화), 음성언어를 듣는 대신 시각언어인 수화를 활용하여 의사소통할 수 있다(송준만, 유효순, 2011). 독화는 말하는 사람의 입술 및 입 모양, 얼굴 표정, 발화의 문맥 등을 종합적으로 활용하여 대화상대자의 발화를 이해하는 의사소통 전략이다. 수화는 손의 움직임과 얼굴 표정 및 몸짓을 사용하여 표현하는 시각운동체계의 언어이다. 한국수화는 한국어의 문법 체계와는 다른 음운, 형태 그리고 통사 구조를 지닌다. 교실 상황에서 청각장애학생이 자신의 잔존 청력과 보완적 감각을 최대한 활용하여 학습에 참여할 수 있도록 도와줄 필요가 있다.

3. 지체장애

1) 지체장애의 정의

지체장애는 기본적으로 신체의 골격, 근육, 신경계통에 문제가 생겨 제대로 기능할 수 없는 상태를 의미한다. 지체장애는 범위가 광범위하여 보행하기에 다소 어려운 상태에서부터 말하고, 먹고, 걷는 등 운동기능이 필요한 모든 영역에 문제가 있는 중증 상태까지를 포함한다. 「장애인 등에 대한 특수교육법」은 지체장애를 지닌 특수교육대상자를 다음과 같이 정의하고 있다.

표 3-6 「장애인 등에 대한 특수교육법」에 따른 지체장애 정의

기능·형태상 장애를 가지고 있거나 몸통을 지탱하거나 팔다리의 움직임 등에 어려움을 겪는 신체적 조건이나 상태로 인해 교육적 성취에 어려움이 있는 사람

2) 지체장애의 진단과 평가

지체장애는 시각장애와 청각장애와 같이 일차적으로 의료적 진단이 실시된다. 의료적 진단에는 지체장애를 유발하는 원인 질환(신경성 질환군과 운동성 질환군), 현재의 건강상태, 근육의 긴장도를 파악하는 검사와 뇌기능검사나 뇌파검사 등이 포함된다. 지체장애는 다양하고 복합적인 형태로 나타나기 때문에 의료적 진단 외에 개별학생의 특성과 요구에 맞는 심리평가를 병행해야 한다. 국립특수교육원(2009)에서 제시한 〈표 3-7〉의 선별기준은 지체장애를 교육적으로 진단하는 데 유용한 정보이다.

표 3-7 지체장애의 선별기준
(아래 I번과 II번 중 하나만 선택)

I. 일상생활이나 학습 장면에 필요한 운동 기능에 제한이 있는 경우

검사 문항	해당 여부
① 이동 수단으로 주로 휠체어, 목발, 워커 등 보행 보조기구를 사용한다	
② 팔, 다리, 몸통, 머리 부위에 보조기를 장기간 착용한다.	
③ 필기가 아주 늦거나 곤란할 정도이고 식사 도구를 이용하기 어려울 정도로 상지의 기능이 저하되어 있다.	
④ 뼈, 관절, 근육 등의 문제로 인하여 수업 시간에 의자에 앉은 자세를 유지하기 어렵다.	
⑤ 분명한 외형상의 장애가 없지만 잘 넘어지거나 뼈가 쉽게 부러진다.	
⑥ 척추나 몸통이 전후 또는 좌우로 심하게 기울어져 자세 조절이 어렵다.	
⑦ 입을 잘 다물지 못하거나 침을 많이 흘려 옷이나 책 등이 젖어 있는 경우가 많다.	
⑧ 혼자서 계단을 오르내리기가 곤란하다.	
⑨ 발바닥의 안쪽이나 바깥쪽 끝, 또는 발끝으로 걷는다.	
⑩ 구강 구조나 기능의 문제로 인해 음식물을 씹고 삼키는 데 어려움이 있다.	

II. 사지, 머리, 몸통 등의 분명한 형태 이상 및 운동 기능 이상 등이 있는 경우

검사 문항	해당 여부
① 선천적 또는 후천적으로(예: 사고나 질병으로 인한 절단) 팔, 다리, 머리 부위가 전체 혹은 부분적으로 없거나 심한 변형이 있다.	
② 뇌성마비, 외상성 뇌손상, 척수장애, 이분척추(신경관결손)와 같이 신경과 근육에 영향을 주는 중추신경계 이상이 있다.	
③ 진행성 근이영양증, 근위축증, 중증근무력증 등과 같은 근육 질환이 있다.	
④ 왜소증으로 키가 심하게 작거나 하지의 길이가 다르고 또는 척추에 변형이나 기형이 있다(예: 척추측만증 등).	
⑤ 팔과 다리, 머리 부위에 골절이나 심한 화상으로 인한 기형적 변형이나 운동기능에 장애가 있다.	
⑥ 뼈나 관절에 만성적인 염증으로 인하여 평소 심한 통증과 함께 운동기능에 장애가 있다(예: 골단염, 골수염, 관절염 등).	

진단검사 필요 아동: 다음 ① 또는 ②에 해당되는 아동
① I . 항목에서 2개 문항 이상 해당
② II . 항목에서 1개 문항 이상 해당

이러한 지체장애는 원인에 따른 질환이나 외상이 다양하다. 진단에 따른 지체장애의 유형은 〈표 3-8〉과 같다.

표 3-8 지체장애의 유형

신경 · 근질환성 질환군		뇌성마비, 근이영양증, 소아마비, 이분척추, 다발성 경화증, 간질
운동기 질환군	형태 이상	단지증, 만곡족, 내반슬, 외반슬, 척추전만, 척추측만, 척추후만
	외상성 질환	가관절, 반흔 구축, 절단
	골질환	골형성 부전증, 연골무형성증, 골단염, 레크-칼브-페테스병, 구루병, 모르퀴오병, 골수염
	관절 질환	관절염, 선천성 고관절 탈구, 관절구축, 관절류머티즘
	결핵성 질환	골결핵, 척추 카리에스, 결핵성 고관절염, 무릎관절 결핵, 관절 결핵

3) 지체장애학생의 특성

(1) 인지학업적 특성

지체장애의 범주가 매우 넓고, 신체적 결함을 가진 학생의 질병 유형이나 정도가 다양한 것처럼, 지체장애학생의 인지와 학업능력도 다양하게 분포되어 나타난다. 그러나 일반적으로 신경계통의 장애가 있는 지체장애학생은 외부의 정보를 감각적으로 받아들이고 처리하고 산출하는 정보처리능력이 지체되어 있어 학습의욕이 낮고 지식을 습득하는 데 어려움이 있으며 습득된 지식을 통합하고 조직하는 능력도 저조한 편이다. 지체장애학생은 생활환경이나 행동반경이 제한되기 때문에 직접 관찰이나 직접 경험 등 학습 준비에 필요한 경험이 부족하여 사회적인 경험이나 견문이 좁다. 그 결과, 감각이나 행동에 의한 인식이 부족하고 대체적으로 언어발달 지체와 이로 인한 학습능력의 지체(박은혜 외, 2007), 새로운 학습 욕구의 결여, 지각·운동장애로 인한 주의집중력의 문제와 정보수용능력의 부족, 습득한 지식의 일반화 및 통합·조직 능력의 결함을 보인다(박경옥, 2008). 또한 지체장애학생은 인지적 수준이 떨어지지 않은 경우라도 신체나 건강상의 이유로 수술을 하고 치료를 받고 회복하기 위하여 장기간 입원이 필요할 수 있다. 이러한 장기 결석이 학습의 결손으로 이어지고 교육적 성취에 부정적인 영향을 주게 된다.

(2) 의사소통적 특성

지체장애학생의 의사소통의 문제는 주로 선천성 운동장애에서 볼 수 있다. 왜냐하면 의사소통을 위한 기본 전제는 말소리를 낼 수 있는 조음기관의 정상적인 구조와 기능인데 선천적으로 신체기관의 구조와 기능에 문제가 있으면 의사소통이 어렵기 때문이다. 특히 지체장애학생의 대부분을 차지하는 뇌성마비학생의 80% 이상이 의사소통장애를 보인다. 뇌성마비의 유형과 정도에 따라 의사소통 특성이 다른데 그 내용을 살펴보면 다음과 같다(박경옥, 2008). 경직형 뇌성마비학생은 과도하게 긴장하고 갑작스럽게 경련을 일으켜 폭발적으로 말하거나 순간적으로 호흡에 이상을 일으켜 일시적으로 말이 끊어지는 모습을 보인다. 무정위 운동형 뇌성마비학생은 말의 리듬이 끊어지지 않지만, 불수의 때문에 언어 근육 조직에 불규칙적인 운동이 일어나 말소리가 왜곡되어 명료하지 않고 호흡의 장애와 과도한

[그림 3-3] 다양한 입력장치를 적용한 보완대체 의사소통의 예
출처: 안재완(2017).

운동 때문에 음성의 높이, 억양, 강세 등이 계속 변한다. 실조형 뇌성마비학생은 말을 더듬고 리듬이 없이 단조롭게 말하다가 가끔씩 심하게 변화하는 경향이 있다. 남의 말을 듣고 이해할 수 있지만 말이나 글로 의사표현을 하지 못하는 지체장애학생은 [그림 3-3]에 제시된 바와 같이 간단한 그림판에서부터 첨단 음성 출력 전자시스템까지 다양한 보완대체 의사소통체제를 사용하여 일상생활을 하거나 교육활동에 참여할 수 있다.

(3) 사회정서적 특성

신체의 장애로 인하여 외현적으로 특별한 모습으로 자신을 보여야 하는 상황은 사회정서적 발달에 중요한 영향 요인이 된다. 발달 초기의 중요한 시기에 지속되는 진료와 치료로 인한 긍정적 경험의 부족, 조기교육 기회의 박탈 등은 정서에 부정적인 영향을 준다. 지체장애학생의 짧은 주의집중력, 의존성, 자기 통제력 부족, 표현력 결여와 같은 내적인 요인과 부모의 부적절한 양육태도(예: 편애, 과보호)나 시설 거주로 인한 생활환경적 요인 또한 정서적 행동 문제와 직접적으로 관련이 있다(박은혜, 김정연, 2010).

지체장애학생은 신체적으로 타인에게 의존해야 할 경우가 많으므로 학습된 무기력감을 습득하여 수동적으로 외부에 대처하며 과보호반응으로 인한 열등감을 가지는 경우가 많다. 또한 장애에 대한 본인의 수용 정도에 따라서 자신의 신체상에 대한 부정적인 이미지를 갖기 쉽고, 타인이 자신에게 호감을 갖지 않을 것이라는 생각으로 자기 방어적 성격, 고집성 등과 같은 성격 특성을 보인다. 특히 뇌성마비학생은 자신의 신체를 교정하고 치료해야 하는 대상으로 지각하게 되고 독특한 외모, 간질, 침 흘림, 보장구 등의 사용으로 부정적인 신체상을 갖기 쉽기 때문에 타인과 자연스러운 사회적 관계를 형성하지 못한다. 하지만 모든 학생이 낮은 자존감과 부정적인 사회정서적 반응을 보이는 것이 아니므로 편견을 가지지 않도록 주의를 기울여야 한다(정재권 외, 2013). 또한 근위축증과 같은 시한부 질환을 가진 학생이나 사고로 인해 지체장애가 된 학생은 자신의 장애상태를 받아들이기 어려워 공격적인 말과 행동을 보이고 우울하거나 위축된 모습을 보인다.

(4) 신체운동적 특성

지체장애의 신체적 특성은 장애유형별로 차이가 있지만 병인론적 관점에서 보면 대체적으로 운동발달에 제한을 갖고 있다. 지체장애학생이 보이는 운동발달 특성에는 원시반사가 남아 있거나 원시반사가 나타나지 않는 것, 수의 운동과 목 안정, 평형반응, 신체상 발달이 지체되거나 이상형태를 보이는 것, 정상적인 운동 기능을 학습하지 못하고 지체되거나 잘못 학습하는 것, 신장과 체중이 저하되고, 1차적 신체장애의 지속적인 영향으로 2차적 변형이 일어나는 것 등이 있다.

지체장애의 대다수를 차지하는 뇌성마비학생은 중추신경계 손상으로 인한 경직으로 지절의 뼈와 근육 길이나 구조에 변화가 일어나 정상 보행에 어려움이 있다(정희경 외, 2018). 또한 시각적 문제와 수반 장애(예: 지적장애, 의사소통장애, 정서행동장애)를 갖는 경우가 많다. 신체의 장애로 자유롭게 움직이지 못하는 학생의 경우 운동 부족과 과식으로 인해 비만이 되거나 심장의 문제를 가질 수 있기 때문에(박은혜, 김정연, 2010) 적절한 식이요법과 함께 신체를 이용한 다양한 활동에 참여할 기회를 제공할 필요가 있다.

4. 건강장애

1) 건강장애의 정의

건강상의 이유로 인한 잦은 학교결석 그리고 이로 인한 학업 결손 및 또래와의 상호작용 부재는 향후 학업적, 정서적 측면에서 많은 문제를 초래할 수 있다. 만성질병을 지닌 학생의 수가 점차 증가함에 따라 건강장애를 특수교육대상자로 포함하기 이르렀다. 건강장애학생은 건강상의 문제를 치료하기 위하여 오랜 기간 병원생활과 통원치료를 받기 때문에 인지적, 사회정서적, 신체적 발달이 어렵고 학교생활 적응과 학습에 문제를 가진다. 「장애인 등에 대한 특수교육법」은 건강장애를 지닌 특수교육대상자를 다음과 같이 정의하고 있다.

표 3-9 「장애인 등에 대한 특수교육법」에 따른 건강장애 정의

만성질환으로 인하여 3개월 이상의 장기입원 또는 통원치료 등 계속적인 의료적 지원이 필요하여 학교생활 및 학업 수행에 어려움이 있는 사람

2) 건강장애의 진단과 평가

건강장애학생의 진단평가는 크게 의료적 진단과 교육적 진단으로 구분된다. 의료적 진단은 주로 병원에서 전문의에 의해 이루어지며 혈액검사, 골수검사, 폐기능검사, MRI, CT 등을 활용한다(박화문 외, 2012). 교육적 진단은 교육적 지원 여부와 정도를 결정하기 위해서 실시하는데, 국립특수교육원(2009)에서 제시한 〈표 3-10〉의 선별검사는 진단에 앞서 유용한 자료이다.

표 3-10) 건강장애 선별검사(초 · 중 · 고등학생용)
(아래 I번과 II번 중 하나만 선택)

I. 전문의로부터 만성질환으로 진단을 받은 적은 없지만, 건강상의 문제가 일상생활이나 학습 장면에 부정적인 영향을 주는 상태가 6개월 이상 지속되거나 연 30일 이상의 학업 결손이 있는 경우

검사 문항	해당 여부
① 악성빈혈, 허약, 특이체질 등 건강상의 문제로 인하여 결석이 매우 잦아 학업 결손이 심하다.	
② 건강상의 문제로 인하여 체육활동이나 야외학습활동 등의 참여에 어려움이 많다.	
③ 잦은 질병으로 인하여 장기간에 걸쳐 약물을 복용하고 있다.	
④ 전문의로부터 특정 운동 및 활동 등에 대한 제약 소견을 받고 있다.	
⑤ 배변이나 배뇨 기능의 문제로 장루나 요루에 시술을 받아 일상생활이나 학습 장면에서 상당한 어려움을 겪어 학교에서 지속적인 특별건강관리 절차나 전문적인 의료적 도움이 필요하다.	
⑥ 생명력과 활동에 필요한 전문적인 의료적 처치에 지속적으로 의존한다.	

II. 전문의로부터 아래와 같은 만성질환으로 진단 받은 경우

검사 문항	해당 여부
① 심장병으로 3개월 이상의 장기입원 또는 통원치료 등 지속적인 전문 의료적 지원이 필요하다.	
② 신장병(염)으로 3개월 이상의 장기입원 또는 통원치료 등 지속적인 전문 의료적 지원이 필요하다.	
③ 간질환으로 3개월 이상의 장기입원 또는 통원치료 등 지속적인 전문 의료적 지원이 필요하다.	
④ 간질이나 천식으로 진단 받아 3개월 이상의 장기입원 또는 통원치료 등 지속적인 전문 의료적 지원이 필요하다.	
⑤ 소아암, AIDS, 혈우병, 백혈병, 소아당뇨로 진단받아 3개월 이상의 장기입원 또는 통원치료 등 지속적인 전문 의료적 지원이 필요하다.	
⑥ 위에 해당하는 것 이외의 만성질환을 전문의로부터 진단받아 3개월 이상의 장기입원 또는 통원치료 등 지속적인 전문 의료적 지원이 필요하다. [병명:]	

교육부(2016)에서 실시한 특수교육 실태조사에서는 건강장애에 해당하는 만성
질환을 간장애, 심장장애, 신장장애, 암, 기타 장애로 분류하고 있으며 간략한 정
의를 〈표 3-11〉에 제시하였다.

표 3-11 교육부 특수교육 실태조사에 따른 건강장애 유형

질환명	정의
간장애	간 질환에는 바이러스성 간염, 독성과 약으로 인한 간염, 간경변, 간암, 소아기 과체중으로 인한 지방간 등이 있음
심장장애	관상동맥 질환인 협심증, 심근경색, 심부전, 선천성 심장기형, 심장판막증, 부정맥 등으로 심장이 더 이상 정상적인 기능을 하지 못하는 상태
신장장애	신체 내의 노폐물을 제거하여 적절한 수분과 전해질을 보유할 수 있도록 조절하는 기관인 신장의 기능 이상으로 인해 일상생활 활동에 어려움을 가져오며 장기간 신장 기능을 대신하는 치료가 필수적인 상태
암	세포 일부가 돌연변이를 일으켜 무질서하게 증식하여 덩어리를 만들고, 이것이 주위 장기를 압박할 뿐만 아니라, 인접한 정상 조직 및 장기에 침윤하는 것

3) 건강장애학생의 특성

(1) 인지학업적 특성

건강장애학생의 인지적 어려움은 소아당뇨를 가진 학생이 학업 수행과 집중에
문제를 갖는 것과 같이 질병 자체에 기인하는 경우도 있고 백혈병을 앓는 학생이
방사선 치료나 화학요법과 같은 치료로 인해 다양한 인지능력에서의 손상을 갖는
것과 같이 치료과정에서 생기는 경우도 있다(류신희, 김정연, 2008). 이처럼 건강장
애학생의 인지학업적 특성은 유형에 따라 다르게 나타나기도 하지만 만성적인 질
병 치료과정에서 장기간 약물 복용이나 스테로이드 단기 복용 등으로 인해 불면
증, 주의력 결핍 및 인지처리과정의 손상 등이 생기는 경우가 많다(Thies, 1999). 신
경이나 운동기능 손상 등으로 인해 학업 수행과 주의집중에 어려움을 갖게 되고
결국은 낮은 학업성취로 이어지게 된다. 치료과정에서 공통적으로 나타나는 부작
용인 피로가 학업 수행에 지장을 주고, 학교생활에 적응하기 어렵게 만드는 요인
이 된다(류신희, 김정연, 2008). 만성질환으로 장기입원 혹은 장기통원치료를 받는
대부분의 건강장애학생은 장기결석을 하게 되는데 이는 학업능력의 저하를 설명

하는 직접적인 이유가 될 수 있다(김은주, 2008).

(2) 사회정서적 특성

건강장애학생은 대부분 사회정서적으로 원만하게 적응하지 못하는 경향이 있는데, 주된 원인은 잦은 치료로 인한 신체적 손상과 장기결석, 장기간의 입원 등에 있다(박은혜 외, 2005). 장기결석과 입원으로 인해 또래와 관계 유지에 어려움이 있으며 가족과 분리되어 고립감을 느낀다. 질병으로 인한 신체변화, 재발에 대한 두려움과 질병 수용까지의 심리적 갈등 또한 생길 수 있다. 질환을 치료하느라 병원에 입원하거나 퇴원하더라도 언제 다시 병원으로 가야할지 모르는 긴장감 속에 지내야 하기 때문에 불안하고 위축될 가능성이 높다. 그리고 운동회나 소풍 등의 학교 행사에 빠지는 경우가 많기 때문에 외로움을 느끼고 친구나 교사와의 관계에도 소극적이 될 수밖에 없다.

(3) 신체적 특성

건강장애학생은 질병의 영향으로 신체기능이 저하되거나 신체활동이 제한된다. 또 치료(화학요법, 방사선치료, 약물치료 등)의 부작용으로 탈모나 체중 증감 등 외모의 변화를 경험하며 식욕 증감, 구토, 통증, 만성 피로 등으로 인해 어려움을 호소한다. 심장병을 가진 학생 중 청색증 심장 결함이 있는 학생의 경우 추운 날씨에 운동장에서의 교육활동을 피해야 하고, 소아당뇨병을 앓는 학생은 식이요법과 인슐린 투여에 대한 관리가 요구되는 등 질병의 종류에 따른 주의사항에 대해 교사 및 학교관계자가 숙지해야 한다(송병호, 2010). 건강장애학생의 신체적 어려움은 학습에 가장 큰 영향을 미치는 요소이므로, 보다 실효성 있는 교육지원 방안 제공을 위해서는 질병 치료의 영향으로 변화한 학생 신체기능 특성 파악이 먼저 이루어져야 한다(임혜경, 박재국, 2015).

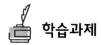

학습과제

1. 시각장애의 정의와 진단기준을 기술하고 맹과 저시력의 특성을 비교, 설명하시오.

2. 청각장애의 정의와 진단기준을 기술하고 농과 난청의 특성을 비교, 설명하시오.

3. 지체장애의 정의와 장애유형을 기술하고 유형에 따른 특성을 설명하시오.

4. 건강장애의 정의와 유형을 기술하고 심리사회적 특성과 학업적 특성을 설명하시오.

참고문헌

강우진(2011). 청각장애청소년이 갖는 대인관계성향이 사회성 발달에 미치는 영향. 특수
    아동교육연구, 13(3), 143-161.
교육부(2016). 특수교육 실태조사. 건강장애 유형.
국립국어원 한국수어사전 http://sldict.korean.go.kr
국립특수교육원(2009). 특수교육대상아동 선별 · 진단검사. 경기: 국립특수교육원
김영태, 오영자, 지민제(2000). 청각장애아동과 건청아동의 모음 및 파열음 산출의 음향
    음성학적 특성 비교. 음성과학, 7(2), 51-70.
김윤옥, 김진희, 박희찬, 정대영, 김숙경, 안성우, 오세철, 이해균, 최성규, 최중옥(2006).
    특수아동 교육의 실제. 경기: 교육과학사
김은주(2008). 건강장애학생을 위한 병원학교 운영 지원체계의 타당화 연구. 이화여자대
    학교 대학원 박사학위논문.
김정현, 이해균, 한동일(2013). 시각장애학교 저시력학생을 위한 교육지원 개선 방안. 시
    각장애연구, 29(1), 165-198.
류신희, 김정연(2008). 건강장애학생의 학교생활 적응 및 교육 실태. 지체 · 중복 · 건강장애
    연구, 51(4), 157-176.
문화체육관광부(2017). 2017년 개정 한글점자규정. 문화체육관광부 고시 2017-5호
박경란, 신은영(2018). 일반학급에 통합된 청각장애학생의 사회 · 정서적 특성. 한국청
    각 · 언어장애교육연구, 9(1), 99-116.
박경옥(2008). 뇌성마비학생의 초인지적 읽기이해 전략 특성. 특수교육저널: 이론과 실천,
    9(3), 17-37.
박만석, 시진무, 이해균(2016). 시각장애학교 저시력 학생의 보행 실태 및 훈련 요구. 특

수교육저널: 이론과 실천, 17(3), 61-80.

박순희(2014). 시각장애아동의 이해와 교육. 서울: 학지사

박은혜, 김정연(2010). 지체장애학생 교육. 서울: 학지사.

박은혜, 박지연, 노충래(2005). 건강장애학생을 위한 교육 지원 모형 개발. 특수교육학연구, 40(3), 269-298.

박은혜, 표윤희, 김정연, 김은숙(2007). 비구어 지체장애학생을 위한 국어과 교수-학습지도의 실태 및 요구 분석. 특수교육학 연구, 42(4), 143-168.

박중휘(2006). NEO 아동성격검사에 의한 시각장애 아동의 성격 특성. 시각장애연구, 22(2), 49-76.

박화문, 김영한, 김창평, 김하경, 박미화, 사은경, 장희대(2012). 건강장애아동 교육. 서울: 학지사.

박희정(2014). 청각장애 아동의 음성 및 조음 특성 연구. 한국청각·언어장애교육연구, 5(1), 35-45.

서경희, 이해균(2002). 시각장애 학생과 정안 학생의 심리적 안녕감 비교 연구. 시각장애연구, 18(1), 63-84.

송병호(2010). 건강장애. 서울: 학지사.

송준만, 유효순(2011). 특수교육학개론. 경기: 교문사.

안성우, 이정민, 최상배(2002). 청각장애학생과 건청학생의 행동특성 비교 연구. 특수아동교육연구, 4(2), 155-177.

안재완(2017). 지체장애학생을 위한 스마트 AAC 활용 방법. 한국특수교육학회 학술대회, 466-478.

이경림(2008). 시각장애학생 교육의 이해와 실제. 서울: 서현사

이규식, 국미경, 김종현, 김수진, 유은정, 권요한, 강수균, 석동일, 박미혜, 김시영, 권순황, 정은희, 이필상(2007). 청각장애아 교육. 서울: 학지사

임동규(1991). 청각장애학생의 교과 학력에 관한 연구. 단국대학교 대학원 석사학위논문.

임안수(2008). 시각장애아 교육. 서울: 학지사

임혜경, 박재국(2015). 건강장애학생의 신체기능과 적응유연성의 관계. 특수아동교육연구, 17(1), 317-346.

장애인 등에 대한 특수교육법(시행 2018.5.12.) 법률 제 15367호.

정소라, 김동일(2017). 시각장애 아동의 읽기 이해와 작업기억의 특성 분석: 정안 아동과의 비교를 중심으로. 시각장애연구, 33(4), 1-21.

정소라, 김동일(2018). 저시력 아동 읽기의 어려움과 대처 기술에 관한 질적 연구. 특수교육학연구, 52(4), 1-23.

정재권, 이혜은, 유경(2013). 지체장애학생의 건강증진 실태 분석. 지체·중복·건강장애연구, 56(2), 71-89.

정희경, 정은정, 이병희(2018). 뇌성마비, 다운증후군, 일반아동의 균형과 보행분석. 특수

교육저널:이론과 실천, 19(1), 49-64.

Thies, M. K. (1999). Identifying the education implications of chronic illness in school children. *Journal of School Health, 69*(1), 392-397.

제4장

인지 및 의사소통장애를 가진 특수교육대상자의 이해

 학습목표

- 인지 및 의사소통장애를 가진 특수교육대상자의 정의를 설명할 수 있다.
- 특수교육대상자의 진단기준을 자신에게 적용해 보고 특수교육대상자의 특성을 이해할 수 있다.
- 특수교육대상자별로 인지적, 학업적, 사회정서적, 신체적 특성 등을 파악하여 교육계획을 수립하는 데 기본적인 정보를 습득할 수 있다.

학습개요

인지란 자극을 수용하고 저장하고 인출하는 일종의 정신과정이다. 인지장애의 유형으로는 지적 기능과 적응행동에 제한이 있는 지적장애와 학습기능 및 학업성취에 어려움이 있는 학습장애가 대표적이다. 학령기에 접어든 지적장애와 학습장애학생은 계속된 실패의 경험으로 인해 학습 무기력을 경험하며 학습곤란과 더불어 또래관계, 자아존중감 그리고 사회성에도 부정적인 영향을 받는다. 의사소통은 대화자와 상대자 간 생각이나 감정을 교환하는 행위이다. 학교환경에서의 수업과 사회적 상호작용은 대부분 의사소통과정을 통해 이루어지는데 수용언어 및 표현언어에 문제가 있을 경우 원활한 의사소통이 이루어지기 어렵기 때문에 학교적응에 많은 어려움을 초래한다.

이 장에서는 「장애인 등에 대한 특수교육법」에서 의사소통에 어려움이 있는 특수교육대상자를 지적장애, 학습장애 그리고 의사소통장애를 가진 학생으로 규정하고, 각 장애영역을 중심으로 정의, 진단기준, 다양한 특성을 살펴보고자 한다.

1. 지적장애

1) 지적장애의 정의

지적장애는 정신지체의 대체된 용어이다. 지적장애에 대한 정의는 다양한 전문가 집단에 의해 이루어져 왔다. 그중에서 미국 정신지체 협회(American Association on Mental Retardation: AAMR)는 1921년부터 약 10년 주기로 정신지체의 정의를 개정하면서 특수교육의 흐름을 주도해 왔는데 현재 협회명을 미국 지적 및 발달장애 협회(American Association on Intellectual and Developmental Disabilities: AAIDD)로 변경하여 정신지체 대신에 지적장애라는 용어를 사용하고 있다. 이러한 움직임이 세계적으로 확산되어 우리나라에서도 2016년 「장애인 등에 대한 특수교육법」의 특수교육대상자 중 정신지체를 지적장애로 명칭을 개정하였다. 이는 정신지체라는 용어가 미치는 인간의 존엄성과 개인 가치의 저하와 같은 부정적인 낙인의 영향을 없애기 위한 노력의 일환이다(이영철, 2010). 한편, 지능에 대한 역동적인 접근에서는 저성취, 저기능이라는 용어를 사용하여 지적장애학생의 인지 수정 가능성 혹은 회복 가능성을 강조하고 있다(강영심 외, 2000). 「장애인 등에 대한 특수교육법」은 지적장애를 지닌 특수교육대상자를 다음과 같이 정의하고 있다.

표 4-1) 「장애인 등에 대한 특수교육법」에 따른 지적장애 정의

지적 기능과 적응행동상의 어려움이 함께 존재하여 교육적 성취에 어려움이 있는 사람

이상의 정의는 단순히 지능이 낮은 것뿐만 아니라 연령에 적합한 적응행동의 결함 정도를 강조하는 것이다.

2) 지적장애의 진단과 평가

지적장애는 정의에 나타난 바와 같이 지적 기능과 적응행동의 결함이라는 두 가지 준거로 진단된다. 어느 한 가지만 강조하여 오류를 범하는 경우가 없도록 유

의해야 한다. 지적 기능의 결함은 주로 표준화된 지능검사 결과를 이용하는데 같은 연령의 규준집단과 비교하여 평균에서 유의미하게 벗어난 것으로, 지능지수가 70~75 혹은 그보다 낮은 것을 의미한다. 적응행동의 구성요소는 다양하나 개념적, 사회적, 실제적 적응기술로 나눌 수 있다(AAIDD, 2010). 개념적 기술에는 언어 및 문해 기술, 금전, 시간, 수 개념 등이, 사회적 기술에는 대인관계기술, 사회적 책임감과 사회적 문제해결, 규칙 및 법률 준수 등이, 실제적 적응기술에는 일생생활 활동, 직업기술, 건강과 안전, 대중교통의 이용, 일과의 계획 등이 포함되어 있다. 우리나라에서도 이를 근거로 적응행동검사 결과, 평균보다 유의미하게 낮은 것을 적응행동의 결함으로 보고 있다. 이때 개인이 과제를 수행할 능력이 있으면서 일관성 있게 수행하지 못할 경우는 결핍된 것으로 간주되어야 한다.

현장에서 지적장애학생을 선별하기 위해 국립특수교육원(2009)에서 제시한 문항들을 살펴보면 〈표 4-2〉 및 〈표 4-3〉과 같다.

표 4-2 지적장애 선별검사(초·중학생용)

검 사 문 항	자주 나타남	가끔 나타남	나타나지 않음
① 옷 입고 벗기, 대소변 가리기, 주변 이동하기 등의 일상 활동을 또래들과 비교하였을 때 제대로 수행하지 못한다.	2	1	0
② 또래들의 놀이 활동에 제대로 참여하지 못하고, 또래들이 동생 다루듯이 놀아주는 때가 많다.	2	1	0
③ 구어(말)로 의사소통을 못하거나, 무슨 말인지 알아듣기 힘들다.	2	1	0
④ 읽기, 쓰기, 셈하기 능력이 또래들에 비해 현저하게 떨어지며, 반복학습을 해도 별 진전이 없다.	2	1	0
⑤ 또래들에 비해 유치한 행동을 많이 한다. 예를 들면, 마음에 들지 않으면 자신보다 낮은 연령의 아이처럼 토라지거나 운다.	2	1	0
⑥ 일상생활에서 반복적으로 하는 쉬운 말은 하지만, 자신의 생각이나 주장을 표현하지 못할 때가 많다.	2	1	0
⑦ 주의집중 시간이 짧고 기억력이 떨어져서 방금 가르쳐 준 것도 곧 잊어버린다.	2	1	0
⑧ 지적 수준이 낮아서 수업 내용을 이해하지 못해 돌아다니거나 잠을 자는 등 학습과 관련 없는 행동을 하거나, 수업에 참여하지 못한다.	2	1	0

검 사 문 항	자주 나타남	가끔 나타남	나타나지 않음
⑨ 위험한 상황을 잘 인식하지 못하거나 위험한 일이 벌어져도 제대로 해결하지 못한다.	2	1	0
⑩ 자신의 일을 계획하고 주도적으로 처리하는 것에 어려움이 있다.	2	1	0
⑪ 도덕적 상황 판단이 잘 안 되어, 나쁜 일도 시키면 시키는 대로 한다.	2	1	0
합계			
총점			

진단검사 필요 아동: 총점 5점 이상인 경우

* 총점 3~4점: 교사의 임상적인 관찰을 거친 후 진단 여부를 결정함.

자주 나타남(2): 1주일에 4회 이상 나타남 / 가끔 나타남(1): 1주일에 2~3회 나타남 / 나타나지 않음(0): 1주일에 1회 이하로 거의 일어나지 않음

표 4-3 지적장애 선별검사(고등학생용)

검 사 문 항	자주 나타남	가끔 나타남	나타나지 않음
① 적절한 옷차림하기, 화장실 이용하기, 위생용품 처리하기, 주변 이동하기 등의 일상 활동을 또래들과 비교했을 때 제대로 수행하지 못한다.	2	1	0
② 구어(말)로 의사소통을 못하거나, 무슨 말인지 알아듣기 힘들다.	2	1	0
③ 일상적인 의사소통은 가능하지만, 자신의 생각이나 주장을 표현하지 못할 때가 많다 .	2	1	0
④ 또래들과 어울릴 수는 있지만, 또래들의 대화나 활동에 제대로 참여하지 못하고 또래들이 데리고 다니는 경우가 많다.	2	1	0
⑤ 초등학교 저학년 수준의 읽기, 쓰기, 셈하기는 가능하지만, 초등학교 고학년 또는 중학교 수준의 수업은 따라가기 어렵다.	2	1	0
⑥ 학급에서 어떤 역할이나 책임을 수행하는 것이 없어서 교사나 또래가 보기에 대상 아동이 있는지 없는지 모를 정도로 소속감이 없다.	2	1	0
⑦ 또래들에 비해 유치한 행동을 많이 한다. 예를 들어, 마음에 들지 않으면 자기보다 낮은 연령의 아이처럼 토라지거나 운다. 좋아하는 이성 친구를 무조건 따라다닌다.	2	1	0
⑧ 위험한 상황을 잘 인식하지 못하거나 위험한 일이 벌어져도 제대로 해결하지 못한다.	2	1	0

⑨ 지적 수준이 낮아서 수업 내용을 이해하지 못해 돌아다니거나 잠을 자는 등 학습과 관련 없는 행동을 하거나, 수업에 참여하지 못한다.	2	1	0
⑩ 주의집중 시간이 짧고 기억력이 떨어져서 방금 가르쳐준 것도 곧 잊어버린다.	2	1	0
⑪ 자신의 진로 방향을 계획하고 주도적으로 처리하는 것에 어려움이 있다.	2	1	0
⑫ 도덕적 상황 판단이 잘 안되어, 나쁜 일도 시키면 시키는 대로 한다.	2	1	0
합계			
총점			

자주 나타남(2): 1주일에 4회 이상 나타남 / 가끔 나타남(1): 1주일에 2~3회 나타남 / 나타나지 않음(0): 1주일에 1회 이하로 거의 일어나지 않음

AAIDD는 2010년 개정된 지적장애 정의체계에 대한 11차 지침서(Schalock, 2009)에서 지원의 강도에 따른 지원 유형 분류 방법보다는 인간 기능성의 모델에 근거한 다차원적 분류 방법을 강조하고 있다. 지적장애인들이 경험하는 자신의 능력과 환경적 요구 간의 불일치로 인해 지원에 대한 요구가 생기게 되고, 이러한 지원 요구를 바탕으로 개별화된 지원계획을 개발하고 적용하여 그 개인이 좀 더 독립적이게 되고 더 나은 대인관계를 갖고 사회에 기여하며, 학교나 지역사회에서의 활동 참여가 증진되고 더 높은 삶의 만족도를 느끼게 되는 성과를 얻게 된다(송준만 외, 2012).

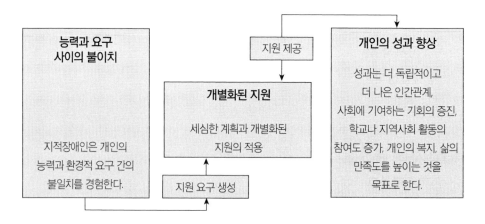

[그림 4-1] AAIDD 인간 기능성의 모델에 근거한 다차원적 분류 방법

3) 지적장애학생의 특성

(1) 인지학업적 특성

지적장애학생은 인지적으로 발달이 지체되어 추상적인 개념을 습득하고 이해하는 능력이 낮아 같은 연령의 또래와 비교했을 때 효율적으로 학습하지 못한다. 정보를 투입하고 처리하는 과정에서 자극을 정확하게 지각하는 능력, 필요한 자극을 선택하는 능력, 정보를 비교하거나 평가할 수 있는 능력, 추론하는 능력, 정보를 인출하는 능력에서 결함을 보인다(강영심 외, 2010). 과제를 수행하는 데 있어서 필요한 자극과 필요 없는 자극을 선별하는 선택적 주의집중이 부족하고, 일정 시간 지속하여 주의를 기울이는 주의집중 시간이 짧아 학습하는 데 곤란을 겪는다. 지적장애학생은 인지처리양식에 있어서 동시처리능력보다 순차처리능력이 낮은 편인데(채지인, 2002), 정보를 동시에 처리한다는 것은 시각적 정보처리능력과 관련되며, 정보를 순차적으로 처리한다는 것은 청각적 정보처리능력과 관련된다. 따라서 지적장애학생은 지능검사에서 청각적 정보처리능력이 더 요구되는 언어성 지능이 동작성 지능보다 낮은 편이다. 새로운 정보를 저장할 때 시연, 조직화, 군집화 등과 같은 기억전략을 활용하지 못하기 때문에 학습한 내용을 쉽게 잊어버리고, 장기기억 속에 저장되어 있는 정보라도 필요 시 자발적으로 인출하여 효율적으로 사용하지 못하는 한계가 있다. 이러한 인지적 결함으로 인하여 지적장애학생은 학업기술 발달에 지체를 보이고 대부분의 교과 영역에서 수행도가 낮다. 기초적인 연산기술과 산수기술을 학습할 수 있으나, 독해나 수학적 추론과 같이 개념적 이해가 요구되는 고차원적인 기술을 학습하는 데 어려움을 나타낸다.

(2) 사회정서적 특성

지적장애학생의 사회정서적 특성은 인지적 특성과 더불어 이들과 상호작용하는 사회 구성원의 반응 양식에 기인한다. 우선, 지적장애학생은 정서적 표현을 상황에 따라 적절하게 조절하는 능력이 부족하고, 비판적인 수용이나 자기통제에 어려움을 보인다. 과잉행동, 산만함 등 특정 영역에서의 문제도 나타나며, 환경에 영향을 주거나 새롭고 어려운 과제를 시도할 욕구가 부족하다(Bennet-Gates & Zigler, 1999). 지적장애학생은 사회정서적으로 미숙하여 부적절한 행동이나 반사회적인 행동을 보일 가능성이 높은데 이것이 다른 사람으로 하여금 지적장애학생을 거부하게 만든다. 또한 지적장애학생은 원래 학습능력이 거의 없다는 잘못된 고정관념 때문에 교사나 부모가 충분히 학습할 기회를 주지 않는 경우가 많다. 지적장애학생이 가지는 인지적 결함과 외부로부터의 거부는 학습이나 사회적응 과정에서 잦은 실패의 경험으로 이어져 지적장애학생의 학습된 무력감이 더욱 팽배해진다. 그 결과, 지적장애학생은 어떤 상황에서든 실패에 대한 두려움을 갖거나 아예 실패를 예상하여 회피해 버리는 경향을 갖는다(김정은 외, 2007; 김정은, 황순영, 2006).

또한 지적장애학생은 자신의 능력에 대한 믿음이 약하여 스스로 문제를 해결하기보다 타인의 도움을 받거나 외적인 단서에 의존해 과제를 수행하려는 외부지향성이 강하며, 문제 해결에 성공한 경우에도 자신의 능력과 노력에 의한 결과가 아닌 행운이나 재수 등으로 귀인시키는 경향이 높다. 일반적으로 높은 외부지향성이 지적장애학생의 대표적인 사회정서적 특성으로 알려져 있지만 일부 연구에서는 효능동기와 성공에 대한 기대가 높다고 보고되고 있다(손성화 외, 2006). 또한 스스로를 행동의 주체이자 조절자라고 느끼며 자신을 유능하게 지각하고 타인과 관심을 주고받는 등 자율성, 유능성, 관계성의 기본 심리욕구가 높은 지적장애학생도 있다(손성화, 강영심, 2018). 지적장애학생은 다른 사람과 긍정적인 관계를 맺고 있다고 느끼며 자신이 속한 사회 · 환경에 연결되어 소속되어 있다고 생각할수록 행복감을 더 많이 느낀다고 알려지고 있으므로 개별 학생의 내적인 정서 차이를 고려하여 그 특성에 맞는 교육적 지원이 이루어져야 할 것이다.

(3) 신체운동적 특성

신체적 특성은 외관상 또래들과 크게 다르지 않으나 다운증후군이나 페닐케톤뇨증과 같은 유전 인자에 의한 경우는 특별한 신체적 외형을 보인다. 지적장애의 대표적인 유형인 다운증후군을 가진 지적장애학생의 경우 심장병, 호흡의 문제, 치아문제와 치과질환, 눈과 귀의 질병, 피부질환, 비만 등의 건강상 문제를 보이기도 한다. 특히 다운증후군에게 균형은 안전과 자립기술에 큰 영향을 미치는 요인이자 가장 습득하기 어려운 운동기능이다(정희경 외, 2018). 이에 따라 보행능력이 정상적으로 발달하지 못하고 균형을 잘 잡지 못하여 일상생활에서 안전의 위협이 높을 수 있다. 중도 지적장애학생 중 대다수는 중추신경계통에 장애나 손상이 있기 때문에 운동의 협응, 걸음걸이, 소근육 운동기술 등의 문제를 가질 수 있다. 신체활동이나 신체적 노력에서는 또래에 비해 큰 어려움은 없으나, 한 영역에서의 지체는 다른 영역의 지체로 이어질 수 있다. 형태적인 것보다 감각운동 기능, 기초적인 신체능력이 열세하고 평형성이나 민첩성 등이 떨어져 순간적인 사태에 적절한 동작을 신속하게 수행하지 못한다. 근력은 일반 학생에 비해 떨어지는데, 장애정도가 심할수록 더욱 심각하고 이는 운동 수행에 결정적인 영향을 미칠 수 있다. 또한 지적장애학생은 시력과 청력에 손상을 보이기도 하고 피로하기 쉽고 저항력이 약하다.

2. 학습장애

1) 학습장애의 정의

학습장애는 일반적으로 학습에 문제가 있어서 학업성취도가 떨어지는 것으로 학습부진이나 학습지진과 혼용되어 사용되어 왔다. 학습부진은 결과론적으로 최저 수준의 학업성취에 미치지 못하는 경우이다. 이러한 학습부진은 여러 가지 원인에 의해 발생하는데, 대부분 지적 능력은 정상이지만 개인의 흥미나 관심의 결여, 부정적인 주위 환경 등이 원인이 된다. 이것은 원인을 없애거나 적절한 교육을 통하여 개선될 수 있다. 반면, 학습지진은 지적 능력이 낮아 학업성취가 떨어지는 것이다. 학습장애의 경우 학습문제의 주된 원인이 낮은 지적 능력이나 외부 환경 등이 아니라 개인 내적인 문제로 본다. 학습장애를 보다 정확하게 이해하기 위해 「장애인 등에 대한 특수교육법」에서 정의한 학습장애의 정의를 살펴보면 다음과 같다.

표 4-4 「장애인 등에 대한 특수교육법」에 따른 학습장애 정의

개인의 내적 요인으로 인하여 듣기, 말하기, 주의집중, 지각(知覺), 기억, 문제 해결 등의 학습기능이나 읽기, 쓰기, 수학 등 학업성취 영역에서 현저하게 어려움이 있는 사람

2) 학습장애의 진단과 평가

학습장애의 하위유형은 발현 시점 및 대뇌반구의 기능장애를 기준으로 살펴볼 수 있다. 구체적인 내용은 〈표 4-5〉과 같다.

학습장애는 특성상 겉으로 드러나지 않으며 장애 유무를 판정하기 위한 기준이 일정하지 못하기 때문에 판별의 정확성과 관련한 문제가 자주 지적된다(정대영, 2002, 2005). 학습장애 판별준거로 가장 널리 알려진 것은 불일치 준거로 학습잠재력과 학업성취 수준 사이의 불일치를 의미하며 주로 읽기, 쓰기, 수학을 평가하는 표준화 검사 점수와 지능에 비해 기대되는 수준 간의 차이로 본다. 이때의 차이는 학년이나 학생 개인의 특성에 따라 달리 적용되겠지만 표준편차 1.5~2 이상으로 판단한다. 다음은 중재반응모델에 기초한 준거로 중재를 실시하여 그 반응을 보고 학습장애 유무를 판단하는 것이다. 학습에 문제가 있는 학생에게 효과적인 교수를 적용하여 그 진전을 보는 것이므로 실패할 때까지 기다렸다가 진단하는 불일치 모델과는 달리 조기 판별이 가능하다. 또한 중재반응모델에서는 학습장애 위험군 학생에게 먼저 중재를 제공하고 중재에 대한 학생 반응에 따라 학습장애 적격성을 결정하기 때문에 외적 요인(예: 교육경험의 결핍, 가정환경 등)에 의한 학습부진과 내적 원인에 의한 학습장애 변별이 가능하다. 즉, 학습장애 위험군 학생 중 외적 요인에 의해 학습문제를 보였던 학생(학습부진 학생)은 조기 중재를 받음으로써 학업

표 4-5) 학습장애의 기준과 유형

기준	하위유형	종류
발현 시점	발달적 학습장애: 학령기 이전 발달과 정상의 문제	주의집중장애, 지각장애, 기억장애 (2차 장애: 사고장애, 구어장애)
	학업적 학습장애: 학령기에 잠재력에 비해 학업성취 수준이 심각하게 떨어지는 경우	읽기장애, 쓰기장애, 수학장애
대뇌 반구의 기능	언어성 학습장애: 좌반구의 기능장애로 언어능력에 문제를 갖는 경우	말장애, 읽기장애, 쓰기장애
	비언어성 학습장애: 우반구 체계의 결함으로 비언어적 능력에서 결함을 보이는 경우	운동기능장애, 시각-공간-조직화 기능장애, 사회성 기능장애, 감각기능장애

성취를 향상할 수 있다(금미숙 외, 2012). 실제 학습장애를 선정하는 절차는 불일치 준거와 중재반응모델에 기초한 준거를 혼합하여 사용하고 있으며 이를 살펴보면 [그림 4-2]와 같이 정리할 수 있다.

　현장에서 학습에 문제를 보이는 학생을 선별하기 위해 일반교사의 기민한 관찰이 필요하며 이를 바탕으로 국립특수교육원(2009)에서 제시한 선별검사 문항을 초등학생(〈표 4-6〉)과 중·고등학생(〈표 4-7〉)으로 구분하여 교육적으로 진단할 수 있다.

중재반응 모델

1조건: (선별 및 중재) 선별 검사 결과, 학습에 문제가 있는 것으로 의심되는 학생을 대상으로 최소 3개월 이상의 집중적이고 효과적인 소집단 규모의 보충학습이나 방과후학습 등 체계적인 서비스를 제공받은 후에도 학업성취도(학교단위 학력평가나 교육과정 중심 평가) 평가 결과, 동 학년의 하위 15~20%에 해당되는 자

2조건: (지능) 최소 두 가지 이상의 지능검사로 측정한 지능의 평균이 75 이상(±5)에 해당하는 자

3조건: (학력) 기초학습기능검사나 KISE 기초학력검사, 읽기 검사, 기초학습기능수행평가 등을 통한 검사 결과, 동 학년 수준의 평균으로부터 최소 −2표준편차(또는 2학년) 이하의 학력 수준을 가진 자

4조건: (배제요인) 지적장애, 정서 및 행동장애, 감각장애 등의 다른 장애나, 가정불화, 폭력, 학교생활 부적응, 문화적 기회 결핍(탈북 아동, 국내 이주 학생) 등 개인 내적 원인이 아닌 외적 요인으로 인해 학업에 집중하지 못할 만큼의 뚜렷한 이유가 있을 경우에는 학습장애로 선정하지 않음

불일치 준거

1단계: 선별 및 선정 의뢰
① 학습장애 선별검사 결과
② 중재반응 평가 결과(3회 이상 학교단위 학력평가 또는 교육과정 중심 평가 결과)
③ 중재반응 참여 증빙 자료
④ 선택사항: 의료기관에서의 난독증 진단 자료 등

2단계: 검사실시 및 학습장애 판정(특수교육지원센터)
① 지능검사 실시(2종 이상)
② 학력진단검사 실시(기초학습기능검사, KISE 기초학력검사 등 표준화 검사)
③ 배제요인 검토

3단계: 특수교육대상학생 선정(특수교육운영위원회)
검사 결과 및 제출자료를 검토하여 특수교육운영위원회에서 학습장애 특수교육대상 학생으로 최종 선정

[그림 4-2] 국립특수교육원 특수교육대상자 선정 조건 기초
연구에 따른 학습장애 선정 조건 및 절차

표 4-6 학습장애 선별검사(초등학생용)

검사 문항		자주 나타남	가끔 나타남	나타나지 않음
I. 읽기	① 단어를 보고 즉각적으로 읽지 못하거나, 자주 접하지 않는 단어나 새로운 단어를 올바르게 읽는 데 어려움을 보인다.	2	1	0
	② 글을 읽을 수는 있으나, 읽는 속도가 느리고, 읽을 때 자주 틀린다.	2	1	0
	③ 어휘력이 부족하다(예: 알고 있는 단어의 수가 적고, 알고 있는 단어도 충분히 이해하지 못하는 경우가 많다).	2	1	0
	④ 글을 읽고 중심 내용을 파악하는 데 어려움을 보인다.	2	1	0
합계				
총점				
II. 쓰기	① 글씨를 지나치게 천천히 쓰거나, 글자가 크거나 글자 모양이 이상하고, 글자 간격이 지나치게 좁거나 넓다.	2	1	0
	② 단어를 쓸 때 받침 등의 글자를 빠뜨리거나 맞춤법에 맞지 않게 단어를 쓴다(예: '의견'→'의겨', '무릎'→'무릅', '믿는다'→'밀는다').	2	1	0
	③ 글의 구성이 논리적이지 못하고, 글의 내용이 빈약하다(예: 주제와 관련된 생각들을 단순히 나열하는 형태의 글을 쓰거나, 앞뒤 문맥이 맞지 않는 글을 쓴다).	2	1	0
	④ 글을 쓸 때 불완전한 문장을 쓰거나, 짧은 문장을 주로 사용하고 긴 문장을 사용하는 데 어려움을 보인다.	2	1	0
합계				
총점				
III. 수학	① 기본적인 수개념이 부족하다. 두 수 중 큰 수 변별하기, 수 세기, 자리값 등에 어려움을 보인다.	2	1	0
	② 사직연산의 계산에 오류가 많고, 시간이 오래 걸린다. 특히, 받아 올림이 있는 덧셈이나 받아 내림이 있는 뺄셈에 어려움을 보인다.	2	1	0
	③ 문장제 수학 문제 풀이에 어려움을 보인다.	2	1	0
	④ 시각-공간 능력이 필요한 도형, 측정 등 문제 풀이에 어려움을 보인다.	2	1	0
합계				
총점				

	검사 문항			
IV. 기억 · 주의 · 지각	① 다른 사람의 말을 듣고 의미를 파악하는 데 어려움을 보이거나, 적절한 단어를 선택하여 말하는 데 시간이 오래 걸리고 유창하게 말하는 데 어려움을 보인다.	2	1	0
	② 학습한 내용을 금방 잊어버리거나, 기억하는 데 어려움을 보인다.	2	1	0
	③ 중심 내용에 대해 집중하지 못하거나, 쉽게 주의가 산만해진다.	2	1	0
	④ 모양이 비슷한 글자나 숫자를 구별하지 못하거나(예: ㅈ/ㅊ, 6/9), 비슷한 말소리를 구별하지 못한다(예: ㄱ/ㅋ, 불/풀).	2	1	0
	합계			
	총점			

※ 집단검사 필요 아동: Ⅰ, Ⅱ, Ⅲ, Ⅳ 영역의 합계가 5점 이상일 때

표 4-7   학습장애 선별검사(중·고등학생용)

	검사 문항	자주 나타남	가끔 나타남	나타나지 않음
Ⅰ. 읽기	① 단어를 보고 즉각적으로 읽지 못하거나, 자주 접하지 않는 단어나 새로운 단어를 올바르게 읽는 데 어려움을 보인다.	2	1	0
	② 글을 읽는 속도가 느리고, 글을 읽을 때 자주 틀린다. 특히 동화나 소설, 생활문 등의 이야기식 글보다 과학과 사회 등의 설명식 글을 읽을 때 속도가 느리고, 자주 틀린다.	2	1	0
	③ 알고 있는 단어의 수가 적고, 알고 있는 단어도 충분히 이해하지 못하는 경우가 많다(예: '화석', '민주주의' 등).	2	1	0
	④ 글을 읽고 중심 내용을 파악하는 데 어려움을 보인다. 특히 이야기식 글보다 설명식 글(예: 사회 및 과학 교과서 지문)을 읽고 중심 내용을 파악하는 데 어려움을 보인다.	2	1	0
	합계			
	총점			
Ⅱ. 쓰기	① 글씨를 지나치게 천천히 쓰거나, 글자가 크거나 글자 모양이 이상하고, 글자 간격이 지나치게 좁거나 넓다.	2	1	0
	② 단어를 쓸 때 받침 등의 글자를 빠뜨리거나 맞춤법에 맞지 않게 단어를 쓴다(예: '의견'→'의겨', '무릎'→'무릅', '믿는다'→'밑는다').	2	1	0
	③ 글의 구성이 논리적이지 못하고, 글의 내용이 빈약하다.	2	1	0
	④ 글을 쓸 때 불완전한 문장을 쓰거나, 짧은 문장을 주로 사용하고 긴 문장을 사용하는 데 어려움을 보인다.	2	1	0

	합계			
	총점			
Ⅲ. 수학	① 수개념이 부족하다. 특히, 1000의 자리 이상의 두 수 중 큰 수 변별하기, 근사값 추정 등에 어려움을 보인다.	2	1	0
	② 사칙연산의 계산에 오류가 많고, 시간이 오래 걸린다. 특히, 정수, 유리수 등을 포함한 식 등의 사칙연산의 계산에 오류가 많고, 시간이 오래 걸린다.	2	1	0
	③ 문장제 수학 문제 풀이에 어려움을 보인다. 특히, 방정식을 활용한 문장제 수학 문제 풀이에 어려움을 보인다.	2	1	0
	④ 시각-공간 능력이 필요한 도형, 측정 등 영역의 문제 풀이에 어려움을 보인다.	2	1	0
	합계			
	총점			
Ⅳ. 기억 · 주의 · 지각	① 다른 사람의 말을 듣고 의미를 파악하는 데 어려움을 보이거나, 적절한 단어를 선택하여 말하는 데 시간이 오래 걸리고 유창하게 말하는 데 어려움을 보인다.	2	1	0
	② 학습한 내용을 금방 잊어버리거나, 기억하는 데 어려움을 보인다.	2	1	0
	③ 중심 내용에 대해 집중하지 못하거나, 쉽게 주의가 산만해진다.	2	1	0
	④ 모양이 비슷한 글자나 숫자를 구별하지 못하거나(예: ㅈ/ㅊ, 6/9), 비슷한 말소리를 구별하지 못한다(예: ㄱ/ㅋ, 불/풀).	2	1	0
	합계			
	총점			

※ 집단검사 필요 아동: Ⅰ, Ⅱ, Ⅲ, Ⅳ 영역의 합계가 5점 이상일 때

3) 학습장애학생의 특성

(1) 인지적 특성

학습장애학생은 평균 범주의 지능을 보이고 전반적으로 지적 능력이 떨어지지 않으나 인지처리과정이나 기억능력 등에서 결함을 보인다. 이것은 학습에 필요한 지각, 주의, 기억 등 기초적인 인지과정의 결함으로 입력된 자극이 처리되고, 저장되고, 필요 시 인출하여 사용되는 과정이 효율적으로 일어나지 않는 것을 의미한다. 따라서 학습장애학생은 현상세계의 자극이나 자료를 조직화하고 해석하는 것,

그리고 자극을 받고 이를 선택하여 반응하는 것 사이에 정보를 처리하고 변형시키는 심리과정에서 결함을 가지고 있다(김동일 외, 2003; 김자경, 2001). 학습장애학생의 낮은 수행은 인지기능의 몇몇 영역에서의 결함, 인지기능을 통합하는 데 있어서의 어려움과 인지체계를 최대한 활용할 수 있는 다양한 통제전략의 어려움과 관련되어 있다고 볼 수 있다.

학습장애학생이 보이는 특성은 매우 다양하다. 학습장애학생은 개인 간 차와 개인 내 차가 큰 집단 중 하나이므로 이들이 보이는 특성의 유형과 어려움의 정도는 매우 다를 수 있다. 특히 학습장애학생은 지각적 정보처리(시각적 및 청각적 정보처리)의 결함으로 인하여 단어들 간의 소리 차이를 구별하지 못하거나 글자의 차이를 지각하는 데 어려움이 있다.

그리고 시각-운동 협응 능력, 지각 속도에서도 결함을 보인다. 주로 안구협응과 공간관계, 전경과 배경에 대한 지각 차이를 구별할 수 있는 능력 및 유사성을 인지하는 능력인 시지각에 문제가 있기 때문에 과제를 성공적으로 수행하는 데 어려움을 겪는다(김종현, 이성현, 2009). 또한 학습장애학생은 조직적으로 사고하는 능력이 결핍되어 자신의 생활을 계획하고 구성하는 데 문제를 보이곤 한다. 이들은 학습능력은 있는데도 불구하고 초인지전략이 부족하여 학습과제를 효율적으로 수행하지 못하는 경향이 있다. 이러한 초인지전략을 길러 주기 위해서는 학습장애학생에게 사고과정을 조정하는 능력인 실행기능(Barkley, 2001)을 교수하여 자신이 해야 할 일을 계획하고 관련된 자료를 모으고 수행에 필요한 과제를 분석하여 위계적 단계를 세워 우선순위를 정하고, 그에 따라 과제를 수행하여 완성하도록 도와주어야 한다.

(2) 학업적 특성

학습장애학생의 가장 대표적인 특성 중 하나는 학업영역에서 상당한 어려움을 경험한다는 것이다. 이러한 비효율적인 학습은 부적절한 선택적 주의집중, 시각적 · 전체적 정보처리전략과 언어적 처리 및 분석적 · 순서적 전략, 암기 전략 등의 부족과 같은 정보처리상의 문제 등에 기인한다(Smith, 2004). 또한 여러 가지 학습전략을 알고 있으면서 새로운 학습 상황에 적용하지 못하는 경우도 있다. 이처럼 자신이 가진 학업적 잠재력에서 기대되는 수준보다 훨씬 낮은 학업성취도를 보이는데, 이러한 낮은 성취도가 특정 과목에 한정되어 나타나기도 하고 과목 전반에 걸쳐 보이기도 한다. 대표적인 학업상의 문제로 읽기장애, 쓰기장애, 수학장애가 있다.

① 읽기장애

읽기장애는 약 80%의 학습장애학생에게서 보이는데(Lerner, 2003), 음운인식능력, 단어재인능력, 읽기 유창성, 독해력 등에 문제가 있는 것을 말한다. 읽기장애를 가진 학생은 단어를 인지하는 능력이 부족하거나, 단어를 알고 읽을 수 있으나 적절한 속도로 읽을 수 없는 경우와 단어재인이나 읽기 유창성에 문제가 없는데 자료를 읽고 이해하지 못하는 경우가 있다. 이들에게는 읽기에 가장 중요하고 기본이 되는 음운인식능력을 길러 주기 위해 음소나 음절과 소리의 관계를 정확히 인식하도록 초성과 개별 음소, 음절 분절과 혼합, 문장 분절 등의 훈련이 요구된다. 음운인식능력이 습득되어 단어를 재인하게 되면 친숙한 교재를 가지고 반복적으로 빨리 읽는 연습을 하면서 읽기 유창성을 향상시키는 것이 바람직하다. 그리고 독해력을 증진시키기 위해서는 교재의 내용을 이해하기 쉽게 주요 단어나 문장을 포함한 학습안내서나 벤다이어그램과 같은 시각적 도구로 구조화하여 제시함으로써 도움을 줄 수 있다.

② 쓰기장애

쓰기장애는 글자 쓰기, 맞춤법, 작문 등의 글쓰기 작업에 문제가 있는 것을 말한다. 쓰기장애를 가진 학생은 자음과 모음을 쓰는 방식을 정확히 모르고, 글을 쓰더라도 짧고 구조가 단순한 문장을 사용하고 내용을 조직적으로 잘 정리하지 못한다. 쓰기는 눈으로 보며 읽는 것보다 훨씬 더 어렵고 복잡한 과정으로 청각적으로 듣거나 시각적으로 본 글자를 미세한 운동감각을 사용하여 필기를 하는 것이 기초적인 단계이다. 필기의 어려움이 어떤 문제에 기인하는지를 파악하여 접근할 필요가 있다. 주의할 점은 가급적 학생의 강점을 활용하여 글쓰는 훈련을 시키면서 동시에 쓰기활동에 싫증을 느끼지 않도록 한글타자 앱이나 컴퓨터 워드프로세서를 활용하여 음운규칙을 파악하게 하고 철자오류를 교정해 주는 것이 바람직하다. 마지막으로 자신의 생각을 글로 잘 표현하도록 글 쓸 주제에 대하여 계획하고 초안을 작성하여 편집하고 다시 읽으면서 교정하며 완성하는 글쓰기 과정을 체계적으로 가르칠 필요가 있다.

③ 수학장애

수학장애는 기본적인 수학개념, 사칙연산, 자릿수, 공간개념, 문장제 문제, 수학적 추론 등 수학과 관련된 영역에서 문제가 있는 것이다. 이 중 수학장애에서 가장 중요하게 다루어야 할 부분이 수와 연산인데 이 두 영역은 수학교육의 기본이면서 실제 학습장애학생이 이 영역과 관련된 수 감각과 계산기술, 문장제 문제에서 심각한 결함을 보이기 때문이다(김자경, 2010). 이런 학생을 위해서는 어릴 때부터 다양한 구체물을 활용하여 수를 이해하고 조작하는 수 감각훈련을 실시해야 한다. 계산기술이 수학학습에서뿐만 아니라 일상생활에서 필수적인 생활기술임에도 불구하고 수학장애 학생들은 이러한 기술을 습득하는 데 어려움이 많다. 수학에서 주로 다루는 숫자나 부호를 잘 구분하지 못하고, 충동적인 성향으로 부주의한 오류를 범하기 때문에 자주 힘들어하는 부분을 파악하여 미리 주지를 시키거나 형광펜이나 특별한 글자체를 활용하여 제시할 필요가 있다. 특히 문장제 문제는 읽기장애가 함께 있을 때 더 심각한데, 학생이 문제를 풀어 가는 과정을 자세히 분석하여 무엇이 문제인지를 찾고 그에 맞는 지도방법을 모색해야 할 것이다.

이상 대표적인 학습장애 영역을 살펴보았다. 학습장애학생 중에는 다른 영역은 별다른 문제가 없으면서 특별히 한 영역에서 장애를 보이는 경우가 있으나 대부분은 기본적인 학업영역인 읽기, 쓰기, 수학에서의 문제를 동시에 가지고 있다. 이는 읽기와 쓰기가 밀접한 관련이 있고 읽기와 쓰기 능력은 수학 문제를 이해하고 해결하는 데 중요한 도구가 되기 때문이다.

(3) 사회정서적 특성

학습장애학생은 이들이 갖고 있는 인지적 결함으로 인해 타인의 정서 상태를 지각하고 이해하는 데에 어려움이 있다. 행동하기 전에 먼저 생각하는 능력이 부족하여 충동적인 편이고, 그에 따라 전반적인 상황에서 인내심이 부족하고 쉽게 흥분하거나 낙담하는 등 감정과 반응의 변화가 심한 편이다. 특히 학습장애학생은 사회적 인지능력이 부족하여 부모는 물론 학교에서 만나는 교사와 또래와도 원만한 관계를 형성하지 못하여 부정적인 의사소통을 하게 된다(신현기 외, 2005). 사회적인 단서를 잘 읽지 못하거나 부적절한 사회적 판단을 하는 등의 미숙한 모습을 보이는데, 이러한 사회정서적 문제는 학업의 실패와 더불어 낮은 자아개념과 학습된 무기력을 형성하기도 한다. 또한 낮은 학업성취에 따른 부정적인 자아 개념은 학습동기와도 관련이 되며, 학습장애학생은 적응방식에서 보다 큰 결함을 보였고 스트레스 통제와 자기조절이 낮고 정서 자극을 수용하지 못하고 회피하는 성향이 있으며 자아상과 자아존중에서의 어려움을 나타내는 자기 중심성과 타인을 이해하는 면에서 부족하였다(김승국, 2003). 이 외에도 내재화·외현화된 문제행동, 즉 우울, 불안, 강박충동성, 사회적 위축, 과잉행동 등의 사회심리적 적응 문제를 보인다. 학업에서의 실패와 함께 또래들로부터 거부당하는 경험이 지속될 경우, 부정적인 적응방식으로 가출이나 비행을 저지르게 되는 악순환으로 이어지기도 한다.

3. 의사소통장애

1) 의사소통장애 정의

의사소통이란 사람들 사이의 생각이나 감정, 정보 등을 교환하는 것으로, 이러한 교환에 장애가 있는 것을 의사소통장애라고 한다. 의사소통장애는 의사소통 상황을 전제로 하여 소리 산출, 음성의 질, 말의 유창성 등의 장애(말장애) 그리고 생각과 정보를 수용, 이해, 표현하는 데 있어서의 장애(언어장애)를 모두 포함하는 보다 광범위하고 포괄적인 개념이다(Haynes & Pindzola, 2004). 특수교육 분야에서의 의사소통장애는 두 가지 방향으로 해석된다(박지연 외, 2006). 첫째, 학생의 주 장애가 의사소통장애인 경우로 공존하는 장애가 전혀 없거나 의사소통 문제에 비하면 사소한 경우로서 음성장애, 유창성장애 등을 예로 들 수 있다. 둘째, 학생이 가진 주 장애의 영향으로 의사소통 문제를 가지게 되는 경우이며, 이는 자폐성장애 학생이 나타내는 표현언어장애를 들 수 있다.

「장애인 등에 대한 특수교육법」은 의사소통장애를 지닌 특수교육대상자를 다음과 같이 정의하고 있다.

| 표 4-8 | 「장애인 등에 대한 특수교육법」에 따른 의사소통장애 정의 |

다음 각 항목의 어느 하나에 해당하여 특별한 교육적 조치가 필요한 사람

가. 언어의 수용 및 표현 능력이 인지능력에 비하여 현저하게 부족한 사람

나. 조음능력이 현저히 부족하여 의사소통이 어려운 사람

다. 말 유창성이 현저히 부족하여 의사소통이 어려운 사람

라. 기능적 음성장애가 있어 의사소통이 어려운 사람

2) 의사소통장애의 진단과 평가

의사소통장애학생을 선별하고 진단하는 검사는 의사소통 관련 검사와 교육심리적 평가로 구성된다. 의사소통 관련 검사에는 비형식적 평가와 형식적 평가가 있다. 주로 의사의 감독하에 언어치료사에 의해 많이 이루어지는데, 부모로부터 전해 듣는 학생의 언어능력에 대한 보고와 관찰, 발달척도, 검목표 등이 비형식적 평가이고, 검사도구를 활용하여 학생의 의사소통능력을 직접 평가하는 것이 형식적 평가이다. 학생의 의사소통능력은 의사소통의 문제가 말 혹은 언어의 산출에 있는지, 발성에 있는지에 따라 평가방법이 달라져야 한다. 의사소통장애의 진단평가는 대상자에게 임상적 문제가 있는지, 문제가 있는 경우 그 문제의 특성과 정도는 어떠한지에 초점을 두고 결정되며, 더 나아가 대상자에게 어떠한 치료과정이 필요한지 등을 결정하기 위해 언어행위를 관찰하고 측정하는 모든 과정이 포함된다(심현섭 외, 2012). 통합학급에서 의사소통장애를 가진 학생을 선별하기 위해 국립특수교육원(2009)에서 제시한 문항들을 〈표 4-9〉에 제시하였다.

| 표 4-9 | 의사소통장애 선별검사(초 · 중 · 고등학생용) |

검사 문항		자주 나타남	가끔 나타남	나타나지 않음
Ⅰ. 조음 장애	① 동일 연령의 아동과 비교할 때 발음하지 못하거나 잘못 발음하는 자음이나 모음이 있다.	2	1	0
	② 발음이 불명확하고 알아듣기 힘들어서 되묻는 경우가 있다.	2	1	0
합계				
총점				

II. 음성 장애	① 목소리의 높낮이와 크기, 음질이 적절하지 않아 듣기에 거북하다.	2	1	0
	② 습관적으로 음성을 과도하게 사용하거나 잘못 사용한다.	2	1	0
III. 유창성 장애	① 말을 할 때 의사소통에 방해가 될 정도로 반복, 연장을 보이거나 힘을 들여 말한다.	2	1	0
	② 말을 할 때 자연스럽게 말이 이어지지 못하고 말 속도나 운율이 규칙적이지 못하다.	2	1	0
합계				
총점				
IV. 언어 장애	① 동일 연령의 아동과 비교할 때 소리 내어 읽거나 글을 이해하는 능력이 부족하다.	2	1	0
	② 동일연령의 아동과 비교할 때 조리 있게 이야기하거나 글을 쓰는 능력이 부족하다.	2	1	0
	③ 문장이 단순하고 짧으며 문법적 실수가 있다.	2	1	0
	④ 말이나 글의 이해 및 표현 가능한 낱말 수가 제한적이다.	2	1	0
	⑤ 농담이나 은유적인 표현을 이해하거나 사용하는데 어려움이 있다.	2	1	0
	⑥ 말을 하거나 들을 때 상대방의 의도를 잘 파악하지 못하거나 상황에 부적절한 대답을 하거나 반응을 보인다.	2	1	0
	⑦ 말이나 글이 창의적이지 못하며 상투적인 표현들에 의존한다.	2	1	0
합계				
총점				

진단검사 필요 아동: 다음 ①, ② 항목 중 하나에 해당될 경우
① I, II, III 영역의 경우 총점이 2점 이상인 경우
② IV 영역의 경우 총점이 4점 이상인 경우

의사소통장애는 원인, 증상, 장애의 정도, 장애인의 연령, 발생 시기 등의 기준에 따라 분류할 수 있다. 이 중에서 일반적인 기준은 증상에 따른 것이며, 언어장애, 조음음운장애, 음성장애, 유창성장애로 분류된다(이봉원, 2012). 「장애인 등에 대한 특수교육법」에서도 이를 포함하고 있으며 구체적인 내용은 〈표 4-10〉과 같다.

표 4-10 의사소통장애의 기준과 분류

분류		정의 및 예시	
원인	기질적	실어증, 지적장애, 뇌성마비, 자폐증, 청각장애, 구개파열, 음성장애, 말더듬	
	기능적	발달언어장애, 발달언어지체	
발생시기	선천적	구개파열, 지적장애, 뇌성마비, 유아 실어증	
	후천적	발달언어장애, 발달언어지체, 성인 실어증	
증상	언어장애	언어의 형식(음운론, 형태론, 통사론), 내용(의미론), 기능(화용론)과 관련된 문제	
	조음장애 (=음운장애)	말할 때 말소리를 생략, 대치, 왜곡, 첨가하는 것을 의미	• 생략: 말할 때 말소리를 생략(선생님-언생님) • 대치: 다른 음으로 발음(빼빼로-배배로) • 왜곡: 정확한 발음이 아님(짱구-장구) • 첨가: 단어에 가외 소리를 포함(밥 먹어-밥 먹어허)
	유창성장애	말의 흐름을 구성하는 유창성·속도·리듬 중 일부 또는 전부에 이상을 보임	말더듬, 속화증(성급하게 말하기)
	음성장애	목소리의 질, 높낮이, 크기에 있어 결함이 있는 경우	• 발성장애: 소리의 질, 높낮이, 크기가 말하는 사람 자신이나 듣는 사람을 불쾌하게 하거나 의사소통을 방해하는 것 • 공명장애: 비강의 공명이 지나치게 많거나 충분하지 못한 경우로 발성 시 코와 입 사이를 폐쇄하지 못해 나타남

3) 의사소통장애학생의 특성

(1) 인지학업적 특성

의사소통장애는 전술한 진단과 평가에 제시된 바와 같이 크게 언어장애와 말장애(조음장애, 음성장애, 유창성장애)를 포함한다. 이러한 의사소통장애학생은 인지적인 부분에 있어 평균 이하의 다소 낮은 능력을 보여 준다. 언어발달과 인지발달이 밀접한 관계에 있는 만큼 언어의 문제는 단어 인지 능력과 독해력에 부정적인 영향을 미치게 되고, 그 결과 학업적으로 언어에 의존하는 국어, 사회, 역사 등의 학습영역에서 매우 낮은 성취도를 보인다. 언어와 직접적으로 관련이 없지만 구어적 의사소통과 문어적 의사소통 기술에 의존하는 다른 교과목에서도 어려움을 겪는다. 특히 의사소통장애학생은 어휘의 수가 절대적으로 빈약하고 피상적이며, 학습에 필요한 기초개념의 발달이 늦어지며 저학년에서는 읽기, 쓰기 등의 학습에 어려움을 겪고, 고학년에서는 추상적이고 상징적인 내용을 배울 때 상당한 곤란을 경험한다(심현섭 외, 2012). 그러나 공존하는 장애(자폐성장애, 지적장애, 청각장애 등)가 전혀 없는 음성장애나 유창성장애를 가진 학생은 이에 대한 적절한 치료가 이루어진다면 의사소통의 문제가 감소되어 인지능력의 향상은 물론 학업을 잘 수행할 수 있게 된다.

(2) 의사소통적 특성

의사소통장애는 〈표 4-10〉에 제시된 바와 같이 유형에 따라 독특한 특성을 보인다. 의사소통장애학생은 언어의 두 가지 유형인 수용언어와 표현언어에서 어려움을 가지므로, 다른 사람이 표현하는 언어를 이해하기 어렵고 자신의 생각을 언어로 표현하는 것에 제한을 가진다. 이러한 의사소통장애의 전반적인 특성으로는 구어의 결여를 들 수 있다(권명옥, 2004). 3세 이후까지도 언어를 이해하는 징조가 나타나지 않고 자발적으로 언어를 사용하지 않는 경우로, 대개 많은 비구어 학생들은 언어 결함 외에 청각장애, 지적장애, 지체장애, 자폐성장애 등 기타 장애를 동시에 보인다. 또한 의사소통장애학생은 질적으로 다른 언어의 특성을 보이기도 한다. 자폐성장애로 인한 의사소통에 문제가 있는 경우는 말소리를 내거나 광범위한 어휘 발성에 있어서 전혀 문제가 없으면서도 반향어, 사회적 상황에 맞지 않는 의미 없는 말, 이치에 맞지 않는 단어를 사용, 반복을 요구할 때 의미를 전달하지 못하는 것처럼 말을 사용하여 정상적인 말의 사용과 매우 다른 경우이다. 또한 지체된 언어를 보이기도 하는데, 이는 정상적인 언어 발달 단계를 거치지만 같은 연령의 학생에 비해 그 발달속도가 유의하게 느린 경우를 말한다. 어떤 형태이든 의사소통능력에 문제가 있기 때문에 일상생활에서의 모든 경험에 영향을 주어 사회적, 정서적, 학업적, 직업적 어려움을 겪게 되며, 결국 심각한 부적응이나 문제행동까지 일으킬 수 있다(임은주, 정문자, 2010). 의사소통장애는 지적장애, 경험 결핍, 언어자극 부족, 청각손실 등 다양한 원인과 연관되어 나타나기 때문에 의사소통능력을 향상시키기 위해서는 그 원인과 유형을 고려한 교육적 지원이 요구된다.

(3) 사회정서적 특성

　의사소통장애는 인지, 사회성, 말 운동성 등에 문제가 생겨 다양한 형태로 나타나기 때문에 일반적인 사회정서적 특성을 도출하는 것이 어렵다. 그러나 공통적으로 언어를 이해하고 사용하는 능력이 부족하여 타인과 원만한 의사소통이 이루어지지 못하기 때문에 사회적 활동에서 거부되고, 또래들로부터 창피를 당하는 부정적인 경험으로 자신감이 부족하여 위축될 가능성이 높다.

　말장애(조음장애, 음성장애, 유창성장애)로 분류되는 의사소통장애학생은 타인과 의사소통을 할 때 독특한 특성을 보이는데, 음을 누락하거나 왜곡하고, 목소리의 질, 크기, 높낮이가 특이하거나 말하는 과정에 갑자기 말이 끊기는 등 단절이 일어나기도 한다. 그 결과, 상대방과 의사소통하는 과정에서 짜증이나 불쾌감을 줌으로써 결국은 말하는 사람과 듣는 사람 모두가 좌절감을 느끼며 대화가 원만하게 이루어지지 못한다. 특히 유창성장애는 상황의존적이라 말을 심하게 더듬게 만드는 상황에서는 말에 대한 심리적인 부담이나 스트레스가 높아져 말을 더 더듬게 되기 때문에(박미혜, 2018; 심현섭 외, 2005) 심리적인 접근을 통하여 말을 더듬는 상황에 대한 학생의 부정적인 감정과 태도를 긍정적으로 바꾸도록 도와줄 필요가 있다. 물론 심리적 접근만으로 말더듬을 감소시킬 수 없기 때문에 말더듬 증상과 발생에 대해 정확히 이해시키고 그에 따라 점진적으로 말을 유창하게 할 수 있도록 체계적인 지도를 병행하는 것이 바람직하다.

　일차적인 의사소통장애로 인해 다른 이차적인 문제도 부가되어 나타날 수 있는데, 말과 언어장애를 가진 많은 학생이 다양한 사회적 상황에서 좌절과 무력감을 경험하게 된다. 왜냐하면 의사소통능력은 사회적 관계를 맺고 학업을 수행하는 데 기본이 되기 때문이다. 따라서 이러한 의사소통에 어려움이 있게 되면 미숙한 행동이 나타나기 쉽고, 주의집중력이 저하되거나 사소한 자극에도 흥분하기 쉬우며, 사회적으로 어울리는 것을 꺼리고, 그에 따라 내현적으로 위축되거나 외현적으로 적대적인 부적응행동을 보일 가능성이 높다. 학생이 가진 주 장애, 예를 들면 지적장애, 자폐성장애, 청각장애의 영향으로 의사소통장애를 보일 경우는 주 장애의 심리정서적 특성을 함께 고려하여 교육적 지원을 계획하고 실행해야 할 것이다.

학습과제

1. 지적장애의 정의와 진단기준을 기술하고 사회정서적 특성을 설명하시오.

2. 학습장애의 정의와 진단기준을 기술하고 대표적인 세 가지 학업적 특성을 설명하시오.

3. 의사소통장애의 정의를 기술하고 하위유형에 따른 의사소통적 특성을 설명하시오.

 참고문헌

강영심(2000). 사회문화적 구성주의가 정신지체학생 교육에 주는 시사점. 특수교육학연구, 34(3), 69-87.

강영심, 김자경, 김정은, 박재국, 안성우, 이경림, 황순영, 강승희(2010). 예비교사를 위한 특수교육학개론. 경기: 서현사.

국립특수교육원(2009). 특수교육대상아동 선별·진단검사. 충남: 국립특수교육원

권명옥(2004). 의사소통 장애 아동을 위한 비구어적 접근. 13(2), 1-25.

김동일, 이대식, 신종호(2003). 학습장애아동의 이해와 교육. 서울: 학지사.

김승국(2003). 학습장애아동교육의 이론과 실제. 서울: 교육과학사.

금미숙, 임애화, 김주혜, 장은주, 장혜경, 정현철(2012). 특수교육대상자 선정 조건 기초 연구. 충남: 국립특수교육원,

김자경(2001). 학습장애 판별방법 및 절차에 관한 고찰. 특수교육학연구, 36(1), 101-126.

김자경(2010). 학습장애. 강영심, 김자경, 김정은, 박재국, 안성우, 이경림, 황순영, 강승희 저. 특수교육학개론(pp. 219-247). 경기: 서현사.

김정은, 강영심, 이미아(2007). 정신지체 학생의 성격 검사도구 개발을 위한 델파이 연구. 특수교육저널: 이론과 실천, 8(1), 73-92.

김정은, 황순영(2006). 성격변인을 통한 정신지체 및 일반 학생 판별에 대한 연구. 특수아동교육연구, 8(2), 233-251.

김종현, 이성현(2009). 특수아동의 이해와 교육. 서울: 창지사

박미혜(2018). 의사소통장애교육. 김원경 외. 특수교육학개론(3판) (pp. 345-367). 서울: 학지사.

박지연, 김미선, 이정은(2006). 의사소통장애의 진단과 중재에 대한 특수교사의 인식. 특수교육, 5(2), 77-102.

손성화, 강영심, 김지훈(2006). 정신지체학생의 성격유형에 따른 HTP 반응특성 비교. 특수교육학연구, 41(1), 17-58.

손성화, 강영심(2018). 지적장애학생의 기본심리욕구가 행복감에 미치는 영향. 지적장애연구, 20(2), 1-20.

송준만, 강경숙, 김미선, 김은주, 김정효, 김현진, 이경순, 이금진, 이정은, 정귀순(2012). 지적장애아교육. 서울: 학지사.

신현기, 변호걸, 김호연, 정인호, 전병운, 정해동, 강영택(2005). 특수교육의 이해. 서울: 교육과학사.

심현섭, 김영태, 김진숙, 김향희, 배소영, 신문자, 이승환, 이정학, 한재순(2005). 의사소통장애의 이해. 서울: 학지사.

심현섭, 김영태, 이윤경, 박지연, 김수진, 이은주, 표화영, 한진순, 권미선, 윤미선(2012). 의사소통장애의 진단과 평가. 서울: 학지사.

이봉원(2012). 의사소통장애와 치유의 문제. 인문학연구, 21(1), 55-81.

이영철(2010). '지적장애' 용어의 변화와 최근 동향. 지적장애연구, 12(3), 1-24.

임은주, 정문자(2010). 의사소통장애 아동의 문제행동에 영향을 미치는 요인. 언어청각장애연구, 15, 79-93.

장애인 등에 대한 특수교육법(시행 2018.5.12). 법률 제15367호.

정대영(2002). 학습장애의 개념 및 진단평가의 문제와 과제. 정서·학습장애연구, 18(1), 19-51.

정대영(2005). 학습장애의 개념과 분류에 대한 고찰. 학습장애연구, 2(9), 1-29.

정희경, 정은정, 이병희(2018). 뇌성마비, 다운증후군, 일반아동의 균형과 보행분석. 특수교육저널:이론과 실천, 19(1), 49-64.

채지인(2002). K-ABC를 통한 다운증 아동과 비다운증 정신지체 아동의 인지처리 특성 비교. 부산대학교 대학원 석사학위논문.

American Association on Intellectual and Developmental Disabilities (2010). *Intellectual disability: Definition, classification, and systems of supports*(11th ed). Washington: American Association on Intellectual and Developmental Disabilities.

Bennett-Gates, D., & Zigler, E. (1999). *Personality developement in individuals with mental retardation*. New York: Cambridge University Press.

Barkley, R. (2001). The executive functions and self-regulation: An evolutionary neuropsychological perspective. *Neuropsychology Reveiw, 11*(1), 1-29.

Haynes, W. O., & Pindzola, R. H. (2004). *Diagnosis and evaluation in speech pathology* (6th ed.). Boston: Allyn & Bacon.

Lerner, J. W. (2003). *Learning disabilities: Theroies, diagnosis, and teaching strategies* (8th ed.) Boston: Houghton Mifflin.

Schalock, R. L. (2009). Intellectual Disability: Definition, classification, and systems of supports/The AAIDD Ad Hoc Committee on Terminology and Classification (11th ed.). Washington.

Smith, C. R. (2004). *Learning disabilities: The interaction of students anf their environment*(5th ed.). Boston: Allyn & Bacon.

제5장

사회 · 정서장애 및 기타 특수교육대상자의 이해

 학습목표

- 사회 · 정서장애를 가진 특수교육대상자의 정의를 설명할 수 있다.
- 특수교육대상자의 진단기준을 자신에게 적용해 보고 특수교육대상자의 특성을 이해할 수 있다.
- 특수교육대상자별로 인지적, 학업적, 사회정서적, 신체적 특성 등을 파악하여 교육계획을 수립하는 데 기본적인 정보를 습득할 수 있다.

학습개요

　사회 · 정서장애는 정상적인 대인적 · 대내적 상호작용을 방해하는 감정이나 행동적 문제를 보이는데 대표적으로 정서 및 행동장애와 자폐성장애가 있다. 정서 및 행동장애는 개인 내적인 우울 또는 불안으로 인한 어려움, 또는 다른 사람을 공격하거나 비방하거나 적대적 행동을 취하는 등의 정서 및 행동과 관련된 장애이다. 자폐성장애란 사회적 의사소통 및 사회적 상호작용 이해에 어려움이 있는 신경발달장애이다. 학령기 학생의 사회 · 정서장애는 학생의 또래관계, 학습능력 그리고 학생의 자존감에도 큰 영향을 미친다. 이 장에서는 발달지체와 영재를 포함하였다. 다양한 영역에서 발달 정도가 또래에 비해 현저히 늦는 9세 미만의 아동의 경우 특정 장애 명칭보다 발달지체로 선정하여 잠재적 위험군 아동을 모두 포함하고자 한다. 영재의 경우도 정규분포 곡선에서 평균의 범위를 벗어난 아동으로 특별한 교육적 요구를 필요로 하는 집단이기에 특수교육적 중재가 필요하다.

　이 장에서는 구체적으로 「장애인 등에 대한 특수교육법」에서 특수교육대상자로 규정하고 있는 정서 · 행동장애, 자폐성장애, 발달지체와 「영재교육진흥법」에서 규정하고 있는 영재학생에 대해 그 특성을 살펴보고자 한다.

1. 정서 · 행동장애

1) 정서 · 행동장애의 정의

정서 · 행동장애는 장애를 바라보는 관점의 다양성, 정서에 대한 측정의 어려움, 다른 장애와의 높은 관련성 등의 이유로 하나의 일치된 정의와 기준을 제시하기 힘들다. 정서는 행동에 영향을 미치는 감정적 상태로 개인의 주관적 경험과 밀접한 관련이 있으며, 눈에 보이지 않으므로 그 사람의 행동이나 표정 등을 통해 그 상태를 유추 해석할 수밖에 없는 주관적 심리상태를 말한다. 이처럼 정서와 행동은 분리 할 수 없는 불가분의 관계를 가지고 있다. 따라서 정서 · 행동장애는 정서장애와 행동장애를 통합한 개념으로 볼 수 있다. 정서장애는 행동에 영향을 미치는 감정적 상태인 정서에 문제가 있다는 입장으로 일종의 질환으로 간주된다. 반면에 행동장애는 밖으로 드러나는 부적절한 행동이 수정되면 개선될 수 있다는 의미를 함축하고 있다. 최근에는 학생을 위한 교육계획을 수립, 실시하는 데 좀 더 명확하고 중재 가능한 의미를 지니는 '정서 및 행동장애'라는 용어를 사용하는 추세이다. 「장애인 등에 대한 특수교육법」에서 정서 · 행동장애의 용어를 다음과 같이 정의하고 있다. 여기에서 장기간은 일반적으로 6개월 이상 혹은 한 학기 이상을 의미한다.

표 5-1 「장애인 등에 대한 특수교육법」에 따른 정서 · 행동장애 정의

장기간에 걸쳐 다음 각 목의 어느 하나에 해당하여, 특별한 교육적 조치가 필요한 사람
가. 지적 · 감각적 · 건강상의 이유로 설명할 수 없는 학습상의 어려움을 지닌 사람
나. 또래나 교사와의 대인관계에 어려움이 있어 학습에 어려움을 겪는 사람
다. 일반적인 상황에서 부적절한 행동이나 감정을 나타내어 학습에 어려움이 있는 사람
라. 전반적인 불행감이나 우울증을 나타내어 학습에 어려움이 있는 사람
마. 학교나 개인 문제에 관련된 신체적인 통증이나 공포를 나타내어 학습에 어려움이 있는 사람

정서 · 행동장애를 갖는 학생의 문제행동은 내면적 문제행동(internalizing disorders)과 외면적 문제행동(externalizing disorders)으로 나눌 수 있다. 내면적 문제행동은 타인보다는 자신의 내면에 부정적 영향을 주는 내면화 장애로, 우울장애

와 불안장애가 대표적인 형태이다. 외면적 문제행동은 외부적으로 문제행동이 표출되는 외현화 장애로, 보통 다른 사람을 향해 밖으로 표현되는 공격적인 행동이 특징이며 주의력 결핍 과잉행동장애와 품행장애가 있다. DSM-5(정신질환의 진단 및 통계편람)의 내용을 중심으로 구체적으로 제시하면 〈표 5-2〉와 같다.

표 5-2 DSM-5 정서 · 행동장애의 분류

내면화 장애	우울장애	무가치함, 절망감, 죄의식, 무력감, 분노 등의 정서적 증상과 학업부진, 과제 회피, 자살 생각과 시도 등의 인지적 증상, 식욕 혹은 체중 변화, 불면증 또는 과잉수면, 에너지 상실 혹은 피로 등의 신체적 증상을 포함한다.
	불안장애 — 분리불안장애	애착 대상으로부터의 분리를 정상적인 발달과정과 비교하여 부적절한 정도로 두려워하거나 걱정한다. 혹시 애착 대상에게 해로운 일이 생길까 봐, 또는 애착 대상으로부터 분리되거나 그것을 상실하게 될까 봐 지속적으로 두려워하거나 불안해하여 애착 대상에서 멀어지는 것을 거부할 뿐만 아니라 이러한 고민과 관련되는 악몽을 꾸거나 신체적 증상을 동반한다.
	범불안장애	직장이나 학교에서의 업무를 포함해서 다양한 영역에서 조절하기 힘들고 지속적이며 지나친 불안과 걱정이 있다. 이에 더해서 안절부절못하거나 낭떠러지 끝에 서 있는 느낌, 쉽게 피곤해짐, 집중이 힘들거나 머릿속이 하얗게 되는 것, 과민성, 근육의 긴장, 수면 교란과 같은 신체적 증상들을 경험하게 된다.
	특정공포증	주위의 대상이나 상황을 회피하거나 두려워하거나 불안하게 여긴다. 이 질환에서는 다른 불안장애에서와 달리 특정한 인지적 왜곡은 보이지 않는다. 공포, 불안, 회피는 대부분 위험 상황에서 즉각적으로 발생하며, 그 정도는 실제 처해진 위험에 비해 지나치고 지속적이다. 여러 종류의 특정공포증이 있는데 동물형, 자연환경형, 혈액-주사-손상형, 상황형 등이 그 예다.
	사회불안장애	자신이 주목받고 평가받는 사회적 관계나 상황을 회피하거나, 두려워하거나, 불안하게 여긴다. 친밀하지 않은 사람들과의 모임이나, 다른 사람들이 보는 앞에서 먹거나 마셔야 하는 상황, 다른 사람들 앞에서 무슨 일인가를 수행해야 하는 상황에 불안을 느낀다. 이들은 다른 사람들에게 나쁘게 평가되거나, 당황하거나, 모욕당하거나, 거부당하거나 혹은 자신이 다른 이들을 공격할지도 모른다는 생각을 갖고 있다.
	선택적 함구증	다른 상황에서는 말을 할 수 있지만, 예를 들면 학교처럼 말을 해야만 하는 사회적 상황에서는 지속적으로 말을 하지 못하는 것이 특징인 질환이다. 이것이 학업이나 직업 영역에서의 성취에 중대한 영향을 끼치거나 정상적인 사회적 소통을 방해한다.
	공황장애	예상치 못한 공황발작을 반복적으로 경험하고, 공황발작을 겪는 것에 대해 지속적으로 미리 걱정하거나, 공황발작 때문에 부적응적인 행동을 보이게 된다. 공황발작에서는 극심한 공포나 고통이 갑작스럽게 발생하여 수분 이내에 그 정도가 정점에 이르며 신체적 · 인지적 증상도 동반한다.

		강박장애	강박 사고 그리고/또는 강박 행동으로 특징지어진다. 강박 사고는 침투적이고 반복적으로 떠오르며 지속적인 사고, 충동 또는 심상들로 정의되며, 강박 행동은 한 개인이 강박 사고에 의해 또는 완고하게 따르는 규칙에 따라 일어나는 자동적인 반복적 행동 또는 심리 내적인 행위를 뜻한다.
	강박 및 관련 장애	신체이형 장애	외모에 대한 염려로 일어나는, 관찰되지 않거나 거의 남들은 알아차리지 못할 정도의 하나 또는 그 이상의 신체적 외모 결함에 대한 과도한 집착 또는 반복적 행동들(예: 거울 보기, 과도한 외모 치장, 피부 뜯기)이나 심리 내적인 행위(예: 타인의 외모와 자신의 외모 비교) 등으로 특징지어진다.
	외상 및 스트레스 관련 장애	외상후 스트레스 장애	외상후 스트레스장애의 주요 특성은 한 가지 또는 그 이상의 외상성 사건 노출에 따르는 특징적 증상의 발달이다. 어떤 개인에게는 공포에 기반한 재경험, 감정과 행동 증상이 두드러질 수 있다. 다른 개인에게는 무감동 또는 불쾌한 기분 상태와 부정적 인지가 주요 고통일 수도 있다. 또 다른 개인에게는 각성과 반응성-외현화 증상이 두드러지고, 그 밖의 경우에서는 해리 증상이 두드러진다. 또는 이러한 증상이 혼합되어 있는 양상을 보이기도 한다.
		반응성 애착장애	발달적으로 부적절한 애착 행동의 양식이 특징적이며, 안락, 지지, 보호 그리고 돌봄을 위하여 애착 대상에 의지하는 것이 거의 없거나 최소한이다.
		탈억제성 사회적 유대감장애	상대적으로 낯선 사람에 대해 문화적으로 부적절하고 과도하게 친숙한 행동을 보이는 행동 양식이다. 이렇게 과도하게 친숙한 행동은 그 문화의 사회적 허용을 벗어난다.
외 현 화 장 애	품행 장애		다른 사람의 기본 권리를 침해하고 연령에 적절한 사회적 규범 및 규칙 위반이 지속적으로 반복되는 행동 양상이다. 이런 행동은 크게 네 가지 영역으로 구분되는데, 다른 사람이나 동물에게 신체적 위해를 주는 공격 행동, 재산 손실이나 파괴를 야기하는 비공격적인 행동, 사기 또는 절도, 심각한 규칙 위반이다. 이 중 세 가지 이상의 행동이 지난 12개월 동안 존재해야 하며, 적어도 한 개 이상의 행동이 지난 6개월 동안 존재해야 한다.
	주의력 결핍 과잉행동 장애		부주의, 체계적이지 못함 그리고/또는 과잉행동-충동성 체계의 손상으로 정의되는 신경발달장애다. 부주의와 체계적이지 못한 행동이란 일을 끝마칠 때까지 가만히 있지 못하거나 다른 사람의 말을 듣지 않는 것처럼 보이고, 물건을 잃어버리는 등의 문제가 연령이나 발달 단계와 일치하지 않는 수준으로 나타나는 것이다. 과잉행동-충동성은 과도한 활동, 꼼지락거림, 가만히 앉아 있지 못함, 다른 사람의 활동에 끼어들기, 기다리지 못함과 같은 증상으로 나타나며, 이 역시 연령이나 발달 단계에 비해 과도한 경향을 보인다.
	적대적 반항 장애		분노/과민한 기분, 논쟁적/반항적 행동 또는 보복적 특성이 빈번하고 지속적이다. 적대적 반항장애의 증상들은 한 가지 상황에서만 제한적으로 나타날 수도 있으며, 집에서만 문제를 보이는 경우가 가장 흔하다. 반항 행동은 형제자매 간에서 흔히 보일 수 있기 때문에 형제자매가 아닌 다른 사람들과의 상호작용에서도 관찰되는지 확인해야 한다.

최근 실시한 특수교육 실태조사(국립특수교육원, 2014)에 의하면 전체 정서 · 행동 장애학생이 2,579명이었고 이 중 '주의력 결핍 · 과잉행동장애'가 69.4%(1,789명)로 가장 높았고, '불안장애' 16.8%(432명), 기분장애 11.1%(286명), 품행장애 2.6%(66명) 순으로 나타났다. 「장애인복지법」에서는 '정신장애'라는 명명하에 정신분열병, 양극 성 정동장애(조울병), 반복성 우울장애, 분열형 정동장애를 포함하고 있다.

2) 정서 · 행동장애의 진단과 평가

정서 · 행동장애는 경도 장애에 속하는 경도 지적장애와 학습장애와 함께 진단 될 가능성이 높은 영역이다. 현장의 교사들은 정서 · 행동장애를 가질 위험성이 높 은 아동을 일차적으로 선별하여 전문기관에 진단을 의뢰하는 역할을 하게 된다. 선별을 위한 절차로 Walker 등(1988)이 초등학생의 정서 · 행동장애 선별을 위한 체계적 절차로 제시한 다중관문 모델(multiple-gating model)을 우리나라 실정에 맞 게 응용한 절차와 내용을 제시하면 다음과 같다(강영심, 2009). 먼저, 1단계는 교사 가 자신이 맡고 있는 학급의 모든 아동을 대상으로 외현적인 성향이 강한 아동과 내면적인 성향이 강한 아동의 두 유형으로 분류하고, 각 유형의 아동 중에서 그 정

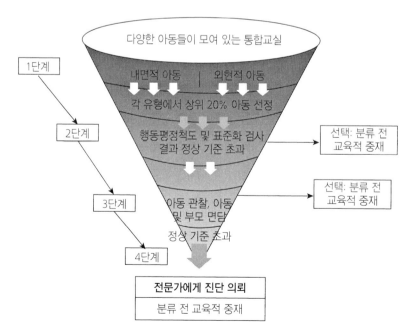

[그림 5-1] 정서 · 행동장애학생 선별을 위한 체계적 절차

도가 심한 상위 20%의 아동을 선정한다. 2단계에서는 1단계에서 선정된 아동을 대상으로 정서 · 행동장애 관련 행동평정척도와 표준화 검사를 실시하고, 그 결과 정상 기준을 초과하면 가능한 교육적 중재를 실시하면서 변화의 정도를 살펴본다. 3단계에서는 검사 결과와 실제 자연적인 상황에서의 아동 행동 간의 일치도 정도를 알아보기 위하여 아동을 관찰하고 아동 및 부모와 면담을 한다. 그 결과, 정상 기준을 초과한 것으로 판단되면 4단계에서 전문가에서 공식적인 진단을 의뢰한다.

아동 및 청소년의 정서 · 행동 장애 선별을 위해 가장 흔히 사용되는 아동 · 청소년 행동평가척도(Korean-child Behavior Checklist: K-CBCL)를 살펴보면 다음과 같다(오경자 외, 1997). 총 120가지의 문항은 내재화(불안/우울, 위축/우울, 신체 증상), 외현화(규칙위반, 공격행동), 사회적 미성숙, 사고 문제, 주의집중 문제, 기타 문제를 알아보기 위한 내용으로 구성되어 있는데, 각 영역별 평가 내용과 예시 문항은 〈표 5-3〉과 같다. 부모 또는 함께 생활하는 어른이 현재 혹은 지난 6개월 내에 아동의 정서 및 행동에 대해 0~2점 평정척도를 사용하여 표시한다.

표 5-3　아동 · 청소년 행동평가척도

하위척도		평가 내용	예시 문항
내재화척도	불안/우울	정서적으로 우울하고 지나치게 걱정이 많거나 불안한 정도를 평가함	• 외로움을 호소한다. • 잘 운다.
	위축/우울	수줍음이 많고 혼자 있기 좋아하며 소극적인 태도를 평가함	• 다른 사람들과 있는 것보다 혼자 있는 것을 좋아한다. • 말을 하지 않으려 한다.
	신체 증상	특정한 의학적 원인 없이 신체 증상을 호소하는 정도를 평가함	• 뚜렷한 의학적 원인 없이 나타나는 신체적 문제가 있다(예: 몸이 여기저기 아프다/두통/메스꺼움/눈의 이상).
외현화척도	규칙위반 (일탈행동)	거짓말, 가출, 도벽 등 행동 일탈의 정도를 평가함	• 부모님의 허락 없이 술을 마신다. • 물건이나 돈을 훔친다.
	공격행동	공격적 성향과 싸움, 반항행동을 평가함	• 남에게 잔인한 짓을 하거나 괴롭히고 못살게 군다. • 자기 물건을 부순다.

문제행동	사회적 미성숙	나이에 비해 어리게 행동하거나 성인에게 의지하는 성향 등 미성숙하고 비사교적인 면을 평가함	• 나이에 비해 너무 어리게 행동한다. • 어른에게 붙어 있으려 하거나 너무 의존적이다.
	사고 문제	강박적 사고와 행동, 환청이나 환시와 같은 비현실적이고 기이한 사고와 행동을 평가함	• 어떤 생각들을 마음에서 떨쳐 버리지 못한다. • 헛것을 볼 때가 있다.
	주의집중 문제	산만한 정도와 과잉행동의 정도를 평가함	• 집중력이 없고 어떤 일에 오래 주의를 기울이지 못한다. • 가만히 앉아 있지 못하고 안절부절 못하며 지나치게 많이 움직인다.
	기타 문제	위에 제시된 요인 이외의 다양한 부작용을 평가함	• 손톱을 깨문다. • 지나치게 수다스럽다.

〈표 5-3〉에서 제시된 아홉 가지 하위척도의 경우, 표준점수가 70점(백분위 98) 이상이면 임상범위, 65점(백분위 93) 이상 70점 미만이면 준임상범위로 해석된다. 또한 하위척도 중 불안/우울, 위축/우울, 신체 증상의 세 척도를 합하여 '내재화 척도', 규칙위반, 공격행동의 두 척도를 합하여 '외현화 척도', 사회적 미성숙, 사고 문제, 주의집중 문제, 기타 문제 모두를 포함하여 '문제행동'으로 정의한다. 내재화 척도, 외현화 척도, 전체 문제행동 총점의 경우, 표준점수가 64점(백분위 92) 이상이면 임상범위, 60점(백분위 84) 이상 64점 미만이면 준임상범위로 해석한다.

3) 정서·행동장애학생의 특성

(1) 인지학업적 특성

현재 많은 학생이 정서·행동장애로 진단되고 있으며 그 수가 점점 늘어 가는 추세이다. 정서·행동장애학생의 평균 지능은 대부분 일반 학생의 하위 평균인 약 90 정도이고 상위 평균 이상의 지능을 보이는 학생은 드문 것으로 알려져 있다. 정서·행동장애학생은 대부분 교실에서의 학업활동에 어려움을 호소하고 전반적인 교과목에서 낮은 학업성취도를 보이며 학교생활 적응에 필요한 학업 관련 기술이 부족하고 학교의 규칙을 지키는 준법 태도에 문제를 보인다(이승희, 2017). 일반적으로 장애의 정도가 심할수록 학업성취도가 낮고 부적절한 행동이 나타날 가능성이 높다(오성화, 노경란, 2015). 심한 정서 · 행동장애학생의 경우 기초적인 학업은 물론 용변이나 식사도 스스로 처리하지 못하는 경우도 있다.

(2) 사회정서적 특성

정서 · 행동장애학생은 사회적 관계를 형성하고 유지하는 능력이 부족하여 다른 사람과 안정적인 관계를 맺지 못하고 타인과의 관계를 회피하는 경향이 있다(이성봉 외, 2014). 특히 정서 · 행동장애학생이 학교에서 맺는 사회적 또래관계는 교육성과에도 중요한 영향을 미친다(문장원 외, 2017). 정서 · 행동장애학생은 진단과 분류에서 제시한 것처럼 유형에 따라 다양한 사회정서적 특성을 보이는데 여기서는 대표적인 유형을 중심으로 간단히 제시하고자 한다. 불안이 높은 학생은 지나친 걱정과 두려움으로 학교나 일상생활에서 부적응행동을 보인다. 반항적인 학생은 거부적이고 적대적이며 불순종적인 행동을 보이며 잘 흥분하고 다른 사람에 대하여 복수심을 품고 반항적인 행동을 보인다. 품행장애를 가진 학생은 사회적 규범이나 규칙이 내면화되지 않아 타인의 기본적인 권리를 해치는 반사회적 행동을 한다. 또한 대인관계가 원만하지 못하여 또래로부터 따돌림을 당하고 자신의 존재를 인정받을 수 있는 비행집단에 들어가서 삶의 의미를 찾고자 한다. 우울이 심한 학생은 인지적으로 학업 집중 문제, 과제와 사회적 상호작용 회피, 동기화 부족, 자살충동 등을 보이고 정서적으로 무가치함, 절망, 죄의식 등을 느끼며, 신체적으로 식욕 또는 체중의 변화, 불면증 또는 과잉수면, 섭식장애, 약물남용 등의 특성을 보인다(Shepherd, 2010). 특히 우울은 세계보건기구(WHO)에서 전 세계적으로 계속 증가하는 추세이며 큰 부담을 주는 정신질환으로 보고하는 만큼 특별한 관심이 필요한 영역이다.

(3) 행동적 특성

정서 · 행동장애학생이 보이는 행동 특성은 크게 외현적 문제행동과 내면적 문제행동으로 나누어질 수 있다. 외현적 문제행동은 주로 반항장애와 품행장애를 가진 학생에게서 보이는 것으로, 싸우기, 때리기, 친구 놀리기, 반항하기, 공공기물 파손하기, 물건 훔치기 등의 폭력적이고 공격적인 행동이다(Flick, 2013). 이러한 외현적 문제행동이 청소년기에는 학교나 사회에서 청소년 비행으로 보일 수 있다. 만약 이러한 문제행동이 성인기까지 계속된다면 아동기나 청소년기에 발생한 것

120

보다 더 공격적이고 파괴적인 반사회적 행동으로 표출되고 약물남용이 지속되는 경우가 많다(안동현, 2009). 내면적 문제행동은 주로 사회적으로 미성숙하거나 위축된 학생에게서 나타나는 것으로, 친구가 거의 없고, 환상이나 백일몽에 빠지며, 의학적으로 아무 문제가 없는데 지속적으로 신체적인 고통을 호소하고, 이유 없이 우울해하는 현상 등을 포함한다(Mitchell et al., 2017). 내면적 문제행동을 가진 학생은 외현적 문제행동을 가진 학생과 달리 겉으로 잘 드러나지 않기 때문에 주위의 특별한 관심과 주의가 필요하다. 또한 중요한 것은 정서 · 행동장애학생에게서 볼 수 있는 외현적 문제행동과 내면적 문제행동을 분리된 것으로 보는 것은 바람직하지 못하다. 두 유형이 혼합되어 나타나는 경우도 많기 때문에 종합적으로 이해할 필요가 있다.

2. 자폐성장애

1) 자폐성장애의 정의

자폐성장애는 자신만의 세계에 갇혀 있는 자폐라는 용어에서 알 수 있듯이 다른 사람과의 교류는 거의 없고 혼자만의 생각에 빠져 있는 장애를 의미한다. 자폐성장애는 일반적으로 3세 이전에 발생하는데, 사회적 상호작용과 의사소통이 질적으로 손상되어 있고, 제한되고 반복적인 행동으로 교육적 수행에 불리한 영향을 미치는 발달장애이다. 최근 자폐성장애 유형의 경계를 허물고 범주적 틀에서 이해하고자 하는 관점이 일반화됨에 따라 자폐스펙트럼장애(또는 자폐범주성장애)로 명칭이 변경되었다. 그러나 우리나라의 「장애인 등에 대한 특수교육법」에서는 아직 명칭이 변경되지 않아 자폐성장애로 명명하고 있으며 자폐성장애를 지닌 특수교육대상자를 다음과 같이 정의하고 있다.

표 5-4) 「장애인 등에 대한 특수교육법」에 따른 자폐성장애 정의

사회적 상호작용과 의사소통에 결함이 있고, 제한적이고 반복적인 관심과 활동을 보임으로써 교육적 성취 및 일상생활 적응에 도움이 필요한 사람

2) 자폐성장애의 진단과 평가

DSM-5(정신질환의 진단 및 통계편람)에 따르면 자폐스펙트럼장애 진단기준은 이전 DSM-Ⅳ에서의 범주적 접근에서 차원의 틀로 변화되었다. 이는 자폐스텍트럼장애 증후에 대한 지속적 측정을 통해 개인의 결함 및 능력 수준을 기술하고자 하는 것이다. 이를 위해 두 가지 핵심 준거의 수행 결함 정도에 따라 지원이 필요한 수준(1단계), 많은 지원을 필요로 하는 수준(2단계), 상당히 많은 지원을 필요로 하는 수준(3단계)으로 구분하여 제시하고 있다. 이전 DSM-Ⅳ에서 다섯 가지 유형의 자폐성장애를 범주화하였다면 DSM-5에서는 전형적인 자폐성장애, 아스퍼거 장애 또는 비전형 전반적 발달장애의 기준에 부합하여 진단을 받을 경우에는 DSM-5의 자폐스펙트럼장애로 진단이 된다. 그러나 사회적 의사소통 및 상호작용에서의 현저한 결함을 가지고 있다 하더라도 자폐스펙트럼장애의 진단 준거에 부합하지 않는다면, 사회적(화용적) 의사소통장애로 평가된다.

표 5-5 DSM-5 자폐스펙트럼장애의 심각도 단계

심각도 단계	사회적 의사소통	제한적이고 반복적인 행동
1 단계 지원이 필요한 수준	지원이 없을 때에는 사회적 의사소통의 결함이 분명한 손상을 야기한다. 사회적 상호작용을 시작하는 데 어려움이 있으며, 사회적 접근에 대한 비전형적인 반응이나 성공적이지 않은 반응을 보인다. 사회적 상호작용에 대한 흥미가 감소된 것처럼 보일 수 있다. 예를 들어, 완전한 문장을 말할 수 있는 사람으로서 의사소통에 참여하지만, 다른 사람들과 대화를 주고받는 데에는 실패할 수 있으며, 친구를 만들기 위한 시도는 괴상하고 대개 실패한다.	융통성 없는 행동이 한 가지 또는 그 이상의 분야의 기능을 확연히 방해한다. 활동 전환이 어렵다. 조직력과 계획력의 문제는 독립을 방해한다.
2 단계 많은 지원을 필요로 하는 수준	언어적·비언어적 사회적 의사소통기술의 뚜렷한 결함, 지원을 해도 명백한 사회적 손상이 있으며, 사회적 의사소통의 시작이 제한되어 있고, 사회적 접근에 대해 감소된 혹은 비정상적인 반응을 보인다. 예를 들어, 단순한 문장 정도만 말할 수 있는 사람으로서, 상호작용이 편협한 특정 관심사에만 제한되어 있고, 기인한 비언어적 의사소통이 뚜렷하게 나타난다.	융통성 없는 행동, 변화에 대처하는 데 극심한 어려움, 다른 제한적이고 반복적인 행동이 우연히 관찰한 사람도 알 수 있을 정도로 자주 나타나며, 다양한 분야의 기능을 방해한다. 집중 또는 행동 변화에 고통과 어려움이 있다.

| 3단계
상당히
많은
지원을
필요로
하는 수준 | 언어적·비언어적인 사회적 의사소통기술의 심각한 결함은 심한 기능 손상, 매우 제한적인 사회적 상호작용 시작하기나 타인의 사회적 제의에 대한 최소한의 반응을 야기한다. 예를 들어, 이해할 수 있는 말이 극소수의 단어뿐인 사람으로서, 좀처럼 상호작용을 시작하지 않으며, 만일 상호작용을 하더라도 오직 필요를 충족하기 위해 이상한 방식으로 접근하며, 매우 직접적인 사회적 접근에만 반응한다. | 행동의 경직성, 변화에 대처하는 데 있어서의 극단적 어려움, 또는 기타 제한적/반복적 행동들이 모든 운동범위에서 기능에 현저하게 지장을 준다. 초점이나 활동을 변경하는 데 있어서의 큰 고통과 어려움이 있다. |

자폐스펙트럼장애의 진단을 위한 생물학적 표시 또는 의학적 검사가 현재는 없지만, 행동적인 면에 의해 진단되는 장애로 전문가에 의해 양육자와 면담을 실시하고 아동의 행동을 관찰하여 그 아동이 장애 진단 준거에 해당하는 행동을 보이는지에 따라 진단을 내린다. 국립특수교육원(2009)에서 제시한 자폐성장애 선별검사 문항을 살펴보면 〈표 5-6〉과 같다.

표 5-6 자폐스펙트럼장애 선별검사(유·초·중·고등학생용)

검사 문항		자주 나타남	가끔 나타남	나타나지 않음
Ⅰ. 구어 및 비구어 의사소통	① 간단한 질문이나 지시사항을 이해하지 못한다.	2	1	0
	② 또래나 어른에게 먼저 의사표현을 하지 못한다.	2	1	0
	③ 특정 문구를 반복하거나, 특이한 어조나 억양을 보인다.	2	1	0
	④ 다른 사람의 말을 따라 하는 반향어를 사용한다.	2	1	0
합계				
총점				
Ⅱ. 사회적 상호작용	① 상대방과 눈을 마주치지 않고 피한다.	2	1	0
	② 친구 관계를 맺지 못한다.	2	1	0
	③ 다른 사람의 입장을 이해하지 못하고 자기 입장에서 행동한다.	2	1	0
	④ 사회적 놀이에 참여하지 않고, 혼자서 논다.	2	1	0
합계				
총점				

III. 제한적 · 상동적인 관심 · 행 동 · 활동	① 특정한 물건에 집착한다.	2	1	0
	② 규칙적인 일과나 순서를 고집하고, 사소한 변화를 거부한다.	2	1	0
	③ 손뼉을 치거나 손가락을 돌리는 등 특정 행동을 반복한다.	2	1	0
	④ 사물의 전체 모습을 파악하지 못하고, 일부분에만 집착한다.	2	1	0
합계				
총점				

진단검사 필요 아동: 다음 ①, ②의 두 가지 조건을 모두 만족하는 경우
① I , II , III 세 영역의 총점을 합한 점수가 8점 이상임
② 영역별 총점이 I 영역 4점 이상, II 영역은 2점 이상, III영역 2점 이상임

3) 자폐성장애학생의 특성

(1) 인지적 특성

자폐성장애학생은 인지장애가 핵심적인 특성으로 포함되지는 않지만 다양한 인지 분포를 나타내고 그들 중 약 75% 정도가 지적장애를 수반하는 인지적 결함을 지니고 있다(Baron, 1999). 비교적 기계적인 암기나 시간 · 공간 기술은 상대적으로 좋은 편이나 추상적이고 개념적인 사고는 결함을 보인다(방명애, 2018). 그러나 아스퍼거장애학생과 같이 평균 이상의 지능을 보이기도 한다. 대부분의 자폐성장애학생은 상상력을 발달시키는 데 한계를 가진다. 일반적으로 비장애학생은 성장하면서 자연스럽게 가상놀이나 상징놀이를 할 수 있는 반면, 자폐성장애학생은 은유적 표현이나 상상력을 활용하여 놀이를 하거나 게임을 하는 것이 어렵고 타인의 관점을 조망하는 사회적 인지능력이 부족하여 사회적 관계를 잘 형성하지 못한다(김건희, 2018). 특별히 자폐성장애학생 중에는 시-공간 지각능력이 같은 연령의 또래보다 훨씬 우수한 경우를 볼 수 있다. 자폐성장애학생이 고도의 능력을 보여주는 영역으로 그림, 음악, 달력 계산 등이 있다. 자폐성장애학생 중에는 그림에서 비범한 능력을 발휘하여 세 살에 원근화법으로 말을 그리거나, 어떤 음이라도 듣고 식별할 수 있는 절대음감을 가지고 있고, 어떤 날이라도 그날이 몇 째 주의 어느 요일인지를 아는 학생이 있는데, 이들을 자폐적 천재라 부른다.

(2) 사회정서적 특성

자폐성장애학생의 사회정서적 특성은 자폐성장애의 정의와 매우 밀접한 관련이 있다. 정의에 포함된 가장 두드러진 특성은 사회적 상호작용이다. 자폐성장애학생이 보이는 사회적 행동 결함은 제스처와 같은 비구어적 행동을 적절히 사용하지 않거나 발달수준에 맞는 또래관계를 보이지 않고 다른 사람과 즐거움 또는 관심을 나누지 않는다(이소현, 박은혜, 2006). 즉, 다른 사람에게 상호작용을 시도하는 것뿐만 아니라 다른 사람이 시도해 오는 사회적 상호작용 활동에 포함된 신체언어나 얼굴 표정 등의 단서를 이해하고 대처하는 데 어려움을 가진다(강민채, 2011).

자폐성장애학생이 보여 주는 사회적으로 부적절한 특성은 하나의 단순한 형태가 아니라 매우 다양한 형태로 나타난다. 1943년에 자폐성장애에 대해 처음 언급한 캐너(Kanner)에 의하면 자폐성장애학생에게서 볼 수 있는 사회적 관계의 비정상성에는 사람에 대한 관심의 부족이나 무반응, 사람의 신체 일부를 독립적인 물체로 다루기, 눈맞춤의 부족, 사람을 생명이 없는 물체로 다루기, 사람의 비사회적인 측면(이름, 눈동자 색깔 등)에 대한 관심, 타인의 감정에 대한 인식 부족 등이 있다(Baron, 1999; Heflin & Alaimo, 2014). 특히 자폐성장애학생 대부분은 대인관계 속에서 나타내는 감정을 이해하고 받아들이기 매우 힘들어한다. 분노, 두려움, 기쁨, 슬픔과 같은 간단한 감정을 표현하는 데 있어 일반적으로 그러한 감정이 허용되는 상황이 아닌 상황에서 예기치 않게 감정을 표출한다. 자폐성장애학생이 다른 사람과 대화를 나누다 뚜렷한 이유 없이 웃는 모습을 종종 볼 수 있는 것이 한 예이다.

(3) 의사소통적 특성

자폐성장애학생은 의사소통기술이 매우 부족하다. 표현언어와 수용언어 모두에서 결함을 보이며 기능적 언어 습득에도 어려움을 보인다. 자폐성장애학생은 일반 학생과 다른 일탈적인 말의 강세와 높낮이, 억양, 리듬 패턴을 보이거나, 상대방의 말을 따라 하는 반향어(echolalia), 일상적으로 통용되지 않는 신조어 사용, 나를 의미하면서 너를 사용하는 대명사 역치와 같은 특징을 보이며 주제운용능력이 부족하여 타인과의 의사소통이 힘들다(최지은, 이윤경, 2015). 의사소통의 결함이 심각하지 않은 자폐성장애학생이라도 은유, 비유, 농담, 강조 등과 같이 비유적으로 언어를 사용하는 것을 어려워한다(Roger & George, 2010). 자폐성장애학생은 단어를 글자 그대로의 수준에서만 이해한다. 예를 들어 '컴퓨터로 작업을 많이 해서 눈이 빠질 것 같다'고 하면 정말로 눈이 빠지는 줄 알고 놀라며 눈을 쳐다본다. 그리고 일반적으로 사람들은 말을 하거나 감정을 표현할 때 적절한 눈맞춤, 얼굴 표정과 다양한 몸짓을 곁들이며 재미있게 한다. 이러한 비언어적 의사소통이 자폐성장애학생에게서는 다르게 나타나는데, 얼굴 표정이 말할 때의 억양과 맞지 않거나 몸짓이 말과 조화를 이루지 않는 특성을 보인다.

(4) 행동적 특성

자폐성장애학생은 활동과 관심 영역에서 제한된 특성을 보인다. 특정 대상과 현상에 대한 고집이나 고집스러운 행동을 보이거나 상투적이며 의미 없는 반복적인 행동과 사회적으로 적절한 기준을 벗어난 부적응행동을 보이는 경우가 있다(Prelock & MaCauley , 2017). 이러한 상동 행동은 자폐성장애학생에 따라 그 유형이나 정도가 다르지만 보통 특정한 물건이나 행동에 집착하고 반복하여 나타나기 때문에 공공장소에서 쉽게 노출된다. 자폐성장애의 반복적이고 강박적인 행동은 감각처리의 문제와 관련이 있다(양문봉, 신석호, 2016). 자폐성장애학생은 촉각이나 맛, 냄새 등에 민감하고 시각적 · 청각적 자극에 대한 민감도나 활력 등에서 특이한 패턴을 나타내는데, 자폐 정도가 심할수록 감각처리에 어려움이 더 많다(김은경, 2011). 세탁기 소리에 집착하거나, 세면대에서 손으로 흘러내리는 물의 감촉을 즐기는 것이 그 예이다. 자폐성장애학생은 대체적으로 놀이, 학습, 관심, 식사 습관 등의 여러 영역에서 반복적이고 강박적인 행동을 보이지만 그렇게 두드러지지 않은 학생도 있다.

3. 발달지체

1) 발달지체의 정의

발달지체란 발달상의 지체로 인하여 특별한 교육적 지원이 필요한 어린아동에게 사용하는 용어로, 「장애인 등에 대한 특수교육법」(2008)의 제정과 함께 새롭게 특수교육대상으로 분류되었다. 발달지체라는 개념은 어린 아동의 발달 특성을 고려하고 있으며 조기 장애 진단의 부적절성을 반영한 것이라 할 수 있다. 즉, 발달지체 범주를 지지하는 사람들은 유아기 발달의 가소성을 믿기 때문에 전통적인 장애범주를 사용하는 것은 시기상조라고 믿는다. 그리고 유아기의 평가는 오류가 발생할 확률이 높으며, 전통적인 장애범주에 속하지 않는 아동에게도 특별한 교육을 제공하도록 하여 제도적 장치를 마련할 뿐만 아니라 장애를 조기에 예방해야 한다고 생각한다(이미숙 외, 2016). 뿐만 아니라 이러한 발달지체 범주는 아동의 발달 상태를 구체적으로 제시함으로써 아동의 요구와 능력에 맞는 교육환경에 적절하게 배치될 수 있도록 돕는다. 「장애인 등에 대한 특수교육법」에서는 발달지체를 보이는 특수교육대상자를 다음과 같이 정의하고 있다.

표 5-7   「장애인 등에 대한 특수교육법」에 따른 발달지체 정의

신체, 인지, 의사소통, 사회·정서, 적응행동 중 하나 이상의 발달이 또래에 비하여 현저하게 지체되어 특별한 교육적 조치가 필요한 영아 및 9세 미만의 아동

2) 발달지체의 진단과 평가

발달지체란 발달에 있어서의 일탈적 특성이나 지체를 의미하며, 발달지체를 지닌 유아들은 특정 장애나 식별된 문제를 지니기도 하고 지니지 않기도 한다(이소현, 2005). 특히 감각장애나 지체장애, 뇌손상 장애를 수반하는 질병 등은 의학적으로 조기 진단이 가능하지만 인지기능이나 행동문제 등을 통한 간접적인 장애 진단은 그 진단기준 자체가 유아들을 판별하기에 적합하지 않을 뿐만 아니라 조기에 그러한 장애를 단정하는 것이 바람직하지 않다. 더욱이 아동의 발달속도가 개인마다 매우 다를 수 있기 때문에 발달상의 지체나 기술의 결함이 시기적인 문제일 수도 있으므로 상당한 주의를 기울여야 한다(조광순 외, 2005).

우리나라에서도 준거지향적 수행검사에서 아동의 생활연령과 실제 수행수준의 차이에 대한 백분율을 가지고 발달지체를 판별하기도 한다. 발달지체에 대한 양적인 기준은 정상적 발달을 보이는 아동들과의 비교를 객관적으로 할 수 있다는 점에서 장점이 있으나, 전반적인 아동의 발달수준을 파악하기 힘든 제한점이 있으므로 전문가의 판단이나 다학문적 진단·평가팀의 임상적 의견과 같은 주관적인 질적 정보를 첨가하여 결정하는 것을 권장한다(조광순, 이미선, 2002). 특히 0~2세 영

아들의 경우 발달지체의 가능성을 지니고 있거나 조기 중재를 받지 않으면 잠재적
인 발달지체의 가능성을 지닌 위험아동이므로 가족의 면담이 중요하다(이미선 외,
2001). 그러므로 이러한 영아들을 위해서는 질적 접근을 하는 것이 필요하다. 〈표
5-8〉은 발달지체 진단 시 많이 사용되고 있는 양적·질적 기준을 제시한 것이다.

표 5-8 **발달지체의 판별 기준**

유형	내용
양적 기준	• 표준편차(SD) 　예: 하나의 발달영역에서 −2SD 또는 하나 이상의 발달영역에서 −1.5SD 이하 • 백분위(%ile) 　예: 하나의 발달영역에서 3%ile 또는 하나 이상의 발달영역에서 7%ile 이하 • 지체된 개월 수: 연령점수 기초 　예: 하나의 발달영역에서 생후 2~12개월 영아의 경우 2개월 지체, 　생후 13~24개월 영아의 경우 3개월 지체, 　25~36개월 영아의 경우 4개월 지체 • 표준점수(DQ, IQ) 　예: 하나의 발달영역에서 DQ 75점 이하 • 백분율(%) 　예: 하나의 발달영역에서 33% 지체 또는 하나 이상의 발달영역에서 25% 지체
질적 기준	• 가족이 참여한 진단·평가팀의 임상적 의견 • 전문가 판단

　조기 중재 서비스가 필요한 발달지체 영유아를 최대한 빨리 판별하기 위해 포
괄적이고 종합적인 활동을 수행할 것을 의무화하고 있다. 아동 발견은 영아와 유
아, 그들의 가족과 접촉하는 많은 기관과 연계하여 이루어지는 광범위한 지역사
회의 노력이다(노진아 외, 2011). 발달이 늦거나 장애가 있어 주의나 관찰이 필요한
영유아와 특수교육이 필요한 영유아, 종합적인 평가를 필요로 하는 영유아는 선
별과정을 통해 판별한다. 공식적인 선별은 태아와 신생아 선별(소변검사, 혈압, 양
수천자, 알파 태아단백질 검사, 융모막 검사, 초음파, 자기공명영상)을 통해 이루어진다.
또한 출생 직후의 아프가척도, 브래즐턴 신생아행동평가척도(Brazelton Neonatal
Behavioral Assessment Scale: BNBAS), 기타 신경학적 검사, 베일리 영아발달검사,
덴버 발달선별검사, 바텔 발달검사를 사용한다. 5개의 중요한 발달영역, 즉 신체,

인지, 의사소통, 사회 및 정서, 적응 기술에 대한 종합적인 고려가 필요하다. 〈표 5-9〉는 국립특수교육원(2009)에서 제시한 발달지체 선별검사에 관한 것으로 학령기 전 및 학령기 아동의 5개 발달영역을 평정한다.

표 5-9   발달지체 선별검사(유 · 초등학생용)

검사 문항		자주 나타남	가끔 나타남	나타나지 않음
I. 신체 발달	① 혼자서 발을 번갈아 가며 계단을 내려가지 못한다.	2	1	0
	② 발을 번갈아 가며 껑충껑충 뛰지 못한다.	2	1	0
	③ 30cm 정도의 종이를 대칭이 되도록 반으로 접지 못한다.	2	1	0
	④ 크레파스를 사용하여 삼각형을 그리지 못한다.	2	1	0
	⑤ 일반적인 그림의 윤곽을 따라 오리지 못한다.	2	1	0
	합계			
	총점			
II. 인지 발달	① 서로 다른 물건 세 개를 보여 주고 그중 한 개를 숨기면 숨겨진 물건의 이름을 말하지 못한다.	2	1	0
	② ○, △, □ 등의 기본 도형의 이름을 말하지 못한다.	2	1	0
	③ 사물의 일부분이 빠져 있는 그림을 제시했을 때, 그 빠진 부분을 찾아내지 못한다.	2	1	0
	④ "왜 이런 사람이 필요합니까?"라는 질문에 적절히 대답하지 못한다.	2	1	0
	⑤ 전자시계를 보고 시간을 말하지 못한다.	2	1	0
	합계			
	총점			
III. 의사 소통 발달	① 상대방의 지시에 따라 사물을 올바른 위치에 놓지 못한다.	2	1	0
	② 어제, 오늘, 내일을 포함하는 질문에 정확하게 대답을 못한다.	2	1	0
	③ 전화의 내용을 듣고 상대방의 말에 적절하게 반응을 못한다.	2	1	0
	④ 대화 시 새롭거나 낯선 단어의 뜻을 묻지 못한다.	2	1	0
	⑤ 순서를 지키며 대화를 하지 못한다.	2	1	0
	합계			
	총점			

IV. 사회 및 정서 발달	① 또래보다 어른 하고 놀기를 좋아한다.	2	1	0
	② 자신이 하고 있는 놀이를 또래에게 함께 하자고 말하지 못한다.	2	1	0
	③ 공격적 또는 부적절한 행동이 아닌 적절한 행동으로 거절이나 싫음을 표현하지 못한다.	2	1	0
	④ 상대방의 감정을 읽고 그에 적절한 행동을 하지 못한다.	2	1	0
	⑤ 어른들이 이야기할 때 방해한다.	2	1	0
합계				
총점				
V. 적응 기술	① 숟가락을 손가락으로 쥐어서 사용하지 못한다.	2	1	0
	② 혼자서 큰 단추를 채워 옷을 입지 못한다.	2	1	0
	③ 혼자서 세수를 하고 수건으로 닦지 못한다.	2	1	0
	④ 혼자서 양치질을 하지 못한다.	2	1	0
	⑤ 대변을 본 후에 스스로 뒤처리를 하지 못한다.	2	1	0
합계				
총점				

진단검사 필요 아동: Ⅰ, Ⅱ, Ⅲ, Ⅳ, Ⅴ 영역 중 한 영역이 4점 이상인 경우
* 두 영역 이상을 합하여 4점 이상 나온 경우는 진단검사 필요 아동이 아님

3) 발달지체아동의 특성

(1) 인지학업적 특성

발달지체아동은 주의집중과 기억, 일반화 등에서 어려움을 보인다. 특히 주의집중 시간이 매우 짧고 필요한 자극에 주의를 집중하는 선택적 주의집중에 어려움을 가진다. 정보를 받아들이고 처리하는 능력이 부족하여 개념형성이 어렵고 사물에 대한 형태, 크기, 모양, 무게 개념과 공간 개념을 형성하는 데 제한적이다(신진숙, 2011). 발달지체아동은 특히 상징적인 개념을 이해하는 데 결함을 가지고, 한 상황에서 배운 것을 다른 상황에 일반화하는 것이 어렵다. 또한 우발학습을 통하여 정보를 습득할 가능성이 적고, 직접적이고 반복적인 지시를 필요로 하며 우연한 경험들로부터 쉽게 학습하지 못한다. 발달지체아동은 학습의 속도가 느리고 정보를 분석하여 문제를 해결하는 추리능력과 기초적 학문기술에 어려움이 있다(장혜원, 2016).

(2) 의사소통적 특성

언어발달의 지체는 발달지체아동에게 가장 일반적으로 나타난다. 표현언어의 지체로 인해 말소리 습득이 지연되거나 조음에서의 오류를 보이는 경우가 많다(황희숙, 2018). 또 첫 단어의 습득이 늦고 구어확장이 느리며 추상적이거나 비유적인 언어를 이해하는 것을 어려워한다(이소현, 2005). 발달지체아동은 언어습득과 언어발달에 있어서 어려움을 보이며(김미희, 최성규, 2012), 불충분한 신경체계, 손상된 감각체계, 지적 능력의 부족, 빈약한 사회적 환경은 발달지체아동의 의사소통 발달에 부정적인 영향을 줄 수 있다(서현아, 2015). 특히 발달지체아동은 시각 및 청각 정보에 주의를 기울이는 능력이 부족하고 몸짓과 소리를 모방하는 능력에 결함을 가진다. 기본적인 의사소통에 필요한 몸짓 사용과 들은 말과 그 의미를 연합하는 능력이 부족하며, 수용언어와 표현언어 능력 간에 큰 편차를 보인다. 또한 적절한 구어 패턴을 모방하지 못하고 왜곡, 대치, 생략, 첨가 등의 오류를 보인다.

(3) 사회정서적 특성

발달지체아동은 발달과정에서 기대되는 사회적 능력에 매우 큰 결함을 가지고 있다. 자기표현과 타인에 대한 이해력이 부족하여 불안이나 위축된 정서를 보이기도 한다. 사회적 상황을 지각하지 못해 다른 사람의 기분이나 태도를 파악하지 못하고 상황에 맞지 않는 행동을 한다(Cook et al., 2009). 또한 일상생활에 필요한 연령에 맞는 적응행동 습득의 지연으로 용변처리, 섭식, 옷 입고 벗기 등의 자조기술이 습득되지 못해 가정이나 학교에서 타인의 도움이 필요한 경우가 많다.

발달지체아동은 또래와의 상호적인 우정을 발전시키고 유지하는 능력, 사회적인 교환에 필요한 능력이 부족한 것으로 나타났다(이소현, 2005). 또래와의 사회적 상호작용이 부족하여 방관하거나 대부분 혼자 노는 경향이 있고 사회적 가상놀이에 있어서 어려움이 있다. 다른 사람과 어떻게 상호작용해야 하는지를 잘 몰라 친구를 사귀지 못하는 경우가 많고, 빈약한 자아개념을 가지며 이는 사회정서발달에도 부정적인 영향을 미치게 된다(김미경 외, 2011).

(4) 신체운동감각 특성

발달지체아동의 신체적 특성을 살펴보면, 발달지체아동 모두가 어려움이 있는 것은 아니지만 운동발달에서 어느 정도의 지체를 보이는 경우가 많다. 즉, 대근육 발달에서 지체를 보일 수 있는데 앉기, 서기, 걷기, 뛰기 등 대근육 운동기술이 부족하고 신체의 작은 근육을 사용하는 소근육 운동과 협응능력 발달의 지체가 있는 것으로 나타났다. 또 균형 잡기나 자세 유지의 어려움, 근육의 긴장도를 조절하는 데 있어서의 어려움이 있는 것으로 보인다. 발달지체아동은 신체운동기능의 발달이 상당히 지체되어 있으며 운동능력에서도 상당히 큰 어려움을 가진다(오세웅, 2005). 운동능력은 대근육 운동능력과 소근육 운동능력으로 나누어 살펴볼 수 있는데, 발달지체아동의 대근육 운동능력은 자주 넘어지거나 사물이나 다른 사람과 자주 부딪히고 떨어지는 경우가 많고, 균형의 문제와 기본적인 자세를 유지가 어렵다. 따라서 대근육 활동을 기피하고 활동의 전환 시 다른 아동보다 자주 뒤처진다. 한편, 소근육 운동능력은 뻗기, 잡기, 놓기, 조작 등에 어려움을 가지며, 양손 사용 기술, 구슬을 꿰거나 가위로 자르는 활동을 힘들어한다. 또한 손 안에서 물체를 움직이거나 열쇠를 구멍에 넣고 돌리는 등 단순회전능력과 복잡회전능력에 있어서 결함을 가진다(노진아 외 2011).

4. 영재

1) 영재의 정의

영재는 종종 '천재' '재능아' '우수아' 등 다양한 용어로 불린다. 이들의 공통점은 정해진 틀 안에서 과제를 수행하지 않고 자신만의 창의적인 방식으로 문제를 탐색하여 해결하고, 특정한 분야에서 매우 높은 수준의 성취를 이룬다는 것이다. 영재에 대한 정의는 영재의 선천성 혹은 후천성, 영재의 구성요소, 사회나 시대에 따라 달리 나타나지만, 일반적으로 영재는 평균 이상의 일반 능력, 높은 창의성, 과제집착력을 동시에 소유한 경우(Renzulli, 1979)를 가리킨다. 「영재교육진흥법」(교육부, 2000)에는 영재를 다음과 같이 정의하고 있다.

표 5-10 「영재교육진흥법」에 따른 영재의 정의

재능이 뛰어난 사람으로서 타고난 잠재력을 계발하기 위하여 특별한 교육을 받아야 할 필요가 있는 자

구체적으로 일반지능, 특수학문 적성, 창의적 사고능력, 예술적 재능, 신체적 재능, 기타 특별한 재능 등에 대하여 뛰어난 성취가 있거나 잠재력이 우수한 사람 중 영재 판별 기준에 의거하여 판별된 사람으로 규정하고 있다. 영재는 일반지능에서부터 기타 특별한 재능까지 모든 면을 고려하고 있고, 재능의 폭도 수학이나 과학에만 국한시키지 않고 광범위하게 보고 있다.

2) 영재의 진단과 평가

현재 영재성의 특성을 지닌 영재를 직접 판별할 수 있는 명확한 기준과 그에 따른 객관적이고 절대적인 도구는 존재하지 않는다(이재호 외, 2011). 일반적으로 영재 선발 단계는 교사, 학부모의 지명 또는 자기 추천으로 시작한다. 추천된 학생들을 대상으로 구체적인 검사를 진행하게 되는데 행동 특성 검사와 표준화 검사(지능검사, 학업성취검사, 창의적 문제해결력 검사, 적성검사) 그리고 행동 및 산출물의 과정을 거쳐 선발이 이루어지고 있다(이신동 외, 2009). 우리나라에서는 2010년 이전에는 영재의 선발을 위해 학교장이나 교사의 추천과 학문적성검사 및 영재성검사를 실시하였으나, 2010년부터는 교육과학기술부에서 필기시험이 아닌 교사의 영재학생에 대한 관찰과 추천을 통하여 영재를 선발하도록 권유하여 일선 영재교육기관의 대폭적인 영재선발 개선을 실시하였다(이꿩형 외, 2010).

영재로 간주되는 학생을 일차적으로 거르는 과정을 영재의 선별(screening)이라 하고, 일단 선별된 학생 중에서 영재로 인정될 수 있는 사람을 다시 식별해내는 과정을 영재의 판별(identification)이라 한다. 영재 판별과정은 영재교육을 담당하는 기관에 따라 다소 차이가 있다(이옥형, 이현주, 2001). 현재 각 기관별로 다양하게 영재 선발이 이루어지고 있는데, 대학부설 영재교육원에서는 대학별로 각기 다른 방식을 적용하거나 대학 내에서 자체적으로 선발하고 있다. 또한 교육청부설 영재학급(영재교육원)은 한국교육개발원 판별검사, 학문적성검사를 실시하고 있다. 과

학 또는 예술 분야에서는 영재 선발과정이 약간 다른데, 부산의 한국과학영재학교나 서울과학고등학교와 같은 과학 분야 영재학교에서는 학생 기록물 평가—창의적 문제해결력 검사—과학캠프/면접의 3단계 과정을 거치고 있으며, 예술 분야 영재 선발과정은 예술중학교, 예술고등학교 입학절차 및 특별전형(대회 입상)에 따라 이루어지고 있다.

3) 영재의 특성

(1) 인지학업적 특성

영재학생은 추상적 개념과 복잡한 관련성에 대해 빠른 속도로 이해하며, 일반화 능력이 뛰어나다. 이들은 추상적 기호를 해독하고 이해하는 동시에 배운 기호들 사이의 복잡한 관련성을 신속하게 파악하는 능력이 탁월하다(Pfeiffer, 2011). 또한 영재학생은 일반 학생에 비해 일반적으로 뛰어난 기억력을 가지고 있으며 확산적 사고에 능하며, 지적 호기심이 높아 다양한 문제에 대해 의문을 가지고 탐구하고 많은 질문을 한다. 주의집중력이 높고 과제집착력이 강하여 스스로 이해하거나 해결할 때까지 많은 시간이 걸리더라도 끈질기게 과제를 완성하려고 한다. 영재학생은 언어능력이 뛰어나 사용하는 어휘량이 많고 또래에 비하여 높은 어휘 수준을 지니고 있어 지식 기반이 넓다. 나아가 풍부한 상상력과 창의력을 가지고 있으며, 사고과정이 빠르고 신속하여 판단력이 높고 문제해결과정을 즐긴다(김동일 외, 2010). 영재학생은 흔히 하나 이상의 교과에서 탁월한 성취능력을 보인다. 다른 또래보다 일찍 글을 읽을 수 있게 되거나, 수학, 쓰기, 언어 기술 및 예술이나 음악에서도 특별한 재능을 보여 다양한 영역의 전문가라고 할 수 있다. 이러한 인지적 특성은 장점으로 작용할 수도 있지만 부정적인 행동으로 표출될 수도 있다. 즉, 영재학생은 높은 지적 호기심 때문에 과다하게 질문이 많거나 일반적으로 주어지는 지시를 따르는 것을 거부하여 때로는 전통적인 수업에 싫증을 내거나 저항하기도 하고, 학교 상황에서 타인과 관계를 맺는 데 문제를 일으키고 또래 학생과 쉽게 어울리지 못하기도 한다.

(2) 사회정서적 특성

영재학생의 대표적인 사회정서적 특성은 정서적 민감함과 열정, 높은 자의식과 자신감, 완벽주의적 성격, 도덕적 성숙 등을 들 수 있다. 자신에 대한 높은 기대로 최선을 다하고 성공과 인정에 대한 강한 욕구가 있어 목표 지향적 행동으로 이어질 수 있다. 또한 정서적으로 예민하고, 자신의 것을 명확히 주장하며 자기 일에 책임감을 갖고 처리한다(백혜정, 유미현, 2017). 그러나 이러한 심리정서적 특성이 긍정적인 행동 특성으로 나타날 수도 있지만 종종 부정적인 행동 특성으로 발생하기도 한다. 영재학생은 창의적이고, 독립적이고 열정적이고, 정서적으로 민감하고 도전적인 성향이 있는 반면, 미성숙, 새로운 환경이나 사회적 장면에서의 부적응, 불안 및 우울, 대인관계에서의 갈등 등과 같은 심리적 취약성도 나타낸다(윤여홍, 2000).

영재학생의 발달 특성 중 하나는 신체적 · 인지적 · 정서적 · 사회적 성장이 동시에 이루어지지 않고 서로 다른 빠르기로 발달하여 한 개인 안에서 내적 불일치가 발생한다는 것이다. 사회 구성원은 영재가 모든 발달적 측면이 우수할 것이라는 선입견이나 고정관념을 가지고 있다. 그로 인하여 영재학생 자신과 주위 사람의 기대수준과 부응하지 못하는 실제 수준 사이에서 갈등을 경험하고 자신을 있는 그대로 수용하지 못하고 무리하게 끼워 맞추려고 하거나 모두 우수한 것처럼 행동하기도 한다. 이러한 과잉 욕심과 과잉 반응, 완벽주의적 성격은 시간이 지남에 따라 자기비판적이 되고 무기력해지며 우울한 감정이 들게 만들어 스스로를 고립시켜 외톨이가 되기도 한다. 또한 혼자 독립적으로 일을 처리하는 경향성이 높아 또래와의 관계가 부족하여 사회성을 증진시킬 기회가 적고, 다른 사람을 자기 뜻대로 조직화하고 자기의 규칙을 준수하도록 강조하는 자기중심적 성향 때문에 영재학생과 또래 사이에 긴장과 갈등이 일어날 가능성이 높다(Webb et al., 1982). 영재학생도 발달과정에서 일반 학생과 마찬가지로 여러 가지 어려움을 겪는다. 다만, 영재학생이 인지학업적 특성과 이와 관련된 정서적 문제가 일반 학생과 다르다는 사실을 인정하는 것이 매우 중요하다. 교사는 기본적으로 영재학생의 다른 학습양식과 정서적 반응을 이해하고 영재학생 스스로도 그 차이점을 수용하고 이해할 수 있도록 옆에서 도와줄 필요가 있다.

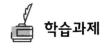 학습과제

1. 정서·행동장애의 정의를 기술하고 이 장애를 가진 학생의 특성을 내현화와 외현화로 나누어 설명하시오.

2. 자폐성장애의 정의를 기술하고 사회, 언어, 행동 특성을 설명하시오.

3. 발달지체의 정의를 기술하고 특수교육대상으로 선정된 이유와 의미를 설명하시오.

4. 영재의 정의와 선별과정을 기술하고 특수교육에 주는 시사점을 설명하시오.

 참고문헌

강민채(2011). 자폐성장애 아동의 사회성 기술에 영향을 미치는 개인 내적변인과 환경변인 간의 구조 방정식 모형 검증. 특수교육저널: 이론과 실천, 12(3), 115-147.

강영심(2009). 정서·행동장애아동의 통합교육. 통합교육학회 편, 통합교육 2판 (pp. 353-387). 서울: 학지사

교육부(2000). 영재교육진흥법. 서울: 교육부

국립특수교육원(2009). 특수교육대상아동 선별·진단검사. 경기: 국립특수교육원

국립특수교육원(2014). 2014 특수교육 실태조사. 경기: 국립특수교육원.

김건희(2018). 자폐성장애학생을 위한 최상의 실제. 서울: 학지사.

김동일, 손승현, 전병운, 한경근(2010). 특수교육학개론: 장애 영재 아동의 이해. 서울: 학지사.

김미경, 허계형, 최영해(2011). 특수유아교육. 경기: 교육아카데미.

김미희, 최성규(2012). 발달단계를 고려한 총체적 언어지도가 발달지체장애아동의 인지 및 언어발달에 미치는 효과. 지체중복건강장애연구, 55(3), 231-250.

김은경(2011). 자폐 스펙트럼 장애 의심 영아의 18, 24, 30개월 초기 사회적 의사소통 특성. 자폐성장애연구, 11(2), 25-47.

노진아, 김연하, 김정민(2011). 영유아 특수교육. 서울: 학지사.

문장원, 정병종, 박상태(2017). 정서 및 행동장애학생의 사회적 능력에 대한 검토. 정서·행동장애 연구, 33(1), 241-256.

방명애(2018). 자폐성장애학생 교육. 서울: 학지사.

백혜정, 유미현(2017). 영재학생의 과흥분성, 정서지능, 자아탄력성 및 학습몰입의 구조적 관계. 영재와 영재교육, 16(3), 23-50.

서현아(2015). 유아특수교육. 경기: 양서원

신진숙(2011). 발달지체아 교육. 경기: 양서원.

안동현(2009). 청소년 정신건강장애. 대한의사협회지, 52(8), 745-757.

양문봉, 신석호(2016). 자폐스펙트럼장애 A to Z. 서울: 시그마프레스

오경자, 이혜련, 홍강의, 하은혜(1997). K-CBCL 아동 · 청소년 행동평가척도. 서울: 중앙적성
　　연구소.

오성화, 노경란(2015). 정서장애, ADHD 및 정서장애와 ADHD 공존질환을 지닌 아동의
　　주의력과 인지적 특성 비교. 정서 · 행동장애 연구, 31(1), 1-15.

오세웅(2005). 운동교육 프로그램이 발달지체아동의 전신운동기능 향상에 미치는 효과.
　　지체중복건강장애연구, 45, 1-19.

윤여홍(2000). 영재의 심리적 특성과 정서발달을 위한 상담. 한국심리학회지: 일반, 19(1),
　　79-101.

이광형, 정현철, 류지영, 김지선(2010). 영재성 판별교사 전문연수 양성과정 개발 보고서. 서
　　울: 한국과학창의재단.

이미선, 강병호, 김주영, 조광순(2001). 장애영유아 조기발견 및 진단 평가방안 연구. 경기: 국
　　립특수교육원.

이미숙, 한민경, 고혜정, 서보순(2016). 영유아교사를 위한 특수아동의 이해. 경기: 양서원.

이성봉, 방명애, 김은경, 박지연(2014). 정서 및 행동장애. 서울: 학지사

이소현(2005). 유아특수교육. 서울: 학지사.

이소현, 박은혜(2006). 특수아동의 이해. 서울: 학지사.

이승희(2017). 정서행동장애개론. 서울: 학지사

이신동, 이정규, 박춘성(2009). 최신영재교육학개론. 서울: 학지사.

이옥형, 이현주(2001). 영재의 정의적 특성에 관한 고찰, 교육연구, 35, 27-56.

이재호, 류지영, 진석언(2011). 미래사회 영재판별 방법에 관한 연구. 정보교육학회논문지,
　　15(3), 307-317.

장혜원(2016). 인지발달 관련 음악활동이 발달지체유아의 인지발달에 미치는 영향. 특수
　　교육연구, 23(2), 271-301.

조광순, 이미선(2002). 장애영유아의 사정의 실제를 향상시키기 위한 정책 방안 고찰. 특
　　수교육학연구, 37(3), 283-310.

조광순, 홍은숙, 김영희(2005). 발달지체 영유아를 위한 교육과정중심 진단평가 도구의
　　고찰 및 시사점. 정서행동장애연구, 21(3), 45-78.

최지은, 이윤경(2015). 학령기 고기능 자폐스펙트럼장애 아동의 주제유지능력: 수반성과
　　정보성을 중심으로. 언어청각장애연구, 20(3), 413-423.

황희숙(2018). 아동발달의 이해와 교육. 서울: 학지사.

황희숙, 강승희, 김정섭 역(2011). 영재 아동의 이해: 심리 교육적 이론 연구 실제. 서울: 시그
　　마프레스.

American Psychiatric Association (2016). 정신질환의 진단 및 통계편람. [*Diagnostic and statistical manual of mental disorders* (15th ed.)]. (권준수, 김재진, 남궁기, 박원명, 신인섭, 유범희, 윤진상, 이상익, 이승환, 이영식, 이헌정, 임효덕 공역). 서울: 학지사. (원저는 2013년에 출판).

Baron, S. (1999). 자폐증의 진단과 치료 (*Autism : the facts*). (강영심 역). 도서출판 특수교육. (원저는 1994년에 출판).

Cook, R. E., Klein, M. D., & Tessier, A. (2009). 유아특수교육의 이해. (*Adapting early childhood curricula for children with special needs*). (조용태, 강미라, 유경미 역). 서울: 박학사. (원저는 2007년에 출판).

Flick, G. L. (2013). 정서행동 장애 학생의 성공적인 통합교육을 위한 이해와 실천 (*Understanding and managing emotional and behavior disorders in the classroom*). (박계신, 이상훈, 황순영 역). 서울: 시그마프레스. (원저는 2010년에 출판).

Heflin, L. J., & Alaimo, D. F. (2014). 자폐스펙트럼장애 학생 교육의 실제. (*Students with Autism Spectrum Disorders: Effective Instructional Practices*). (신현기, 이성보, 이병혁, 이경면, 김은경 역). 서울: 시그마프레스. (원저는 2006년에 출판).

Mitchell, L. Y., Nancy, B. M., Erik, D., & James, G. S. (2017). 정서행동장애학생교육: 증거기반 실제를 통한 (*Evidence-Based Practices for Educating Students with Emotional and Behavioral Disorders, Loose-Leaf*). (곽승철, 임경원, 변찬석 역). 경기: 교육과학사. (원저는 2013년에 출판).

Pfeiffer, S. I. (2011). 영재 아동의 이해: 심리 교육학적 이론 연구 실제. (*Handbook of giftedness in children*). (황희숙, 강승희, 김정섭 역). 서울: 시그마프레스. (원저는 2008년에 출판).

Prelock, P. A., & MaCauley, R. J. (2017). 자폐 범주성 장애: 의사소통 및 사회적 상호작용을 위한 증거 기반의 중재. (*Treatment of Autism Spectrum Disorders*). (박혜진, 윤선아 역). 서울: 학지사. (원저는 2013년에 출판).

Renzulli, J. S. (1979). *what makes giftedness: A reexamination of the definition of the gifted and talented*. Ventura, CA: Ventura County Superintendent of Schools Office.

Roger, P., & George G. A. (2010). 자폐성장애아동 교육: 교사를 위한 단계별 지침서 (*Teaching Students With Autism Spectrum Disorders: A Step-by-Step Guide*). (곽승철, 강민채, 금미숙 역). 서울: 학지사. (원저는 2008년에 출판).

Shepherd, T. L. (2010). 정서행동장애학생의 이해와 교수전략 (*Working with students with emotional and behavior disorders : characteristics and teaching strategies*). (박계신, 이효신, 황순영 역). 서울: 시그마프레스. (원저는 2009년에 출판).

Walker, H. M., Severson, H., Stiller, B., Williams, G., Haring, N., Shinn, M., & Todis,

B. (1988). Systematics screening of pupils in the elementary age range at risk for behavior disorders: Pevelopment and trial testing of a multiple gating model. *Remedial and Special Education*, 9, 8–14.

Webb. J. T.. Meckstroth. E. A.. & Tolan. S. S. (1982). *Guiding the gifred child: A practical source for parents and teachers*. Ohio psychology Pub. Com.

제3부
통합교육 실행 I: 행정적 지원

제6장

특수교육대상자의 선별, 진단 및 배치 과정

🌸 학습목표

- 특수교육대상자의 선정과정을 설명할 수 있다.
- 특수교육대상자의 선별, 진단 및 배치와 관련된 주요 개념들을 설명할 수 있다.
- 특수교육대상자의 선별, 진단 및 배치의 세부적인 절차를 설명할 수 있다.

학습개요

이 장에서는 특수교육대상자를 선별하고 진단하며 배치하는 일련의 절차들을 자세히 설명하고 있다. 특수교육이 필요한 학생을 선정하는 과정은 종합적이면서 엄격한 절차를 통해서 수행될 필요가 있다. 현재 우리나라의 특수교육에서는 유치원부터 고등학교까지를 의무교육으로 정의하고 있기 때문에 특수교육이 필요한 학생을 선별하고 진단하는 모든 과정들은 적법한 절차에 의해서 수행될 필요가 있다. 적법한 절차에 의해서 특수교육대상자를 선정한 후에는 실제로 특수교육이 필요한 학생들에게 최적의 교육적 서비스를 제공할 수 있으며, 비장애학생을 특수교육대상자로 선정하게 되는 오류를 감소시킬 수 있다. 이처럼 특수교육에서 특수교육대상자를 선정하는 과정은 매우 중요하기 때문에 특수교육 분야에 종사하는 관련 전문가들은 이러한 절차와 규정들을 명확히 이해할 필요가 있다.

1. 특수교육대상자의 선별, 진단 및 배치의 개념

일반학급에서 제공하는 교육만으로 학생의 교육적 요구를 충족시킬 수 없을 경우에 추가적인 교육적 지원인 특수교육이 필요할 수 있다. 이처럼 개별 학생에게 필요한 특수교육을 제공받기 위해서는 우선적으로 특수교육대상자로 선정되어야 하며 교사들은 이러한 구체적인 선정절차를 정확히 이해할 필요가 있다. 이러한 선정과정을 수행하면서 한 가지 명심해야 할 중요한 사항은 특수교육대상자를 선정하는 목적이 이들에게 교육적 서비스를 지원하기 위함이며, 단순히 장애학생과 비장애학생을 구분하기 위한 목적이어서는 안 된다는 점이다. 즉, 적합한 교육적 지원 없이 특수교육대상자만들 선정해서는 안 될 것이다. 아무런 도움이나 지원도 제공할 수 없는 상황에서 특정 학생을 특수교육대상자로 선정한다는 것은 학생에게 장애라는 부정적인 낙인효과(labeling effect)만 남겨 줄 수 있는 문제점이 발생할 수 있다. 따라서 특수교육대상자를 엄정한 절차에 따라 결정하는 것뿐만 아니라 선정된 학생들에게 제공할 수 있는 교육적 지원은 무엇이며 어떠한 방법으로 제공할 수 있는지에 대하여 더 많은 관심과 노력이 필요할 것이다.

그렇다면 어떠한 절차를 통하여 특수교육이 필요한 학생을 결정하게 될까? [그림 6-1]과 같이 일반적으로 선별, 진단 및 배치의 3단계를 통하여 특수교육대상자를 최종적으로 선정한다.

[그림 6-1] 특수교육대상자 선정과정

선별(screening)이란 특수교육대상자로 선정될 수 있는 높은 위험성을 가진 학생을 선정하는 과정을 말한다. 즉, 특수교육대상자로 최종적으로 선정하지는 않았지만 특수교육대상자로 고려할 수 있는 학생을 추려 내는 과정이 바로 선별단계이다. 일선 학교현장에서는 다음과 같이 세 가지 방법으로 특수교육대상자를 선별할 수 있다(Pierangelo & Giuliani, 2002).

첫째, 학교 관계자들의 요청에 의해서 일부 학생을 특수교육대상자로 의뢰할 수 있다. 일반적으로 학교에서는 전체 학생을 대상으로 매년 학업 및 적응행동검사를 실시하고 있기 때문에 전체 평균보다 지나치게 낮은 점수를 받은 학생의 경우 특수교육이 필요한 위험군 학생으로 선별할 수 있다.

둘째, 담임교사의 의뢰로 특정 학생들을 선별할 수 있다. 담임교사는 학급 안에서 아이들과 함께 많은 시간을 보내면서 아이들을 지속적으로 관찰하게 되며, 그중 일부 학생들은 학급 동료보다 낮은 학업성취나 문제행동을 나타내는 것으로 평가할 수 있다. 이러한 학생들에게 지속적인 중재를 제공함에도 불구하고 변화가 없을 경우 이들을 특수교육대상자로 선별할 수 있다.

마지막으로, 학부모 혹은 보호자가 자신의 아이를 특수교육대상자 의뢰 대상으로 학교에 선별을 요청할 수 있다. 누구보다도 자신의 아이에 대해서 많은 정보와 지식을 갖고 있는 학부모가 자신의 아이에게 나타난 문제행동 및 낮은 학업성취의 문제를 근거로 하여 선별절차를 의뢰할 수 있다.

이와 같은 절차를 통하여 선별한 학생을 다음 단계인 진단에 곧바로 의뢰하기보다는 우선적으로 일반교육에서 충분한 중재(교수)를 제공하는 노력이 선행되어야 한다. 일부 학생들의 경우 교사가 사용한 부적합한 중재전략으로 인하여 부정적인 행동이나 낮은 학업성취를 나타낼 수 있기 때문에 이들에게 효과적인 중재전략을 진단단계로 의뢰하기 전에 충분히 제공할 필요가 있다. 이러한 노력에도 불구하고 지속적인 진전의 결과를 확인할 수 없을 경우에 진단단계로 학생을 의뢰하는 것이 바람직하다.

진단이란 선별절차에서 의뢰한 학생이 실제로 특정한 장애를 갖고 있는지를 판정하기 위한 목적으로 수행하는 평가활동이다. 따라서 이 단계에서는 장애유무와 특정한 장애명을 결정하기 위하여 다양한 평가를 실시하게 된다. 특히 평가 결과를 통해서 해당 학생에게 의심되는 장애영역을 결정하게 되며, 행동 및 학업과 관련된 중요한 정보들도 수집할 필요가 있다. 이러한 진단평가는 단순한 검사 결과의 산출만으로 끝나서는 안 되며, 평가 결과에 근거하여 학생들에게 필요한 교육은 무엇인지에 관한 정보를 제공할 수 있어야 한다.

진단절차를 통해서 장애유무를 결정하고, 최종적으로 특정한 장애명을 결정한 이후에는 대상 학생에게 필요한 교육적 지원과 배치를 고려해야 한다. 특수교육대상자로 판정받은 학생의 교육적 배치를 결정할 경우에는 최소제한환경(Least

Restrictive Environment: LRE)의 원칙을 고려할 필요가 있다. 최소제한환경에서 배치의 시작점은 일반학급이며, 최대한 일반교육과 덜 제한적인 교육적 환경을 고려하여 배치할 필요가 있다. 예를 들어, 일반학급의 통합교육을 통해서 추가적인 교육적 지원이 가능함에도 불구하고 상대적으로 제한적인 환경인 특수학교에 배치한다면 최소제한환경을 고려하지 않은 결정이라고 볼 수 있다. 이 밖에도 학부모 및 특수교육대상 학생 당사자의 의견 및 통학거리 등의 요건들을 추가적으로 고려하여 결정해야 한다.

2. 특수교육대상자의 선별, 진단 및 배치와 관련된 주요 개념들

특수교육대상자를 선정하는 과정을 이해하기 위해서는 다음과 같은 주요 개념에 대한 충분한 이해가 선행될 필요가 있다.

1) 적법한 절차

특수교육대상자를 선정하는 과정에서는 적법한 절차(due process)가 반드시 보장되어야 한다. 적법한 절차란 특수교육대상자를 선정하거나 특수교육 서비스를 제공할 때 보호자와 학생의 권리를 보장할 수 있는 법률적인 규정을 말한다. 따라서 특수교육대상자를 선별하는 단계부터 시작하여, 평가 및 교육적 배치, 그리고 실제 교육 프로그램을 제공하는 모든 단계에서 있어서 보호자의 의견을 경청해야 하며 사전동의를 구할 필요가 있다. 적법한 절차를 통해서 보장할 수 있는 구체적인 보호자의 권리를 살펴보면 다음과 같다(Cohen & Spenciner, 2007).

- 특수교육대상 학생의 선별, 평가 혹은 배치를 결정하거나 변경할 경우 반드시 보호자에게 이러한 내용을 문서로 통보해야 한다.
- 보호자는 교육적 배치와 평가에 관한 학생의 기록을 열람할 수 있는 권리를 갖고 있다.
- 보호자는 학교에서 실시하는 평가 이외의 추가적인 평가를 요청할 수 있다.

• 보호자와 학교 관련자 간의 의견불일치가 일어날 경우 보호자는 공청회를 개최할 수 있는 권리를 갖고 있다.

실제로 우리나라의 특수교육법인「장애인 등에 대한 특수교육법」에서도 적법한 절차에 의해서 보호자의 권리가 보장되고 있다. 예를 들어, 특수교육대상자로 의뢰되는 것에서 시작하여, 개별화교육계획 작성, 그리고 교육적 배치에 있어서 반드시 보호자 사전 동의를 얻을 필요가 있음을 법률로 명시하고 있다.

2) 개별화교육계획

선별과 진단과정을 통해서 최종적으로 특수교육대상 학생으로 결정할 경우, 이러한 학생을 위한 개별화교육계획을 작성할 필요가 있다. 개별화교육계획이란 개별 학생의 교육적 요구에 적합한 교육계획서로 정의될 수 있다. 특수교육대상자로 선정된 학생의 경우 일반교육과정만으로 교육적 요구를 충분히 충족시킬 수 없기 때문에 이들만을 위한 추가적인 교육과정이 요구되며, 개별화교육계획이 이들을 위한 대안적인 교육과정의 역할을 담당할 수 있다. 이처럼 개별화교육계획은 특수교육의 특수성을 대표할 수 있는 가장 중요한 특성으로 특수교육에서 핵심적인 역할을 담당하고 있다(제7장에서 추가적인 설명을 제공함).

3) 특수교육지원센터

「장애인 등에 대한 특수교육법」에 따르면, 각 하급 교육행정기관별로 특수교육지원센터를 운영하도록 명시하고 있다. 현행 법률에서는 특수교육대상자를 선정하기 위해서 반드시 특수교육지원센터의 지원이 필요함을 명시하고 있기 때문에 특수교육지원센터에 대한 이해가 반드시 필요하다. 현재 특수교육지원센터에서는 특수교육과 관련된 다양한 업무를 수행하고 있는데, 구체적인 예는 [그림 6-2]과 같다.

[그림 6-2]에서 알 수 있듯이, 특수교육지원센터에서 수행하고 있는 다양한 업무 중 한 가지는 진단·평가이며, 실제로 보호자의 동의하에 작성된 진단·평가 의뢰서가 교육감 또는 교육장에게 제출되면, 교육감 또는 교육장은 특수교육에 의

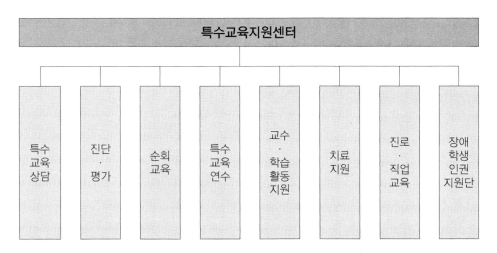

[그림 6-2] 특수교육지원센터의 다양한 기능의 예

출처: 부산광역시교육청 특수교육 홈페이지(2018).

뢰된 학생의 진단·평가를 특수교육지원센터에 요청하게 된다. 특수교육지원센터에서 실시하고 있는 진단·평가와 관련된 구체적인 지원 내용을 살펴보면 다음과 같다(서울특별시교육청, 2013).

- 특수교육 위험군 학생의 조기 발견 및 선별을 위한 홍보
- 특수교육에 의뢰된 학생에게 진단·평가를 위한 사전 상담 및 각종 검사를 실시
- 특수교육대상자로 선정된 학생에게 적합한 특수교육 및 관련 서비스 진단
- 특수교육지원센터 내 특수교사 및 영역별 전문가 등으로 진단·평가위원 구성 운영
- 특수교육대상자의 선정 및 학교 배치를 위한 장애유형별 진단·평가 체제 구축
- 특수교육대상자와 관련된 중요 정보 관리

이처럼 특수교육지원센터는 특수교육대상자를 선정하는 데 있어서, 매우 중요한 역할을 담당하고 있기 때문에 보호자 및 각급학교와 특수교육지원센터 간에는 지속적인 상호 협력적인 관계가 유지될 필요가 있다. 특히 적법한 절차의 중요성을 고려하여 모든 평가과정에서는 학부모 및 보호자의 의견을 충분히 반영할 수 있는 기회를 충분히 보장할 필요가 있을 것이다.

4) 특수교육운영위원회

「장애인 등에 대한 특수교육법」에서는 국가 및 지방자치단체의 업무 수행에 관한 주요사항을 심의하기 위해서 특수교육운영위원회를 구성하도록 명시하고 있다. 현행법에서는 세 가지 분류의 위원회를 명시하고 있는데, 교육부장관 소속의 중앙특수교육운영위원회, 교육감 소속으로 시·도특수교육운영위원회, 교육장 소속으로 시·군·구특수교육운영위원회가 설치되어 있다. 이 중 특수교육대상자 선정 심사와 관련된 심의를 담당하는 위원회는 고등학교의 경우 시·도특수교육 운영위원회이며, 고등학교 이하 학급의 경우에는 시·군·구특수교육운영위원회 이다. 실제로「장애인 등에 대한 특수교육법」제15조 제2항에 따르면 교육감 또는 교육장은 해당 특수교육운영위원회의 심사를 거쳐 특수교육대상자 선정 여부를 최종 결정하도록 명시되어 있기 때문에 특수교육대상자를 선정하기 위해서는 특수교육운영영위원회의 심의가 반드시 필요하다.

3. 특수교육대상자의 선별, 진단 및 배치의 추진 과정

특수교육이 필요한 학생을 선정하는 과정은 종합적이면서 엄격한 절차를 통해서 진행되며, 특히 법률적인 규정에 따라 특수교육대상자를 선정해야 한다. 이처럼 법률적인 규정과 절차에 따라 특수교육대상자를 선정하는 이유를 살펴보면, 먼저 특수교육대상 학생의 교육권을 법적으로 보호하기 위함이다. 특수교육이 필요한 모든 학생은 비장애학생과 마찬가지로 그들의 교육적 요구를 충족시킬 수 있는 공교육을 무상으로 제공받을 권리를 갖고 있다. 따라서 국가는 특수교육대상 학생의 교육 권리를 보장하기 위한 목적으로 체계적이면서 종합적인 선별, 진단 및 배치의 절차를 구비할 필요가 있다. 실제로 우리나라의 경우에도 각급 교육청은「장애인 등에 대한 특수교육법」의 법률에서 정하고 있는 절차에 따라서 특수교육대상 학생을 선정하고 있다. 이러한 이유로 인하여 특수교육을 담당하는 일반교사 및 특수교사나 보호자는 법률에서 정하고 있는 특수교육대상 학생의 선정과정을 충분히 숙지할 필요가 있다.

「장애인 등에 대한 특수교육법」에서 명시된 특수교육대상 학생 선정 및 배치 추진과정은 [그림 6-3]과 같이 도식화하여 설명할 수 있다.

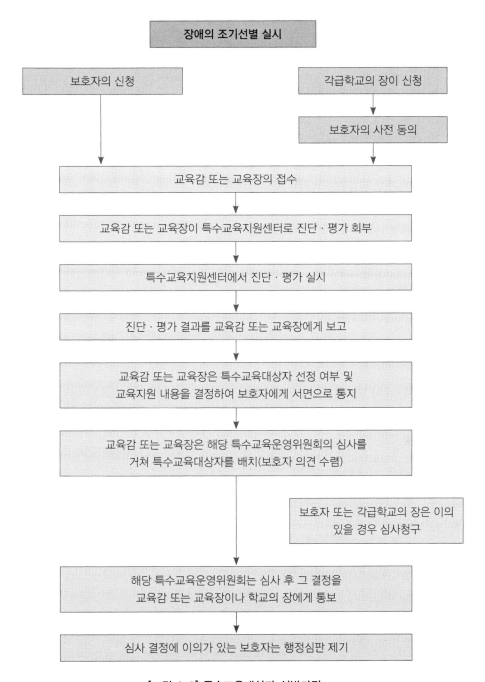

장애의 조기선별 실시

보호자의 신청

각급학교의 장이 신청

보호자의 사전 동의

교육감 또는 교육장의 접수

교육감 또는 교육장이 특수교육지원센터로 진단 · 평가 회부

특수교육지원센터에서 진단 · 평가 실시

진단 · 평가 결과를 교육감 또는 교육장에게 보고

교육감 또는 교육장은 특수교육대상자 선정 여부 및
교육지원 내용을 결정하여 보호자에게 서면으로 통지

교육감 또는 교육장은 해당 특수교육운영위원회의 심사를
거쳐 특수교육대상자를 배치(보호자 의견 수렴)

보호자 또는 각급학교의 장은 이의
있을 경우 심사청구

해당 특수교육운영위원회는 심사 후 그 결정을
교육감 또는 교육장이나 학교의 장에게 통보

심사 결정에 이의가 있는 보호자는 행정심판 제기

[그림 6-3] 특수교육대상자 선발과정

출처: 경기도 교육청(2010)의 자료를 수정하여 사용함

1) 장애의 조기선별 실시

법 제14조 (장애의 조기발견 등)

① 교육장 또는 교육감은 영유아의 장애 및 장애 가능성을 조기에 발견하기 위하여 지역주민과 관련 기관을 대상으로 홍보를 실시하고, 해당 지역 내 보건소와 병원 또는 의원(醫院)에서 선별검사를 무상으로 실시하여야 한다.

② 교육장 또는 교육감은 제1항에 따른 선별검사를 효율적으로 실시하기 위하여 지방자치단체 및 보건소와 병·의원 간에 긴밀한 협조체제를 구축하여야 한다.

③ 보호자 또는 각급학교의 장은 제15조 제1항 각 호에 따른 장애를 가지고 있거나 장애를 가지고 있다고 의심되는 영유아 및 학생을 발견한 때에는 교육장 또는 교육감에게 진단·평가를 의뢰하여야 한다. 다만, 각급학교의 장이 진단·평가를 의뢰하는 경우에는 보호자의 사전 동의를 받아야 한다.

④ 교육장 또는 교육감은 제3항에 따라 진단·평가를 의뢰받은 경우 즉시 특수교육지원센터에 회부하여 진단·평가를 실시하고, 그 진단·평가의 결과를 해당 영유아 및 학생의 보호자에게 통보하여야 한다.

⑤ 제1항의 선별검사의 절차와 내용, 그 밖에 검사에 필요한 사항과 제3항의 사전 동의 절차 및 제4항에 따른 통보 절차에 필요한 사항은 대통령령으로 정한다.

특수교육 분야에서 조기선별 및 조기중재는 특수교육의 효과를 극대화시키고 장애를 예방할 수 있는 최선의 전략으로 평가받고 있다. 즉, 학생 개인이 갖고 있는 장애가 심화되기 전에 특수교육대상자로 선정하여 적합한 교육을 제공할 경우 교육적 효과를 극대화할 수 있는 장점을 기대할 수 있다. 하지만 이전의 특수교육법인 「특수교육진흥법」에서는 조기선별 및 조기중재의 중요성에도 불구하고 구체적인 내용들이 법제화되지 않았기 때문에 조기선별을 실제 교육현장에서 적용하는 데 있어서 한계가 있었다. 대신 개정된 「장애인 등에 대한 특수교육법」에서는 이와 관련된 규정들을 법률로 규정하고 있어서 조기선별 및 조기중재를 제공할 수 있는 중요한 근간을 마련한 것으로 해석할 수 있다.

동법에 명시된 세부 사항들을 살펴보면, 조기선별 및 조기중재의 중요성을 감안하여 교육장 또는 교육감에게 적극적으로 조기선별을 실시하도록 요구함과 동시에 조기선별의 국가 책무성을 강조하고 있다. 조기선별은 무상으로 해당 지역 내 보건소와 병원 또는 의원에서 실시될 수 있도록 지원하고 있어서 학부모 및 보호자는 비용에 구애받지 않고 조기선별에 적극적으로 참여할 수 있도록 지원하고 있다. 조기선별을 위한 목적으로 진단·평가를 의뢰할 수 있는 그 대상은 적법한 절차를 고려하여 부모를 포함한 보호자 또는 각급학교의 장이며, 각급학교의 장이 의뢰를 요청할 경우 반드시 보호자의 사전 동의를 필수적으로 요구하고 있기 때문에 조기선별과 관련된 일련의 절차를 수행하기 위해서는 반드시 보호자의 사전동의를 얻을 필요가 있다.

2) 특수교육대상자 진단·평가의뢰서 제출

> **법 제14조 (장애의 조기발견 등)**
> ③ 보호자 또는 각급학교의 장은 제15조 제1항 각 호에 따른 장애를 가지고 있거나 장애를 가지고 있다고 의심되는 영유아 및 학생을 발견한 때에는 교육장 또는 교육감에게 진단·평가를 의뢰하여야 한다. 다만, 각급학교의 장이 진단·평가를 의뢰하는 경우에는 보호자의 사전 동의를 받아야 한다.

장애가 의심되는 위험군 학생들을 발견할 경우 특수교육대상자인지를 확인하기 위해서 진단 및 평가를 지체 없이 신속하게 의뢰할 필요가 있다. 진단·평가의뢰서를 제출할 수 있는 주체는 조기선별과 마찬가지로 보호자 또는 각급학교의 장이며, 단 각급학교의 장이 의뢰서를 제출할 경우에도 반드시 보호자의 사전 동의가 필요함을 법에서 명시하고 있다. 진단·평가의뢰서는 이 장 끝의 〈참고자료 1〉의 서식을 이용하여 제출하면 된다.

3) 접수 및 진단·평가 회부

> **법 제14조 (장애의 조기발견 등)**
> ④ 교육장 또는 교육감은 제3항에 따라 진단·평가를 의뢰받은 경우 즉시 특수교육지원센터에 회부하여 진단·평가를 실시하고, 그 진단·평가의 결과를 해당 영유아 및 학생의 보호자에게 통보하여야 한다.

보호자의 동의하에 작성된 진단·평가의뢰서는 해당 교육장 또는 교육감에게 제출된다. 진단·평가의뢰서를 접수한 교육장 또는 교육감은 특수교육지원센터에 해당 학생을 회부하여 진단·평가가 지체 없이 실시될 수 있도록 요청해야 한다. 특수교육지원센터는 진단·평가를 실시하고 최종 결과를 학생의 보호자에게 통보해 주어야 한다.

4) 진단·평가 시행

법 제 16조 (특수교육대상자의 선정절차 및 교육지원 내용의 결정)
① 특수교육지원센터는 진단·평가가 회부된 후 30일 이내에 진단·평가를 시행하여야 한다.

시행규칙 제2조 (장애의 조기발견 등)
① 교육장 또는 교육감은 「장애인 등에 대한 특수교육법」(이하 "법"이라 한다) 제14조 제1항 또는 제3항에 따른 선별검사나 진단·평가를 실시하는 경우에는 별표에 따른 검사를 각각 실시하여야 한다.

특수교육지원센터는 회부된 진단·평가의뢰서를 접수한 날로부터 30일 이내에 진단·평가를 실시해야 한다. 이처럼 법에서 진단·평가를 끝마쳐야 하는 기한을 명시한 이유는 특수교육대상자 여부의 결정을 지체 하지 않기 위함이며, 평가를 통해 특수교육대상자로 결정된 학생들에게는 조기에 특수교육을 제공하기 위한 목적을 갖고 때문이다. 따라서 특수교육지원센터는 진단·평가가 의뢰되면, 정해진 기간 안에 반드시 진단·평가를 끝마쳐야만 한다.

특수교육지원센터에서는 의뢰된 학생을 평가할 때는 「장애인 등에 대한 특수교육법 시행규칙」 제2조 제1항에서 제시된 〈표 6-3〉의 검사들을 사용해야 한다. 즉, 의심되는 장애영역을 고려하여 적합한 검사를 의뢰된 학생에게 실시하여야 한다. 예를 들어, 의뢰된 학생이 지적장애로 의심될 경우 〈표 6-3〉에서 제시된 지능검사, 사회성숙도검사, 적응행동검사, 기초학습검사, 운동능력검사를 실시해야 하며, 그러한 결과를 바탕으로 장애유무를 결정하게 된다.

표 6-1   특수교육대상자 선별검사 및 진단 · 평가 영역(법 시행령 제2조 제1항 관련)

구분		영역
장애 조기 발견을 위한 선별검사		1. 사회성숙도검사 2. 적응행동검사 3. 영유아발달검사
진단 · 평가 영역	시각장애 · 청각장애 및 지체장애	1. 기초학습기능검사 2. 시력검사 3. 시기능검사 및 촉기능검사(시각장애의 경우에 한함) 4. 청력검사(청각장애의 경우에 한함)
	지적장애	1. 지능검사 2. 사회성숙도검사 3. 적응행동검사 4. 기초학습검사 5. 운동능력검사
	정서 · 행동장애 자폐성장애	1. 적응행동검사 2. 성격진단검사 3. 행동발달평가 4. 학습준비도검사
	의사소통 장애	1. 구문검사 2. 음운검사 3. 언어발달검사
	학습장애	1. 지능검사 2. 기초학습기능검사 3. 학습준비도검사 4. 시지각발달검사 5. 지각운동발달검사 6. 시각운동통합발달검사

비고: 특수교육대상자 선정을 위한 장애유형별 진단 · 평가 시 장애인증명서 · 복지카드 또는 진단서 등을 참고자료로 활용할 수 있다.

5) 진단평가 결과보고

법 제16조 (특수교육대상자의 선정절차 및 교육지원 내용의 결정)
② 특수교육지원센터는 제1항에 따른 진단 · 평가를 통하여 특수교육대상자로의 선정 여부 및 필요한 교육지원 내용에 대한 최종 의견을 작성하여 교육장 또는 교육감에게 보고하여야 한다

특수교육지원센터는 진단·평가의 결과를 종합적으로 검토한 후 특수교육대상자의 적격성 여부에 관한 최종의견을 작성하게 되며, 의뢰된 학생이 특수교육대상자로 판명된다면 필요한 교육지원은 무엇인지를 보고서에 명시해야 한다. 특수교육지원센터에서 작성된 진단·평가의 최종 결과는 교육장 또는 교육감에게 보고하게 된다.

6) 특수교육대상자 선정

법 제16조 (특수교육대상자의 선정절차 및 교육지원 내용의 결정)
③ 교육장 또는 교육감은 특수교육지원센터로부터 최종 의견을 통지받은 때부터 2주일 이내에 특수교육대상자로의 선정 여부 및 제공할 교육지원 내용을 결정하여 부모 등 보호자에게 서면으로 통지하여야 한다. 교육지원 내용에는 특수교육, 진로 및 직업교육, 특수교육 관련서비스 등 구체적인 내용이 포함되어야 한다.

법 제15조 (특수교육대상자의 선정)
② 교육장 또는 교육감이 제1항에 따라 특수교육대상자를 선정할 때에는 제16조 제1항에 따른 진단·평가 결과를 기초로 하여 고등학교 과정은 교육감이 시·도특수교육운영위원회의 심사를 거쳐, 중학교 과정 이하의 각급학교는 교육장이 시·군·구특수교육운영위원회의 심사를 거쳐 이를 결정한다.

특수교육지원센터로부터 학생의 진단·평가의 결과를 통보받은 교육장 또는 교육감이 단독으로 특수교육대상자 여부를 결정하는 것은 아니며, 대신 진단·평가의 결과를 종합적으로 심의할 수 있는 특수교육운영위원회를 개최하게 된다. 특수교육운영위원회에서는 교육장 또는 교육감에게 제출한 진단·평가 결과와「장애인 등에 대한 특수교육법」에 명시된 특수교육대상자의 선정기준(〈표 6-4〉)을 함께 고려하여 특수교육대상자의 여부와 장애명을 결정하게 된다. 특수교육운영위원회의 심사를 통해서 최종적으로 합의한 결과는 교육장 또는 교육감에게 보고하게 되며 이 결과를 바탕으로 특수교육대상자의 여부를 최종적으로 결정하게 된다.
　「장애인 등에 대한 특수교육법」에 따르면, 교육장 또는 교육감은 특수교육지원센터로부터 최종 의견을 통지받은 2주일 이내에 특수교육대상자 여부에 관한 최종적인 결정을 보호자에게 서면으로 통지하도록 명시되어 있기 때문에 교육장 또는 교육감은 특수교육운영위원회를 정해진 기일 안에 개최할 필요가 있다. 교육장 또는 교육감이 최종 결과를 통지할 때는 특수교육대상자로의 선정 여부와 함께 해당 학생에게 필요한 교육지원을 명시해야 하며, 교육지원에는 특수교육, 진로 및 직업교육, 특수교육 관련서비스 등 구체적인 내용이 함께 포함되어야 한다.

1. 시각장애를 지닌 특수교육대상자

　시각계의 손상이 심하여 시각기능을 전혀 이용하지 못하거나 보조공학 기기의 지원을 받아야 시각적 과제를 수행할 수 있는 사람으로서 시각에 의한 학습이 곤란하여 특정의 광학기구·학습매체 등을 통하여 학습하거나 촉각 또는 청각을 학습의 주요 수단으로 사용하는 사람

2. 청각장애를 지닌 특수교육대상자

　청력손실이 심하여 보청기를 착용해도 청각을 통한 의사소통이 불가능 또는 곤란한 상태이거나, 청력이 남아 있어도 보청기를 착용해야 청각을 통한 의사소통이 가능하여 청각에 의한 교육적 성취가 어려운 사람

3. 지적장애를 지닌 특수교육대상자

　지적 기능과 적응행동상의 어려움이 함께 존재하여 교육적 성취에 어려움이 있는 사람

4. 지체장애를 지닌 특수교육대상자

　기능·형태상 장애를 가지고 있거나 몸통을 지탱하거나 팔다리의 움직임 등에 어려움을 겪는 신체적 조건이나 상태로 인해 교육적 성취에 어려움이 있는 사람

5. 정서·행동장애를 지닌 특수교육대상자

　장기간에 걸쳐 다음 각 목의 어느 하나에 해당하여, 특별한 교육적 조치가 필요한 사람
　가. 지적·감각적·건강상의 이유로 설명할 수 없는 학습상의 어려움을 지닌 사람
　나. 또래나 교사와의 대인관계에 어려움이 있어 학습에 어려움을 겪는 사람
　다. 일반적인 상황에서 부적절한 행동이나 감정을 나타내어 학습에 어려움이 있는 사람
　라. 전반적인 불행감이나 우울증을 나타내어 학습에 어려움이 있는 사람
　마. 학교나 개인 문제에 관련된 신체적인 통증이나 공포를 나타내어 학습에 어려움이 있는 사람

6. 자폐성장애를 지닌 특수교육대상자

　사회적 상호작용과 의사소통에 결함이 있고, 제한적이고 반복적인 관심과 활동을 보임으로써 교육적 성취 및 일상생활 적응에 도움이 필요한 사람

7. 의사소통장애를 지닌 특수교육대상자

　다음 각 목의 어느 하나에 해당하여 특별한 교육적 조치가 필요한 사람
　가. 언어의 수용 및 표현 능력이 인지능력에 비하여 현저하게 부족한 사람
　나. 조음능력이 현저히 부족하여 의사소통이 어려운 사람

다. 말 유창성이 현저히 부족하여 의사소통이 어려운 사람

라. 기능적 음성장애가 있어 의사소통이 어려운 사람

8. 학습장애를 지닌 특수교육대상자

개인의 내적 요인으로 인하여 듣기, 말하기, 주의집중, 지각(知覺), 기억, 문제 해결 등의 학습기능이나 읽기, 쓰기, 수학 등 학업성취 영역에서 현저하게 어려움이 있는 사람

9. 건강장애를 지닌 특수교육대상자

만성질환으로 인하여 3개월 이상의 장기입원 또는 통원치료 등 계속적인 의료적 지원이 필요하여 학교생활 및 학업 수행에 어려움이 있는 사람

10. 발달지체를 보이는 특수교육대상자

신체, 인지, 의사소통, 사회정서, 적응행동 중 하나 이상의 발달이 또래에 비하여 현저하게 지체되어 특별한 교육적 조치가 필요한 영아 및 9세 미만의 아동

[그림 6-4] 특수교육대상자 선정기준(제10조 관련)

7) 특수교육대상자 배치

법 제17조 (특수교육대상자의 배치 및 교육)

① 교육장 또는 교육감은 제15조에 따라 특수교육대상자로 선정된 자를 해당 특수교육운영위원회의 심사를 거쳐 다음 각 호의 어느 하나에 배치하여 교육하여야 한다.

　1. 일반학교의 일반학급

　2. 일반학교의 특수학급

　3. 특수학교

② 교육장 또는 교육감은 제1항에 따라 특수교육대상자를 배치할 때에는 특수교육대상자의 장애 정도, 능력, 보호자의 의견 등을 종합적으로 판단하여 거주지에서 가장 가까운 곳에 배치하여야 한다.

③ 교육감이 관할 구역 내에 거주하는 특수교육대상자를 다른 시 · 도에 소재하는 각급 학교 등에 배치하고자 할 때에는 해당 시 · 도 교육감(국립학교의 경우에는 해당 학교의 장을 말한다)과 협의하여야 한다.

④ 제3항에 따라 특수교육대상자의 배치를 요구받은 교육감 또는 국립학교의 장은 대통령령으로 정하는 특별한 사유가 없는 한 이에 응하여야 한다.

⑤ 제1항부터 제4항까지의 규정에 따른 특수교육대상자의 배치 등에 관하여 필요한 사항은 대통령령으로 정한다.

시행령 제12조 (배치에 대한 이의)
- 법 제17조 제4항에서 "대통령령으로 정하는 특별한 사유"란 해당 특수학교가 교육하는 특수교육대상자의 장애 종류와 배치를 요구받은 특수교육대상자의 장애 종류가 달라 효율적인 교육을 할 수 없는 경우를 말한다.

시행규칙 제3조 (특수교육대상자의 학교 배치)
교육감 또는 교육장이 영 제11조 제1항에 따라 특수교육대상자를 학교에 배치할 때에는 별지 제3호서식에 따라 해당 학교장과 특수교육대상자에게 통지하여야 한다.

특수교육대상자로 의뢰된 학생이 심의를 통해 특수교육대상자로 최종 결정될 경우 이들에게 적합한 교육적 배치를 함께 결정하여 보호자에게 통보할 필요가 있다. 교육적 배치의 결정은 특수교육운영위원회의 심사를 거쳐서 교육장 또는 교육감이 결정하게 되며, 현재 법에서는 다음의 세 가지 배치 종류, 즉 일반학교의 일반학급, 일반학교의 특수학급, 특수학교 중 하나를 선택할 수 있도록 명시되어 있다. 특수교육대상자의 최종 배치 결정은 〈참고자료 2〉의 별지 제3호서식을 작성하여 부모 및 보호자에게 통보된다.

특수교육대상자의 교육적 배치를 고려할 때 특히 앞서 설명한 최소제한환경(LRE)을 고려하여 결정할 필요가 있다. 최대한 덜 제한적인 환경에서 교육을 받을 수 있도록 교육적 배치를 고려할 필요가 있으며, 이와 함께 법에서는 대상학생의 장애 정도와 능력, 부모의 의견, 근거리 등을 고려해야 한다고 명시되어 있다.

비장애학생과 장애학생 간의 학교 배치에서 가장 큰 차이점은 특수교육대상 학생들은 자신이 거주하고 있는 시·도에 소재하고 있지 않은 학교에 배치가 가능하다는 점이다. 다만, 이러한 경우 시·도 교육감(국립학교의 경우에는 해당 학교의 장을 말한다) 간의 협의가 전제되어야 한다. 법에서 명시한 내용에 근거하면 해당 특수학교가 교육하는 특수교육대상자의 장애 종류와 배치를 요구받은 특수교육대상자의 장애 종류가 달라 효율적인 교육을 기대하기 어려운 경우를 제외하고는 특수교육대상자의 배치를 요구받은 교육감 또는 국립학교의 장은 시·도 간 특수교육대상 학생의 배치를 거부할 이유는 없다. 따라서 학생 및 보호자의 요구와 함께 더 효과적인 교육을 받기 원하는 보호자의 동의가 있다면, 특수교육대상 학생은 타 시·도에 소속된 특수학교로 진학 및 전학이 가능하다.

8) 심사결정에 대한 이의 제기

법 제36조 (고등학교 과정 이하의 심사청구)

① 특수교육대상자 또는 그 보호자는 다음 각 호의 어느 하나에 해당하는 교육장, 교육감 또는 각급학교의 장의 조치에 대하여 이의가 있을 때에는 해당 시·군·구특수교육운영위원회 또는 시·도특수교육운영위원회에 심사청구를 할 수 있다.

  1. 제15조 제1항에 따른 특수교육대상자의 선정

  2. 제16조 제3항에 따른 교육지원 내용의 결정 사항

  3. 제17조 제1항에 따른 학교에의 배치

  4. 제4조를 위반하는 부당한 차별

② 제17조 제1항에 따라 특수교육대상자를 배치받은 각급학교의 장은 이에 응할 수 없는 특별한 사유가 있거나 배치받은 특수교육대상자가 3개월 이상 학교생활에의 적응에 상당한 어려움이 있는 경우에는 해당 시·군·구특수교육운영위원회 또는 시·도특수교육운영위원회에 심사청구를 할 수 있다.

③ 시·군·구특수교육운영위원회 또는 시·도특수교육운영위원회는 제1항과 제2항의 심사청구를 받은 때에는 이를 심사하여 30일 이내에 그 결정을 청구인에게 통보하여야 한다.

④ 제3항의 심사에서는 청구인에게 의견진술의 기회를 주어야 한다.

⑤ 교육장, 교육감, 각급학교의 장, 그 밖의 관계자는 제3항에 따른 결정에 따라야 한다.

⑥ 제3항에서 정하는 심사결정에 이의가 있는 특수교육대상자 또는 그 보호자는 그 통보를 받은 날부터 90일 이내에 행정심판을 제기할 수 있다.

⑦ 제1항부터 제4항까지의 규정에 따른 심사청구의 절차 등에 관하여 필요한 사항은 대통령령으로 정한다.

특수교육지원센터의 진단·평가의 결과를 바탕으로 특수교육운영위원회에서는 최종적으로 특수교육대상자 선정 여부, 교육지원 내용, 교육적 배치를 심의하게 되며, 이러한 최종 결과를 교육감 또는 교육장이 학생이나 학생의 보호자에게 통보하게 되지만 일부 학생이나 보호자의 경우 기대했던 결과와는 다른 심의 결과를 통보받을 수 있다. 따라서 현행 법률은 이러한 최종 결과에 대한 학생 및 보호자의 의견을 청취할 수 있는 심사청구권을 보장하고 있다.

법률에 근거한 심사청구과정을 좀 더 자세히 살펴보면, 심사 결과를 통보받은 학생 및 보호자들 중 심의 결과에 대한 이의가 있을 경우 심사청구서(〈참고자료 3〉

별지 제6호서식)를 작성하여 해당 시·군·구특수교육운영위원회 또는 시·도특수교육운영위원회에 제출하면 된다. 이때 특수교육대상 학생이나 보호자가 심의를 요청할 수 있는 사안으로는 특수교육대상자 선정 여부, 교육지원 내용의 결정 사항, 학교에의 배치, 부당한 차별이 포함된다.

특수교육대상 학생을 배치받은 각급학교의 장도 보호자와 마찬가지로 배치를 수용할 수 없는 특별한 사유가 있거나 배치받은 특수교육대상자가 3개월 이상 학교생활에의 적응에 상당한 어려움이 있는 경우에는 학교장 의견서를 작성하여 해당 특수교육운영위원회에 심사를 청구할 수 있는 권리를 갖고 있다.

해당 특수교육위원회는 청구인인 보호자 및 각급학교의 장에 의해서 심사청구를 받은 제출받은 날로부터 30일 이내에 심사를 마무리한 후 결과를 통보해야 하며, 심사기간에는 청구인에게 의견진술의 기회를 제공해야 한다.

단, 특수교육대상 학생 또는 보호자는 심사청구를 요청하였음에도 불구하고 최종 결론을 수용할 수 없을 경우 통보를 받은 90일 이내에 행정심판을 제기할 수 있는 권리를 갖고 있다.

이처럼 법에는 보호자 또는 특수교육대상자와 각급학교의 장에게 심사 결과에 대한 이의를 제기할 수 있는 권한을 제도적으로 보호하고 있지만 실제 교육현장에서는 이러한 논쟁이 최소화될 수 있도록 사전 단계에서 보호자 및 학교 관계자들의 충분한 의견수렴을 거쳐서 모두가 합의할 수 있는 결론을 도출하는 것이 필요할 것이다.

참고자료

참고자료 1 특수교육대장자 진단 · 평가의뢰서 [별지 제1호서식]

(앞면)

특수교육대상자 진단 · 평가의뢰서

접수번호	–				
대상자	성 명 (한자)			성별	남 여
	주 소				
	소 속				
보호자	성 명		대상자와의 관계	대상자의 ( )	
	주 소		전화번호		

「장애인 등에 대한 특수교육법」제14조 제3항 및 같은 법 시행령 제9조 제4항에 따라 위와 같이 신청합니다.

년   월   일

보호자 ㉑
(학교장) ㉑

시 · 도교육감(교육장) 귀하

(절취선)

특수교육대상자 진단 · 평가의뢰서(고등학교 과정 이하) 접수증

접수번호

소속	학생명	성별	비고

위와 같이 접수하였음을 증명함.

접수자	년 월 일 성명 서명	년 월 일

시 · 도교육감(교육장) ㉑

참고자료 2 특수교육대상자 배치 결과통지서 [별지 제3호서식]

특수교육대상자 배치 결과통지서

교부번호:

배정학교	학교 부 제 학년 (학급)

성 명: 성 별(남, 여)

주 소:

생년월일: 년   월   일생

현재 소속기관: 학교   부   제   학년   재학(졸업)

  위 학생은「장애인 등에 대한 특수교육법」제17조 제1항 및 같은 법 시행령 제11조 제1항에 따라 위의 학교로 배정되었음을 통지합니다.

교부자서명 ㊞	
	년 월 일

시 · 도교육감(교육장) ㊞

참고자료 3 심사청구서 [별지 제6호서식]

(앞면)

심사청구서 (고등학교 과정 이하)

① 사 건					
② 청구인	특수교육대상자 또는 보호자	성 명		성별	
		주 소	(전화번호:)		
		소속학교			
	학 교 장	성 명		학교명	(전화번호:)
③	피청구인				
④	심사청구의 대상이 되는 처분내용				
⑤	심사청구의 취지				
⑥	심사청구의 이유				
⑦	기타입증자료				
⑧	근거법률	「장애인 등에 대한 특수교육법」 제36조제1항 및 제2항, 같은 법 시행령 제33조			

위와 같이 심사를 청구합니다.

　　　　년　　　월　　　일

　　　　　　　청구인　　　　(서명 또는 인)

특수교육운영위원회 위원장 귀하

참고자료 4 학교장 의견서 예시

<table>
<tr><td colspan="3" align="center"><h2>학교장 의견서</h2></td></tr>
<tr>
<td rowspan="3">대
상
자</td>
<td>성　명</td>
<td>생년월일</td>
</tr>
<tr>
<td>학교명</td>
<td>학교　　　학년　　반 재학 · 졸업</td>
</tr>
<tr>
<td>주소</td>
<td>(☎: －)</td>
</tr>
<tr>
<td rowspan="7">진
단
·
평
가
결
과</td>
<td>장애유별</td>
<td>장애등급</td>
</tr>
<tr>
<td>학습수행
능력</td>
<td>예: 읽기, 쓰기, 셈하기의 능력이 어느 정도인가를 기록해야 함</td>
</tr>
<tr>
<td>생활
적응능력</td>
<td>예: 신변처리능력, 자가 통학 가능 여부, 친구들과의 관계, 통합학급에의 이동 가능 여부, 수업시간 이동 여부, 지역사회 내에서 공공시설 이용 가능 여부, 교통기관 이용 가능 여부 등</td>
</tr>
<tr>
<td>현재
학교적응상의
문제점</td>
<td>예: 1일 통합 가능한 시간 수, 통합학급 수업 중 소리를 지르거나, 무단으로 교실 밖으로 나가는 사례, 과잉행동 및 부적응행동 사례를 구체적으로 기록</td>
</tr>
<tr>
<td>병력
(장애 상태)
보조기구
이용 유무</td>
<td>예: 중학교 입학 이후 현재까지 병원 입원 등 치료 경력, 약물복용, 현재 치료중인 경우 작성
예: 보조기구 이용 여부 명시(휠체어, 의족 등)</td>
</tr>
<tr>
<td>종합 소견</td>
<td>예) 현재 중학교 특수학급에서의 행동성향과 기초생활 능력을 고려할 때 고등학교 일반학급으로 진학이 타당함</td>
</tr>
<tr>
<td>담임교사</td>
<td colspan="2">학교:　　　　　　　　　　　　　　　　　H · P :</td>
</tr>
</table>

※ 특수학급이 설치된 학교는 특수학급 담당교사가, 특수학급 미설치교는 담임교사가 기술(학생 상황을 판단할 수 있도록 상세하고 자세한 기록 요함)

20○○년　　월　　일

○○중학교장

○○시교육감 귀하

출처: 서울특별시교육청(2013).

학습과제

1. 특수교육대상자 혹은 장애학생이라는 낙인 효과를 감소시킬 수 있는 방안을 논의하시오.

2. 선별과 진단의 차이점을 논의 하시오.

3. 특수교육대상자의 배치를 결정할 때 고려해야 할 사항들은 무엇인지를 논의하시오.

4. 최소제한환경의 개념을 실제 교육현장의 예를 이용하여 설명하시오.

 참고문헌

경기도교육청(2010). 2010년 특수교육길라잡이.
경기도수원교육지원청(2014). 2015학년도 초등학교 입학 특수교육대상자 선정 · 배치 추진 계획.
서울특별시교육청(2013). 특수교육운영 실무편람.
부산광역시교육청 특수교육(2018). http://www.pen.go.kr/

National Information Center for Children and Youths with Disabilities (NICHCY). (1999). Questions and answers about IDEA. Available: www.nichcy.org.
Cohen, L. G., & Spenciner, L. J. (2007). *Assessment of children and youth with special needs* (3rd ed.). Upper Saddle River, NJ: Pearson.
Salvia, J., Ysseldyke, J. E., & Bolt, S. B. (2007). *Assessment in special and inclusive education* (10th ed.). Florence, KY: Cengage.
Pierangelo, R., & Giuliani, G. A. (2002). *Assessment in Special Education: A Practical Approach*. Allyn & Bacon, 75 Arlington Street, Suite 300, Boston, MA 02116.

제7장

개별화교육계획의 이해

학습목표

- 개별화교육계획의 개념 및 법적 근거를 설명할 수 있다.
- 개별화교육계획의 핵심 구성요소를 설명할 수 있다.
- 개별화교육계획의 수립 및 실행 절차를 설명할 수 있다.

학습개요

이 장에서는 특수교육대상자 학생들에게 필요한 개별화교육계획에 대한 설명을 제공하고 있다. 개별화교육계획은 일반교육과 특수교육을 구분 지을 수 있는 가장 중요한 특성으로, 특수교육대상 학생에게 제공되는 모든 교육적 활동과 관련 서비스의 내용을 포함하고 있는 종합적인 교육계획서로 정의할 수 있다. 이처럼 개별화교육계획은 특수교육의 시작과 끝을 포함하고 있는 중요한 교육계획서이기 때문에 특수교육에 참여할 일반교사, 특수교사, 학교 관리자들은 개별화교육에 대한 명확한 개념의 이해와 함께 개별화교육계획을 학교현장에서 실제로 수립하고 실행할 수 있는 역량을 갖출 필요가 있다. 따라서 이 장에서는 이러한 내용을 중심으로 개별화교육계획을 설명하고자 한다.

1. 개별화교육계획의 개념 이해

개별화교육계획(Individualized Education Plan or Program: IEP)이란 특수교육이 필요한 학생들에게 개별적인 교육적 서비스를 제공하기 위해 작성한 연간 혹은 학기별 교육계획서로 정의할 수 있다. 실제로 우리나라의 「장애인 등에 대한 특수교육법」 제 2조(정의)에서는 한국의 개별화교육을 "각급학교의 장이 특수교육대상자 개인의 능력을 계발하기 위하여 장애유형 및 장애특성에 적합한 교육목표, 교육방법, 교육내용, 특수교육 관련서비스 등이 포함된 계획을 수립하여 실시하는 교육"으로 정의하고 있다. 즉, 개별화교육계획은 특수교육대상자를 위한 종합적인 교육계획서 혹은 교육과정의 역할을 담당하는 중요한 교육적 문서로 정의될 수 있다.

이처럼 일반교육과 달리 특별히 특수교육에서 개별화교육계획이 사용되어야 하는 이유는 기존의 일반교육 현장에서 다수의 평균 집단을 대상으로 계획된 교육계획 혹은 교육과정만으로는 특수교육대상 학생들의 교육적 욕구를 충족시키기 어려웠던 제한점 때문이었다. 실제로 비장애 학생들과는 달리 특수교육대상 학생들은 일반교육만으로 그들의 교육적 요구를 충족시키기는 어려우며, 대신 개별화교육계획을 수립하여 학생 개개인에게 필요한 맞춤형 교육지원을 제공할 필요가 있다. 심지어 동일한 장애를 갖고 있는 동년배의 학생들이라도 개인에게 필요한 교육적 요구는 서로 다를 수 있기 때문에 개별 학생에게만 초점을 맞춘 개별화된 교육 프로그램이 필요하다.

특수교육에서 개별화교육계획이 필요한 또 다른 중요한 이유는 특수교육대상 학생의 교육권리 확보와 관련되어 있다. 우리나라를 비롯한 전 세계적으로 지난 특수교육의 발자취를 되돌아보면, 특수교육이 필요한 아동들은 국민의 당연한 권리 중 한 가지인 교육의 권리에서 쉽게 소외를 당하거나 보호받지 못한 사회적 약자에 해당되었다. 따라서 일선 학교현장에서 특수교육대상 학생을 위해 개별화교육계획을 작성하고 그에 맞는 교육적 서비스를 제공한다는 의미는 한편으로는 국가가 특수교육대상 아동의 교육권을 법적으로 보장해 주고 있다는 것으로 해석할 수 있다.

개별화교육계획은 특수교육의 특수성을 나타내는 대표적인 특징으로 인식되고 있다. 일부 특수교육 연구자들(Fuchs & Fuchs, 1995)은 "과연 특수교육에서 특별한 것은 무엇인가?"라는 중요한 질문을 제기하였는데, 많은 이들은 이 질문에 대한 답변으로 "특수교육을 통해 개인에게 적합한 교육적 서비스를 제공할 수 있다"라는 점에 대부분은 동의를 하고 있다. 즉, 특수교육을 일반교육과 비교했을 때 가장 구별되는 특수성 혹은 차이점은 학생 개개인의 장단점을 고려한 교육적 지원이 가능하다는 점이며, 이러한 교육적 지원은 바로 개별화교육계획을 통해서 구현할 수 있다. 이러한 이유로 인하여 개별화교육계획은 특수교육에서 가장 핵심적인 요인으로 평가받고 있다. 즉, 특수교육대상 학생에게 특수교육을 제공한다는 것을 개별화된 교수전략을 그들에게 제공한다는 의미로 해석할 수 있기 때문에 개별화교육계획은 특수교육에서 핵심적인 역할을 담당하고 있다.

2. 개별화교육계획의 목적과 역할

특수교육에서 사용되는 개별화교육계획은 다양한 역할과 목적으로 사용되고 있는데 핵심적인 내용만을 간략히 정리하면 다음과 같다.

첫째, 개별화교육계획은 개별 특수교육대상 학생들에게 제공될 교수계획을 수립하고자 하는 목적으로 사용되고 있다(Polloway, Patton, Payne, & Payne, 1989). 실제로 한 학기 혹은 1년간 특수교육대상 학생에게 제공될 교육 프로그램의 기본적인 틀은 개별화교육계획에서 계획하며 이러한 기본적인 틀에 근거하여 구체적인 프로그램들을 개발할 수 있다.

둘째, 개별화교육계획은 개별 학생들에게 필요한 교육적 요구를 문서로 명시화하기 위한 목적으로 사용된다. 문서로 명시된 교육 계획서는 법적 효력을 지니며 학교 및 교사들은 특수교육에 대한 교육적 책무성을 인식할 수 있다. 이러한 이유로 인하여 개별화교육계획은 문서화된 교육 계획서로 작성되어야 한다.

셋째, 개별화교육계획은 특수교육대상자를 선별하고 배치하는 데 있어서 핵심적인 역할을 담당하고 있다(Bateman & Linden, 2012). [그림 7-1]에서 볼 수 있듯이, 의뢰된 학생이 특수교육대상자로 결정되면 대상 학생에 대한 개별화교육계획을 작성하여 필요한 교육적 요구를 명시하게 되며, 작성한 개별화교육계획에 근거하여 해당 학생에게 적합한 최적의 교육적 배치를 제공할 수 있다.

넷째, 개별화교육계획은 학교와 보호자 간의 의사소통 수단의 역할을 담당하고

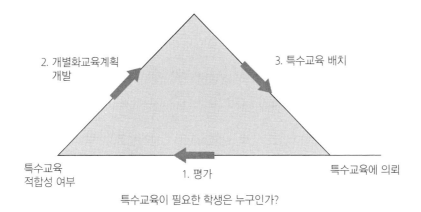

[그림 7-1] 개별화교육계획과 특수교육지원 절차

출처: Bateman & Linden(2012).

있다. 개별화교육계획을 작성함으로써 특수교육대상자와 보호자의 교육적 요구를 반영한 교육적 서비스를 제공할 수 있다. 실제로 개별화교육계획은 교사 개인에 의해서 독립적으로 작성되지 않으며, 교육계획을 수립하는 과정 속에서 특수교육대상자 혹은 학부모의 의견을 적극적으로 청취한 이후 협의를 통해서 교육적 요구사항을 개별화교육계획에 반영하게 된다. 따라서 수요자중심의 교육을 제공하기 위한 목적으로 개별화교육계획을 사용할 수 있다.

다섯째, 특수교육대상 학생들의 교육내용을 계획함과 동시에 성취 정도를 가늠할 수 있는 평가의 목적으로 개별화교육계획을 사용할 수 있다(Polloway et al., 1989). 특수교육대상 학생들에게 필요한 교육을 계획하는 것도 매우 중요하지만 그에 못지않게 실제로 한 학기 혹은 1년 동안의 교육을 통해서 계획된 교육의 목표를 어느 정도 달성했는지의 여부를 점검하는 평가의 활동도 중요하다. 이러한 평가 결과들은 이미 제공한 교육 프로그램의 효과성을 점검함과 동시에 평가 결과의 환류에 해당하는 일련의 활동, 즉 향후 새롭게 작성될 개별화교육계획을 수정 및 보완하는 데 있어서 중요한 정보를 제공할 수 있다.

3. 개별화교육계획의 법적 근거

앞서서 설명하였듯이 개별화교육계획은 특수교육이 필요한 학생들의 교육권리를 보장하기 위한 목적을 갖고 있다. 개별화교육계획 지원과 관련된 구체적인 우리나라의 법적 근거를 살펴보면, 먼저 최상위법인 「헌법」 제31조에서 그 근거를 찾아볼 수 있다.

「헌법」 제31조

"모든 국민은 능력에 따라 균등하게 교육을 받을 권리가 있다."

앞에서 명시된 「헌법」 제31조에 따르면, 모든 대한민국의 국민은 능력에 따라 균등하게 교육을 받을 권리가 있음을 명시하고 있다. '모든 국민'이라는 용어에는 장애의 유무와 상관없이 모든 대한민국 국민을 포함하고 있으며, 모든 국민은 개인에게 필요한 교육을 받을 수 있는 선천적인 권리를 갖고 있기 때문에, 국가는 장애를 갖고 있는 특수교육대상 학생들에게 적합한 교육적 서비스를 제공할 의무가 있는 것으로 해석이 가능하다.

「교육기본법」 제3조(학습권)

"모든 국민은 평생에 걸쳐 학습하고, 능력과 적성에 따라 교육받을 권리를 가진다."

「교육기본법」 제12조 제2항(학습자)

"교육내용, 교육방법, 교재 및 교육시설은 학습자의 인격을 존중하고 개성을 중시하여 학습자의 능력이 최대한으로 발휘될 수 있도록 마련되어야 한다."

또한 「교육기본법」 제3조에서도 능력에 따라 국민 누구나 교육을 받을 권리가 있음을 명시하고 있으며, 「교육기본법」 제12조 제2항에서는 교육지원 및 교육방법에 있어서 개인의 능력을 최대한 발휘할 수 있도록 국가가 마련해야 함을 명시하고 있다. 이는 장애인을 포함한 모든 국민은 개인의 능력과 적성에 따라 적합한 교육을 받을 수 있으며 교육의 방법과 지원은 이러한 개인의 특성에 맞게 제공되어야 함을 의미한다.

특수교육 관련 법령에서 '개별화교육계획'이라는 용어는 1994년 「특수교육진흥법」이 전면 개정되면서 처음으로 포함되었다(교육과학기술부, 2009). 하지만 이 당시의 법에서는 개별화교육계획에 대한 정의와 실행절차에 대해서는 명시하지 않

표 7-1 개별화교육계획 관련 「장애인 등에 대한 특수교육법」 조항들

		제2조 (개별화 교육)
법	개별화교육계획의 정의	"개별화교육"이란 각급학교의 장이 특수교육대상자 개인의 능력을 계발하기 위하여 장애유형 및 장애특성에 적합한 교육목표, 교육방법, 교육내용, 특수교육 관련 서비스 등이 포함된 계획을 수립하여 실시하는 교육을 말한다.
		제22조 (개별화 교육)
	개별화 교육지원팀의 구성 방법	① 각급학교의 장은 특수교육대상자의 교육적 요구에 적합한 교육을 제공하기 위하여 보호자, 특수교육교원, 일반교육교원, 진로 및 직업교육 담당 교원, 특수교육 관련 서비스 담당 인력 등으로 개별화교육지원팀을 구성한다.
	개별화교육계획 작성주기	② 개별화교육지원팀은 매 학기마다 특수교육대상자에 대한 개별화교육계획을 작성하여야 한다.
	전학 시 송부 기한	③ 특수교육대상자가 다른 학교로 전학할 경우 또는 상급학교로 진학할 경우에는 전출학교는 전입학교에 개별화교육계획을 14일 이내에 송부하여야 한다.
	특수교육교원의 업무지원	④ 특수교육교원은 제1항부터 제3항까지의 규정에 따른 업무를 수행하기 위하여 각 업무를 지원하고 조정한다.
	기타	⑤ 제1항에 따른 개별화교육지원팀의 구성, 제2항에 따른 개별화교육계획의 수립·실시 등에 관하여 필요한 사항은 교육과학기술부령으로 정한다.
		제4조 (개별화교육지원팀의 구성 등)
규칙	개별화 교육지원팀 구성 기한	① 각급학교의 장은 법 제22조 제1항에 따라 매 학년의 시작일부터 2주 이내에 각각의 특수교육대상자에 대한 개별화교육지원팀을 구성하여야 한다.
	개별화 계획 작성기한	② 개별화교육지원팀은 매 학기의 시작일부터 30일 이내에 개별화교육계획을 작성하여야 한다.
	개별화교육계획의 포함내용	③ 개별화교육계획에는 특수교육대상자의 인적사항과 특별한 교육지원이 필요한 영역의 현재 학습 수행수준, 교육목표, 교육내용, 교육방법, 평가계획 및 제공할 특수교육 관련 서비스의 내용과 방법 등이 포함되어야 한다.
	개별화교육계획 평가 및 결과 통보	④ 각급학교의 장은 매 학기마다 개별화교육계획에 따른 각각의 특수교육대상자의 학업성취도 평가를 실시하고, 그 결과를 특수교육대상자 또는 그 보호자에게 통보하여야 한다.

았으며, 대신 2007년에 제정된 「장애인 등에 대한 특수교육법」에서는 구체적인 용어의 정의와 함께 세부적인 실행절차에 관한 규정을 새롭게 포함하고 있다. 「장애인 등에 대한 특수교육법」에 명시된 개별화교육계획 관련 법 조항은 〈표 7-1〉과 같다.

4. 개별화교육계획의 수립

특수교육대상자의 적격성 여부를 결정하는 특수교육운영위원회에서 최종적으로 의뢰한 학생을 특수교육대상자로 결정하면, 해당 학생을 위한 맞춤형 특수교육 서비스를 제공하기 위해서 개별화교육계획을 작성해야 한다. 일반적으로 개별화교육계획은 [그림 7-2]에서 설명하듯이 총 네 가지 단계를 거쳐서 작성하게 된다(국립특수교육원, 2009).

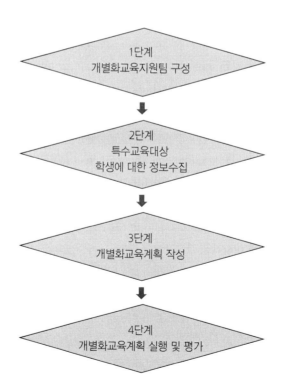

[그림 7-2] 개별화교육계획 수립을 위한 네 가지 단계

1) 1단계: 개별화교육지원팀 구성

　개별화교육계획을 작성하기 위한 첫 번째 단계는 본 계획서를 작성할 개별화교육지원팀을 구성하는 일이다. 특수교육대상 학생에게 제공할 특수교육의 질적 수준은 개별화교육계획에 참여하는 구성원의 역량과 협업 정도에 따라 달라질 수 있기 때문에 충분한 전문성과 열의를 가진 구성원으로 지원팀을 구성하는 것은 매우 중요하다. 여기서 한 가지 주의해야 할 중요한 사항은 특수교사 혼자서 개별화교육계획을 작성해서는 안 된다는 점이다. 다음의 법에서 명시된 것처럼 개별화교육계획은 반드시 팀을 구성하여 작성하도록 되어 있지만 현실적으로 대부분의 통합학급에 입급된 특수교육대상 학생의 개별화교육계획은 특수교사 혼자서 작성되고 있으며 이러한 문제가 오랜 기간 쉽게 개선되지 않고 있다(강은영, 박윤정, 서효정, 박경옥, 2018). 따라서 개별화교육지원팀의 구성원들은 모두가 공동으로 참여하여 작성해야 하는 교육계획서임을 반드시 인지할 필요가 있으며 구성원 모두가 개별화교육계획에 있어서 확고한 책무성을 갖고 있어야 한다.

　개별화교육지원팀과 관련된「장애인 등에 대한 특수교육법」에서 명시된 내용을 먼저 살펴보면 다음과 같다.

「장애인 등에 대한 특수교육법」 제22조 제1항
① 각급학교의 장은 특수교육대상자의 교육적 요구에 적합한 교육을 제공하기 위하여 보호자, 특수교육교원, 일반교육교원, 진로 및 직업교육 담당 교원, 특수교육 관련 서비스 담당 인력 등으로 개별화교육지원팀을 구성한다.

「장애인 등에 대한 특수교육법 시행규칙」 제4조 제1항
① 각급학교의 장은 법 제22조 제1항에 따라 매 학년의 시작일부터 2주 이내에 각각의 특수교육대상자에 대한 개별화교육지원팀을 구성하여야 한다.

　「장애인 등에 대한 특수교육법」 제22조 제1항에 따르면 개별화교육지원팀의 구성원은 각급학교의 장이 구성하도록 되어 있으며, 참여할 수 있는 대상은 보호자, 특수교육교원, 일반교육교원, 진로 및 직업교육 담당 교원, 특수교육 관련 서비스 담당 인력 등이다. 법에서 명시된 구성원은 반드시 개별화교육지원으로 구성할 필요가 있으며, 해당 학생의 특수성을 고려하여 이외의 다양한 전문가들도 구성원

으로 참여할 수 있다. 예를 들어, 개별 학생의 사회복지지원과 관련된 고려가 필요
할 경우 사회복지사가 참여할 수 있으며, 법률적인 부분의 고려가 필요할 경우 변
호사와 같은 법률 전문가들이 참여할 수 있다. 또한, 의학적 소견과 의료적인 서비
스가 필요한 경우에는 해당 분야의 의학 전문가가 구성원으로 참여할 수 있다. 하
지만 실제 학교현장에서 구성된 개별화교육지원의 구성원을 살펴보면, 학교장, 교
감, 교무부장, 통합학급 교사, 특수교사 및 학부모 등 주로 학교 구성원만으로 구
성된 경우가 대다수에 해당된다. 따라서 더 많은 다양한 전문가들이 개별화교육지
원팀의 구성원으로 포함될 필요가 있다. 이러한 문제를 해결하기 위한 한 가지 현
실적인 방안으로는 전문성을 지닌 해당 학교의 학부모들이 재능기부의 일환으로
개별화교육지원팀에 포함되어 되어 양질의 개별화교육계획 작성에 도움을 줄 수
있는 기회를 제공할 필요가 있다.

개별화교육지원팀에 포함된 구성원은 모두 중요한 역할을 담당하고 있지만 특
별히 반드시 포함되어야 할 구성원 중 한 명은 특수교육대상 학생의 보호자일 것
이다. 보호자는 자녀에 대한 가장 많은 정보를 알고 있기 때문에 이들에 의해서 수
집된 자료는 자신의 자녀에게 필요한 교육적 서비스를 계획하는데 있어서 유용하
게 활용될 수 있다. 또한 보호자는 학생에게 필요한 교육적 요구를 주장할 수 있는
대상이기도 하다. 이처럼 중요한 정보의 수집과 함께 교육적 권리를 확보하기 위
해서 보호자는 개별화교육지원팀에 참석할 필요가 있다. 하지만 맞벌이 등의 시간
적 여유 부족과 함께 일부 학부모들은 공개적인 회의에 참석하는 것을 꺼려 할 수
도 있다. 이러한 경우에는 면담을 통하여 학부모의 의견을 적극적으로 경청할 필
요가 있다.

「장애인 등에 대한 특수교육법 시행규칙」 제4조 1항에서는 개별화교육지원팀을
구성해야 하는 최종 기한을 명시하고 있다. 개별화교육지원팀은 매 학년이 시작된
이후 2주 이내에 구성되어야 함을 법에서 명시하고 있기 때문에 특수교육대상자
가 재학 중인 각급학교의 장은 새 학기가 시작됨과 동시에 개별화교육계획에 참여
할 구성원을 결정해야 한다.

개별화교육지원팀에 참여하는 구성원의 역할은 〈표 7-2〉와 같다.

표 7-2 개별화교육지원팀 구성원의 역할

구분	역할
학교장	회의에 필요한 재정적·행정적 지원 (회의 장소 결정, 회의 시간 확보, 회의에 소요되는 경비)
특수교육교원	전년도 개별화교육계획, 새로운 개별화교육계획 양식 준비, 특수교육 대상자에 대한 진단·평가 결과 및 교육지원 내용 등
일반교육교원	학년교육과정, 학급운영계획 등
보호자	학생과 관련된 정보(가정 및 지역사회 환경에서의 수행수준, 강점, 재능, 흥미, 보호자가 바라는 교육목표 우선순위 등)
진로·직업교육 담당 교원	직업재활훈련과 자립생활훈련 등에 대한 평가 결과 및 교육지원 내용 등
특수교육 관련 서비스 담당 인력	특수교육 관련 서비스 영역 평가 결과, 전년도 특수교육 관련 서비스 지원 정보, 특수교육대상자에 대한 특수교육 관련 서비스 내용과 방법 등

출처: 부산광역시교육청(2017).

개별화교육지원팀에 참석하는 구성원들의 협업 정도에 따라 개별화교육계획의 질적 수준은 달라질 수 있다. 그렇기 때문에 구성원은 서로를 존중해야 하며, 적극적인 경청이 이뤄져야 하며, 열린 마음으로 의사소통이 활발히 이루어져야만 개별화지원팀으로서 얻을 수 있는 장점을 극대화할 수 있을 것이다.

2) 2단계: 특수교육대상 학생에 대한 정보수집

개별화교육지원팀의 구성원을 결정하면 각 구성원은 개별화교육계획 작성에 필요한 정보들을 수집할 필요가 있다. 특수교육대상 학생의 현재 수행능력을 가늠하고 강점 및 약점을 확인할 수 있는 구체적이면서 다양한 정보들이 수집되어야만 학생의 개별적 요구에 적합한 교육계획을 수립할 수 있다. 따라서 개별화교육지원팀의 구성원은 각자의 위치에서 유용한 정보를 수집하기 위한 노력을 기울여야 한다.

특수교육대상 학생에 관한 정보를 수집하기 위해서 필요한 경우 새로운 검사 등을 통해서 정보를 추가적으로 획득할 수도 있지만 먼저 관심을 두어야 하는 정보는 이미 존재하고 있는 기존의 정보를 재검토할 필요가 있을 것이다. 정보를 수집할 수 있는 구체적인 방법은 다음과 같다(경기도교육청, 2010).

- 표준화 검사
- 특수교육대상 학생 및 부모의 상담
- 학교 시험성적(중간 및 기말고사)
- 직접적인 관찰
- 학생생활기록부 검토
- 국가 학업성취도 결과 검토
- 병원진찰기록

이러한 정보수집방법을 사용하여 다음과 같은 학생의 정보를 수집할 수 있다(경기도교육청, 2010).

- 학습능력
- 사회성 능력
- 인지능력
- 대근육 및 소근육 운동능력
- 의사소통능력,
- 정서 및 행동의 능력
- 동기 및 주의집중능력
- 의료적 요구사항
- 교육경험
- 필요한 특수교육 관련 서비스

3) 3단계: 개별화교육계획 작성

특수교육대상 학생에 관한 충분한 자료 수집이 마무리되면, 개별화교육계획을 작성할 수 있다. 개인정보 활용에 대한 부모의 동의가 있다면 교육부 나이스 시스템(일반학교와 유치원은 예전 서류형식으로 작성)을 활용하여 개별화교육계획을 작성하게 되며, 부모의 동의가 없다면 서면으로 작성하게 된다. 개별화교육계획을 작

성할 때 주의할 점은 개별화교육계획서가 특수교사만을 위한 교육 문서는 아니라
는 점이다. 작성된 교육계획서는 특수교육을 전공하지 않은 일반교사와 학부모(보
호자), 혹은 학교 관리자들도 쉽게 이해할 수 있어야 하며, 경우에 따라서는 특수교
육대상 학생들도 작성된 개별화교육계획서를 검토할 수 있다. 따라서 최대한 쉽고
간결한 문장으로 개별화교육계획을 작성할 필요가 있으며 특수교육을 전공하지
않은 학부모들도 쉽게 이해할 수 있는 용어를 사용하여 작성할 필요가 있다.

[그림 7-3] 나이스 시스템으로 작성된 개별화교육계획의 예시

출처: 교육부(2015).

    개별화교육계획에 포함할 수 있는 핵심 구성요소를 대략적으로 살펴보면, 먼저
학생 개인의 인적사항, 학생의 현재 수행수준, 특수교육 서비스 배치에 관한 정보
와 함께 가장 중요한 요소인 교육계획 등이 포함된다. 우리나라의 경우「장애인 등
에 대한 특수교육법 시행규칙」제4조 3항에서는 개별화교육계획안에 포함되어야

하는 일곱 가지 핵심 요소들을 다음과 같이 규정하고 있다.

- 특수교육대상자의 인적사항
- 특별한 교육지원이 필요한 영역의 현재 학습수행수준
- 교육목표
- 교육내용
- 교육방법
- 평가계획
- 특수교육 관련 서비스의 내용과 방법

개별화교육계획서는 고정된 틀과 형식이 존재하지 않기 때문에, 학교마다 혹은 특수교육대상 학생마다 다양한 유형으로 작성할 수 있다. 계별화교육계획서에 포함된 구성요소들도 학교마다 차이가 있을 수 있지만「장애인 등에 대한 특수교육법 시행규칙」에서 제시한 일곱 가지 핵심 요소들은 반드시 포함될 필요가 있으며, 그 밖에 개인의 특성을 고려하여 중요하다고 고려될 수 있는 사항들을 추가할 수 있을 것이다.

(1) 특수교육대상자의 인적사항

먼저 특수교육대상자의 인적사항은 학생의 기본적인 신상에 관한 정보들을 포함하고 있다. [그림 7-4]의 개별화교육계획의 예시처럼 인적사항에 포함할 수 있는 정보들은 대상학생의 이름, 성별, 생년월일, 소속 학교명, 학년반, 장애유형 및 선정일, 입학 전 교육경험과 특별한 장애의 특성들이다. 이와 함께 학생의 가족 정보를 추가적으로 기록할 수 있는데, 보호자의 이름, 직업, 주소 및 연락처와 형제자매 유무 등을 포함시킬 수 있다. 인적사항의 항목을 작성할 때 교육과 관련성이 적은 불필요한 정보들을 포함시킬 필요는 없을 것이다. 특히 개별화교육계획 작성 시 학생 및 학부모의 주민등록번호를 기록하는 것에 주의해야 할 필요가 있다. 최근에 개정된 개인정보보호법(2014. 8. 7.부터 시행)에 따르면 원칙적으로 주민등록번호의 수집이 금지되어 있다. 따라서 교육과 밀접한 관련이 없는 불필요한 개인정보들을 개별화교육계획서에 포함시킬 필요는 없다.

성명		성별		보호자명	
생년월일		학번		전화번호	
학교명		주양육자		관계	
학교급		학년 반		연락처	
주소					
개별화 교육계획	1학기	시작일		종료일	
	2학기	시작일		종료일	
장애유형 및 정도, 특성	장애유형 및 정도(등급 포함)				
	특이사항				

진단 · 평가	영역	도구명	검사일자	검사 결과	평가자
20○○					
20○○					

진단 · 평가 요약 내용

학생 흥미 및 강점	
약점 내용	
보호자의 희망사항	
기타 사항	

[그림 7-4] ○○학년도 ○학기 개별화교육계획의 인적사항 예시

출처: 부산광역시교육청(2017).

(2) 특별한 교육지원이 필요한 영역의 현재 학습수행수준

특수교육대상 학생에게 적합한 현실적인 교육목표와 교육내용을 계획하기 위해서는 먼저 학생의 현행 수준을 정확히 파악할 필요가 있다. 학생의 현행수준을 정확히 파악하기 위해서는 앞서서 설명한 개별화교육계획 작성 2단계(특수교육대상 학생에 대한 정보수집)에서 수집한 정보를 충분히 활용할 필요가 있다. 다양한 수

집방법으로 획득한 정보를 종합적으로 고려하여 학생의 현행 수준을 기술할 수 있을 것이다.

현재 학습수행수준을 작성할 때 두 가지 중요한 질문을 제기할 수 있다.

첫 번째 질문은 '모든 교과목을 대상으로 현재 학습수행수준을 제시해야 하는가?'이다. 「장애인 등에 대한 특수교육법 시행규칙」 제4조 제3항에 따르면 "특별한 교육지원이 필요한 영역의 현재 학습수행수준"이라고 명시되어 있기 때문에 특수교육이 필요한 교과영역만을 대상으로 개별화교육계획을 작성하면 된다. 따라서 현재 학습수행수준도 특수교육이 필요한 교과영역별로 기술되어야 한다. 이러한 이유 때문에 특수교육대상 학생의 특성에 따라 개별화교육계획에서 포함된 교과목의 수는 다를 수 있다. 예를 들어, 일부 학생들은 전과목에서 개별화교육계획을 작성할 필요가 있지만 일부 학생들의 경우 1~2 과목에서만 개별화교육계획을 작성할 수도 있다.

두 번째 질문은 '반드시 교과목에 한정하여 개별화교육계획이 작성되어야 하는가?'이다. 비록 「장애인 등에 대한 특수교육법 시행규칙」 제4조 제3항에서는 "현재 학습수행수준"이라고 명시하고 있지만 반드시 교과목만이 개별화교육계획서에 포함되는 것은 아니다. 한 가지 예로 특수교육대상 학생이 행동 및 정서와 관련된 장애를 갖고 있을 경우 교과목이 아닌 학생과 관련된 장애영역에 초점을 맞추어 현행 수준을 기술할 필요가 있다. 〈표 7-3〉은 특별한 교육지원이 필요한 영역의 현재 학습수행수준의 예를 제공하고 있다.

표 7-3 특별한 교육지원이 필요한 영역의 수행수준

	영역		현재 수행수준
현재 수행 수준	교과	국어	5문장 이하로 구성된 이야기를 듣고, 누가, 어디에서, 무엇을 묻는 각각의 질문에 문장으로 대답할 수 있다.
		수학	교실에서 네모, 세모, 동그라미 모양의 물건을 각각 3개씩 찾고, 색종이를 오려서 네모, 세모, 동그라미 모양을 각각 3개씩 만들며, 점판 위에 네모, 세모 모양을 각각 3개씩 그릴 수 있다.
	정서 및 행동		학교에서 급식을 먹을 때 싫어하는 반찬이 나올 경우 울거나 옆의 친구를 자주 때리는 문제행동을 갖고 있음

출처: 교육과학기술부(2009).

현재 학습수행수준을 기술할 때는 최대한 자세하게 기술할 필요가 있으며, 특히 이러한 현재 학습수행수준의 자료는 궁극적으로 장기목표를 설정하기 위한 출발점의 자료로 활용될 수 있기 때문에 장기목표를 설정하는 데 있어서 도움이 될 수 있는 중요 정보들을 포함시킬 필요가 있다(Gibb & Dyches, 2007).

(3) 교육목표/교육내용/평가계획

학생의 현재 학습수행 수준을 고려하여 교육 목표를 설정할 수 있으며, 교육목표는 크게 연간목표, 학기별 목표, 월간목표로 세분화하여 작성할 수 있다. 〈표 7-5〉는 현재 학습수행수준과 월간 및 연간목표의 관계를 설명하고 있다. 개별화교육계획을 실행하는 궁극적인 목적은 연간목표에 도달하기 위함이며, 이러한 연간목표는 정확한 현행학습수행 수준을 출발점으로 고려하여 작성한 월간목표와 학기별 목표를 연속적으로 성취하여 도달 할 수 있다.

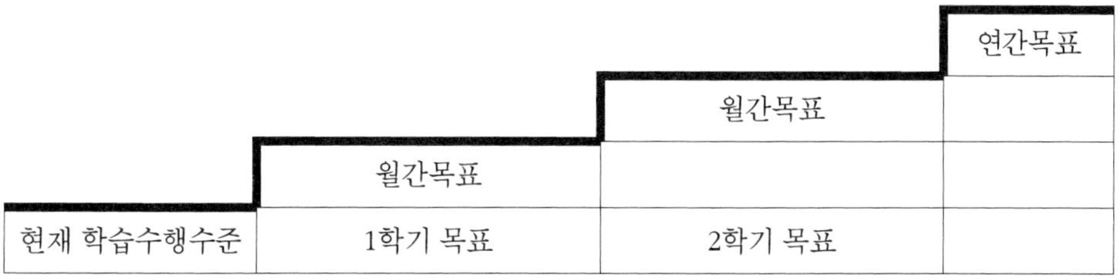

[그림 7-5] 연간목표, 월간목표, 현행 학습수행수준 관계

출처: Gibb & Dyches (2007).

개별 교과의 연간목표(학기별 목표 및 월간목표 포함)를 기술할 때는 다음과 같은 중요한 사항을 고려해야 한다(교육과학기술부, 2009; 이대식 외, 2011).

첫째, 교육목표는 측정 가능하도록 진술되어야 한다. 실제로 개정된 미국의「장애인교육법(IDEA)」(2004)에서는 교육목표를 진술할 때 목표의 측정 가능성을 중요한 사항으로 명시하고 있다. 이처럼 목표를 설정할 때 측정 가능성을 중요하게 고려하는 이유는 측정 가능한 목표를 설정해야만 목표의 달성 여부를 평가할 수 있기 때문이다. 또한 측정 가능한 목표를 설정함으로써 교사는 구체적으로 어떠한 내용을 교육해야 하는지에 대한 정보를 얻을 수 있다. 따라서 측정 가능한 교육목표와 함께 구체적인 평가방법을 함께 고려할 필요가 있다. 다음의 예에서는 측정이 어려운 교육 목표를 진술하고 있다.

> 예: 수학교과에서 계산 능력을 충분히 습득하여 실생활에서 수학적인 개념을 잘 활용하는 것이다.

앞선 예에서 제시된 교육목표는 내용적인 측면에서는 큰 문제점이 없는 것으로 평가할 수 있지만 실제로 대상학생이 개별화교육을 통해서 이러한 목적을 달성했는지의 여부를 평가하는 것은 매우 어렵다. 왜냐하면 측정이 어려운 용어들로 목표를 진술하고 있기 때문이다. 예를 들어, 앞선 예에서 사용한 '충분히'라는 용어는 매우 모호한 표현일 수 있다. '충분히'에 해당하는 수준은 교사 혹은 보호자마다 다를 수 있기 때문이다. 또한 '잘 활용하는 것'이라는 목표 또한 모호한 성취기준에 해당된다. 어느 정도까지 활용을 할 수 있어야만 잘 활용하고 있는 것인지를 명확히 평가할 수 있는 기준이 모호하다. 따라서 측정이 어려운 교육목표는 단지 명목상의 목표로만 역할을 할 뿐 실제로 특수교육을 통하여 이러한 교육목표를 달성했는지의 여부를 확인하기 매우 어려운 제한점을 갖고 있다. 측정 가능한 교육목표를 설정하는 데 도움이 될 수 있는 한 가지 방안은 먼저 구체적인 평가계획을 고려한 후에 측정한 가능한 목표를 작성하는 것이다.

둘째, 측정 가능한 교육목표를 진술하기 위해서는 Mager의 수업목표 진술방법의 네 가지 요소[진술된 목표의 주체는 학생(①), 행동이 나타날 수 있는 조건(②), 교육을 통해서 성취한 구체적인 행동(③), 학습 활동의 성취 여부를 결정할 기준(④)]를 포함시켜야 한다. 다음은 Mager의 네 가지 요소를 고려하여 작성한 교육목표의 예이다.

> 예) 초등학교 3학년 읽기 지문이 주어졌을 때, 서연이는 1분 동안 300음절 이상을
> ②　　　　　　　　　　①　　　　　④
> 읽을 수 있다.
> ③

셋째, 정해진 기간 동안 충분히 달성 가능한 교육목표를 기술해야 한다. 특수교육대상 학생이 특수교육에서 적합한 교육지원을 받을 경우 도달할 수 있는 실현 가능한 교육목표를 설정하는 것이 중요하다. 실현 가능한 목표의 선정은 이전의 학업 및 행동발달의 기록들, 동년배 학생들의 발달 정도, 교육과정 등을 고려하여

결정할 수 있다.

  넷째, 학기별 목표 및 월간 목표를 위계적으로 세분화할 수 있는 연간목표를 작성할 필요가 있다. 일반적으로 연간목표를 작성하게 되면, 연간목표에 도달하기 위해서 필요한 교육목표를 학기별로 작성하게 되며, 학기별 수준에서 작성한 교육목표는 다시 월별목표로 세분하여 작성한다. 측정이 가능하고 구체적으로 진술된 월별목표는 개별화교육계획 작성 시 교육내용으로 고려할 수 있기 때문에 월별목표는 교육내용을 함께 고려하여 작성할 수 있다(교육과학기술부, 2009).

표 7-4 연간목표, 학기별 목표, 월별 목표의 예

연간목표	기간	학기별 목표	월	월별 목표/교육내용
학교생활과 관련된 이야기를 듣고, 3회 이상 연속하여 이야기 내용 중 세 가지를 기억하여 문장으로 각각 말하고 쓸 수 있다.	1학기	학교생활과 관련된 이야기를 듣고, 3회 이상 연속하여 내용에 맞는 사진 3개를 골라 문장으로 말하고 쓸 수 있다.	3 · 4	학교생활 중 새 학기와 관련된 이야기를 듣고, 내용에 맞는 사진을 2개 골라 문장으로 말할 수 있다.
			5	학교생활 중 위생생활과 관련된 이야기를 듣고, 내용에 맞는 사진을 2개 골라 문장으로 말하고 쓸 수 있다
			6	학교생활 중 급식생활과 관련된 이야기를 듣고, 내용에 맞는 사진을 3개 골라 문장으로 말할 수 있다.
			7	학교생활 중 여름방학과 관련된 이야기를 듣고, 내용에 맞는 사진을 3개 골라 문장으로 말하고 쓸 수 있다.
	2학기	학교생활과 관련된 이야기를 듣고, 3회 이상 연속하여 제시된 단어를 넣어 이야기 내용과 관련된 문장으로 만들어 말하고 쓸 수 있다.	9	학교생활 중 운동회와 관련된 이야기를 듣고, 제시된 단어에서 2개를 골라 각각 2개의 문장으로 만들어 말하고 쓸 수 있다.
			10	학교생활 중 소풍과 관련된 이야기를 듣고, 제시된 단어에서 3개를 골라 각각 3개의 문장으로 만들어 말하고 쓰기
			11	학교생활 중 교실생활과 관련된 이야기를 듣고, 이야기의 내용 중 한 가지를 기억하여 2개의 문장으로 말하고 쓸 수 있다.
			12 · 2	학교생활 중 겨울방학과 관련된 이야기를 듣고, 이야기의 내용 중 세 가지를 기억하여 3개의 문장으로 말하고 쓸 수 있다.

출처: 교육과학기술부(2009).

(4) 교육방법

교육목표와 교육내용에 적합한 교육방법을 개별화교육계획 작성 시 구체적으로 명시할 필요가 있다. 교육방법만을 개별적으로 고려하기보다는 교육목표와 교육내용을 작성할 때 교육방법을 함께 고려하는 것이 바람직하다. 〈표 7-5〉는 학기별 목표와 교육내용에 적합한 교육방법을 제기한 예이다.

표 7-5 국어과(말하기 · 듣기 · 쓰기) 교육방법의 예

1학기 교육목표	월별목표/교육내용	교육방법
학교생활과 관련된 이야기를 듣고, 3회 이상 연속하여 내용에 맞는 사진 3개를 골라 문장으로 말하고 쓸 수 있다.	• 새 학기, 위생생활, 급식생활, 여름방학 등과 관련된 사진을 보고 이야기 나누기 • 이야기를 듣고, 들은 내용 이야기해 보기 • 낱말, 문장 정확하게 받아쓰기	교수-학습방법 • 전체집단교수 • 또래교수 • 최소촉진법 교수자료 • 단어카드 • 사진카드 • 문장카드 • 제재 관련 학습지

출처: 교육과학기술부(2009).

(5) 특수교육 관련 서비스의 내용과 방법

개별 특수교육대상 학생에게 필요한 교육지원을 충족시키기 위해서는 학교 교육과정을 통해서 제공되는 교육지원 이외의 다양한 교육지원이 필요하며, 「장애인 등에 대한 특수교육법」에서는 이러한 교육지원을 '특수교육 관련 서비스'로 명명하고 있다. 이처럼 특수교육에서 특수교육 관련 서비스는 매우 중요한 역할을 담당하고 있기 때문에 개별화교육계획을 작성할 때 반드시 개별 학생들에게 필요한 특수교육 관련 서비스는 무엇인지에 대해서 검토해야 하며 적합한 서비스를 명시할 필요가 있다.

현재 「장애인 등에 대한 특수교육법」 제28조에서 명시한 특수교육 관련 서비스를 살펴보면 다음과 같다.

• 가족지원
• 치료지원

- 보조인력
- 각종 교구 및 학습보조기 등 지원
- 통학지원
- 기숙사의 설치 · 운영
- 법에서 명시한 서비스 이외의 특수교육대상 학생에게 필요한 특수교육 관련 서비스

개별화교육계획서에서 특수교육 관련 서비스를 작성하는 방법은 〈표 7-6〉의 예시처럼, 제공 서비스 명, 서비스의 시작과 종료일, 기관명, 담당자 명, 구체적인 서비스 내용을 포함시키는 것이다. 또한 실질적으로 도움이 되는 특수교육 관련서비스를 작성하기 위해서는 해당 관련 서비스를 담당할 전문가들이 개별화교육지원팀의 구성원으로 포함되어 학교와 관련 서비스간의 상호 유기적인 협력 체제를 구성할 필요가 있을 것이다.

표 7-6 특수교육 관련 서비스 예

제공 서비스	시작일/종료일	기관명(연락처)	담당자	서비스 내용
통학지원				
보조공학 기기 지원				
치료지원 (치료)				

출처: 서울특별시교육청(2013).

(6) 기타 중요한 요소들

현재 법으로는 명시되어 있지 않지만 추가적으로 개별화교육계획에 포함시킬 수 있는 중요한 요소들을 살펴보면, 먼저 특수교육대상 학생이 일반학교에서 통합교육을 받고 있을 경우 일반학급에 통합되지 않는 시간과 그 이유를 계별화교육계획에 명시할 필요가 있다. 통합교육 상황에서는 정당하고 합당한 이유가 있어야만 일반학급이 아닌 특수학급에서 교육을 받을 수 있기 때문에 이러한 항목을 통해서 분리교육의 정당한 근거를 제공할 필요가 있다.

또한 평가 참여를 위한 검사 조정(test accommodation)에 관한 사항도 개별화교육

계획에 포함시킬 필요가 있다. 대부분의 특수교육대상 학생들은 일반 학생에게 실시하는 검사에 참여할 때 장애 특성을 고려한 검사의 조정을 필요로 한다. 예를 들어, 지체장애학생의 경우 신체활동이 요구되는 체육이나 미술 교과의 평가에서는 장애의 특성을 고려한 검사 조정이 필요하다. 따라서 교과의 특성과 장애의 특성을 고려한 검사 조정의 여부는 개별화교육계획 작성 단계부터 고려할 필요가 있다.

마지막으로, 직업교육과 관련된 교육내용을 교과교육과 분리하여 개별화교육계획서에 작성할 수 있다. 특히 청소년기에 해당되는 특수교육대상 학생들의 경우 정규교육과정을 이수한 이후 독립적인 성인으로 자립하기 위해서는 직업이 필요하기 때문에, 미국의 경우 16세 이상의 특수교육대상 학생의 개별화교육계획을 작성할 때 반드시 직업교육과 관련된 내용을 포함하도록 의무화하고 있다. 따라서 중·고등학교에 재학 중인 특수교육대상자의 개별화교육계획서에는 교과와 함께 직업재활과 관련된 교육계획을 포함시킬 수 있다.

4) 4단계: 개별화교육계획 실행 및 평가

개별화교육지원팀에서 작성한 개별화교육계획은 최종적으로 학교장의 결재를 득한 후, 개별화교육계획에 기록된 교육내용을 시작일부터 종료일까지 학교 현장에서 실행하게 된다(교육과학기술부, 2009). 이 단계에서 고려해야 할 중요한 사항을 살펴보면, 먼저 개별화교육계획의 실행은 학생의 진전도를 모니터링할 수 있는 평가체계와 함께 수행해야 한다는 점이다. 개별화교육지원팀이 작성한 교육계획만으로 개별 학생들의 교육적 성취를 보장할 수 없듯이, 작성된 개별화교육계획이 실제로 개별 특수교육대상 학생들에게 적합한 교육임을 확신하기 위해서는 지속적인 평가와 검토가 필요할 것이다. 평가 시기는 학생의 장애 정도 및 특성에 따라 달라질 수 있지만 매주 혹은 매월 평가를 실시하여 학생들의 진전도를 지속적으로 모니터링해야 하며, 충분한 진전도가 나타나지 않는 다면 교육목표, 교육내용, 관련 서비스 및 교육적 배치 등을 변경할 필요가 있다. 이처럼 한번 작성된 개별화교육계획은 고정된 교육계획안으로 고려하기보다는 평가 결과 및 필요에 따라 지속적으로 수정 가능한 교육계획 문서로 인식할 필요가 있다(Rosenberg, Westling, & McLeskey, 2008).

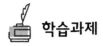 학습과제

1. 특수교육에서 개별화교육계획이 중요한 이유를 논의하시오.

2. 개별화교육계획 작성 시 학교 내 개별화교육계획 지원팀원들 간의 협업을 향상시킬 수 있는 방안을 논의하시오.

3. 개별화교육계획 작성 시 팀원들과 지속적인 협력이 필요한 이유를 설명하시오.

4. 개별화교육계획 수립을 위한 네 가지 단계는 무엇인지 설명하시오.

 참고문헌

강은영, 박윤정, 서효정, 박경옥(2018). 개별화교육계획(IEP) 수립 및 실행의 질적 향상 방안: IEP 유형 제안 및 질적 지표 활용 필요성 탐색. 특수교육학연구, 58(1), 137-163.
경기도교육청(2010). 2010년 특수교육길라잡이.
교육과학기술부(2009). 개별화교육계획 수립·운영 자료.
교육부(2015). 특수교육 지원을 위한 나이스 개별화교육계획 운영(사용자 설명서)
국립특수교육원(2009). 개별화교육계획 작성·운영지침
부산광역시교육청(2017). 2017년도특수학급운영매뉴얼, 31
서울특별시교육청(2013). 특수교육운영 실무편람.
이대식, 김수연, 이은주, 허승준(2011). 통합교육의 이해와 실제: 통합학급에서의 효과적인 교육방법. 서울: 학지사.

Bateman, B. D., & Linden, M. A. (2012). *Better IEPS: How to develop legally correct and educationally useful programs* (4th ed.), Wisconsin: Attainment Company.
Fuchs D., & Fuchs, L. S. (1995). What's special about special education? *Phi Delta Kappan*, 76, 522-530.
Gibb, G., & Dyches, T. (2007). *Guide to writing quality Individualized Education Programs* (2nd Ed.). Pearson/Allyn Bacon
Polloway, E., Patton, J., Payne, J., & Payne, R. (1989). *Strategies for teaching learners with special needs* (4th ed.). New York: Merrill.
Rosenberg, M. S., Westling, D. L., & McLeskey, J. (2008). *Special education for today's teachers: An introduction.* Pearson/Merrill/Prentice Hall.

제8장

통합학급에서의 학습 지원

 학습목표

- 학습에 부정적인 영향을 주는 장애학생의 특성을 파악한다.
- 교수적합화를 통해 장애학생의 요구를 충족해 준다.
- 장애학생이 통합된 학급에서 효과적인 교수법을 선택하여 적용한다.
- 장애학생을 위한 평가 지원의 당위성을 이해하고, 지원 방안을 제시한다.

학습개요

　장애학생의 학습문제는 그 심각성 정도가 경도에서 중도까지 다양하게 나타날 수 있다. 이러한 학습문제로 인해 다수의 장애학생은 일반학급 수업시간에 또래들과 동일한 방식으로 배우기 힘들며, 이들을 위한 교육적 지원이 요구된다. 그럼에도 불구하고 학급당 학생 수 과다, 교사의 장애 관련 기본 지식 부재 등의 이유로 교육적 지원이 제공되지 못한다면, 학년이 올라갈수록 이들의 학습문제는 더욱 심각해질 수밖에 없다. 따라서 장애학생이 통합된 학급의 수업을 담당하는 교사는 특수교사와의 긴밀한 협력을 통해 장애학생의 특성과 요구에 부합하는 교육적 지원을 모색하여 제공해야 한다.

　어떠한 교실도 비슷한 수준의 학생들로 구성된 경우는 없다. 교실은 이질적인 특성을 지닌 학생들로 구성되어 있으며, 장애학생이 포함된 통합학급 역시 예외는 아니다. 장애학생을 비롯하여 이질적인 특성과 수준을 가진 학생들로 구성된 학급을 관리하고 학생들의 학습을 촉진하기 위해서는 교수적합화가 불가피하다. 이 장에서는 장애학생의 학습에 부정적인 영향을 주는 다양한 특성과 실천 가능한 교수적 접근에 대해 간략하게 살펴본 후, 장애학생의 성공적인 통합교육을 위한 필수요건으로서 교수적합화의 개념과 요소들을 중점적으로 다룬다. 또한 장애학생이 통합된 학급에서 적용 가능한 증거기반 교수법들을 소개하고자 한다.

1. 장애학생의 학습 특성과 실천적 교수 방안

장애학생은 그들이 지닌 장애로 인해 심각한 학습문제를 갖는 경우가 많다. 예를 들어, 시각장애를 가진 학생은 시각적인 정보를 수용하고 처리하는 데 어려움을 갖게 되며, 청각 문제를 지닌 장애학생은 청각을 통해 유입되는 정보를 놓치거나 제한된 정보만을 처리할 수 있게 된다. 동일한 장애로 판정되더라도 장애학생이 학습과정에서 경험하는 어려움은 개인마다 다르며, 따라서 개별 장애학생에게 적합한 교육적 지원을 모색하는 것이 중요하다.

학습에 부정적인 영향을 주는 학습 특성으로 인지 및 초인지 문제, 기억 문제, 주의집중 및 충동성 문제, 자신감 및 동기 문제, 지각 문제 등을 들 수 있으며, 교사는 이러한 문제 특성을 고려한 교수 방안을 모색하여야 한다(Prater, 2007).

🔍 학습에 부정적인 영향을 주는 장애학생의 문제 특성과 실천적 교수 방안의 예시

- 인지 및 초인지 문제: 인지는 사고와 추론 과정을 포함하며, 초인지는 사고과정이나 전략에 대한 지식과 그 과정을 조절하고 모니터하는 능력을 말한다.

  ⇒ 단계별 학습과정을 명시적으로 보여 주는 활동지를 제공하여 완성하게 한다. 그리고 학생으로 하여금 스스로 자신의 활동을 점검할 수 있도록 점검표를 제공해 준다.

- 기억 문제: 시각적 혹은 청각적으로 제시되는 학습내용을 기억하는 데 어려움을 지닌다. 특히 짧은 시간 동안 정보를 기억하면서 인지적으로 조작하는 과정과 관련된 작업기억 문제는 학습에 부정적인 결과를 초래한다. 기억에 효과적인 전략을 습득하지 못하거나 활용하지 못한다.

  ⇒ 학습할 내용을 적은 분량으로 나누어 제시하고 반복적으로 가르친다. 또한 리허설과 같은 기억전략을 명시적으로 가르친다.

- 주의집중 및 충동성 문제: 주위의 방해요인에 의해 쉽게 주의가 산만해지며, 자신의 행동을 통제하는 데 어려움을 지닌다. 주의집중 문제는 크게 부호화와 선택으로 구분할 수 있다(Rooney, 1993). 부호화 문제는 감각을 통해 들어오는 자극과 처리를 위한 자극의 저장에 어려움이 있는 것을 말하며, 선택적 주의집중은 기억해야 하는 정보를 처리하기 위하여 부호화된 정보를 선택하는 것으로, 관련 있는 정보에서 관련 없는 정보를 걸러내는 데 어려움을 가지는 것을 예로 들 수 있다.

⇒ 주변에 방해가 되는 소음이나 장식을 제거하고, 자리 배치에 신경을 쓴다. 학습할 내용의 핵심어 및 중심내용으로 구성된 활동지나 안내노트(guided note)를 제공함으로써 학생의 주의집중을 돕는다.

• 자신감 또는 동기 문제: 낮은 학업성취와 잦은 학습실패로 인해 자신감이 부족한 경우가 많다. 이로 인해 공부에 대한 열등감과 두려움이 생기거나, 심지어는 할 수 있는 과제조차 시도하지 않고 쉽게 포기한다.
⇒ 학생이 가진 장점 혹은 강점을 활용하는 활동을 통해 성공을 자주 경험하게 한다. 또한 교사나 또래로부터 약간의 도움을 받으면 풀 수 있는 문제를 제공하여 비계교수를 실시한다.

• 지각 문제: 시 · 청지각을 통한 정보를 인식하거나 구별하고 해석하는 데 어려움을 가진다.
⇒ 학생이 상대적으로 우수한 지각능력을 활용할 수 있는 방식으로 정보를 제시하거나, 정보를 단순화시켜 제공한다.

2. 장애학생을 위한 교육과정 운영

1) 장애학생을 위한 교육과정 선택과 적용

우리나라의 학령기 국가수준 교육과정은 크게 두 가지로 구분되는데, 초중등 교육과정과 특수교육 교육과정이다. 일반학교에서 교육받는 특수교육대상 학생이 크게 증가함에 따라, 두 교육과정의 연계가 강조되고 있다. 이를 반영하여 최근에 개정된 특수교육 교육과정은 일반 초중등 교육과정과 기본 틀을 같이하면서, 장애학생의 제한된 감각 · 신체 · 지적 능력 등을 고려하여 내용 혹은 수준을 달리한다. 즉, 특수교육 교육과정은 일반 초중등 교육과정과의 연계를 기본 취지로 하며, 초중등 교육과정의 내용 및 구성에 장애 특성에 따라 특수교육 관련 내용이 추가되거나 수정된 형태를 가진다. 다만, 장애의 정도가 심하여 별도의 교육과정을 필요로 하는 중도중복장애 학생을 위하여 기본교육과정이 마련되어 있다.

『특수교육 교육과정 총론』(교육부, 2015)에 따르면, 통합교육 환경에 재학 중인 장애학생은 해당 학교의 교육과정을 따른다. 『특수교육 교육과정 총론』은 "모든 학생을 위한 교육기회의 제공"을 강조하며, 장애학생이 학교에서 충실한 학습경험을 누릴 수 있도록 필요한 지원을 하도록 명시하고 있다. 또한 총론에는 장애학생을 위하여 학생의 장애 특성 및 정도를 고려하여 초중등 교육과정을 조정하여 운영할 수 있다고 명시되어 있다. 즉, 일반교사는 특수교사와의 긴밀한 협력을 통해 장애학생에게 적절한 교육 내용과 방법을 모색하여 제공할 필요가 있는 것이다.

교과서 역시 초중등 교육과정에 따라 제작된 교과서와 특수교육 교육과정에 따라 개발된 기본교육과정 교과서가 발행된다. 일각에서는 특수교육 교육과정의 명칭으로 인해 장애학생은 특수교육 교육과정에 따른 기본교육과정 교과서만으로 가르쳐야 한다고 생각할 수 있는데, 이는 오해다. 장애학생의 수준은 매우 다양하며, 따라서 장애학생이 배울 교과서는 두 가지 모두 해당할 수도 혹은 두 가지 모두에 해당하지 않을 수도 있다. 초중등 교육과정의 적용이 어려운 장애학생에게는 기본교육과정 교과서로 가르쳐야 할 수도 있지만, 일반학급에서 사용하는 교과서를 수정하여 사용하게 되는 경우가 많다.

📖 『**특수교육 교육과정 총론**』의 장애학생 통합교육 관련 주요 내용

- 기본사항 중
  - 기본교육과정은 공통 교육과정 및 선택 중심 교육과정을 적용하기 어려운 초등학교 1학년부터 고등학교 3학년까지의 학생을 대상으로 편성·운영된다.
  - 학교는 특수교육대상 학생의 장애 특성 및 정도에 따른 요구와 학교의 실정을 고려하여 공통 교육과정 및 선택 중심 교육과정을 기본교육과정과 병행하여 편성·운영할 수 있다.
  - 일반학급 및 특수학급에 배치된 특수교육대상 학생의 교육과정은 1) 해당 학년군 교육과정의 편제와 시간 배당을 따르며, 2) 교과의 내용을 대신하여 생활기능 및 진로와 직업교육, 현장실습 등으로 편성·운영할 수 있으며, 그 영역과 내용은 학생의 장애 특성 및 정도를 반영하여 학교가 정한다.

- 모든 학생을 위한 교육기회의 제공 관련 내용 중
  - 학습부진 학생, 장애를 가진 학생, 특정 분야에서 탁월한 재능을 보이는 학생, 귀국학생, 다문화가정 학생 등이 학교에서 충실한 학습경험을 누릴 수 있도록 필요한 지원을 한다.
  - 특수교육대상 학생을 위해 특수학급을 설치·운영하는 경우, 학생의 장애 특성 및 정도를 고려하여 초·중등학교 교육과정을 조정하여 운영하거나 특수교육 교육과정 및 교수–학습 자료를 활용할 수 있다.

2) 장애학생을 위한 교재 활용

일반교사와 특수교사는 교과서나 학습활동지 등 수업에서 사용하는 교재의 난이도와 복잡성 등을 함께 점검하여야 한다. 교재 내용이 장애학생에게 적합하지 않다고 판단되면 수업에서 배우게 될 교과서 내용을 장애학생의 수준과 요구에 맞게 수정하여야 한다. 특히 선행 경험과 배경지식, 어휘력 수준이 낮은 장애학생에게 있어 교과서 수정은 반드시 고려되어야 한다. 우선, 특수교사와 함께 장애학생에게 교과서 수정이 필요한지 여부를 상의하고 해당 학생의 개별화교육계획(IEP)을 검토하여 현행 수행수준과 장단기 목표 등을 살펴본다. 교과서 수정이 필요한 교과 및 단원을 선정한 후 교과서 내용과 관련하여 학생의 수준을 다각도로 분석한다. 교과 내용에 따라서는 일반 학생과 다른 수업목표를 설정할 수도 있으며, 교과서 내용을 학생의 수준에 맞춰 쉽게 수정할 수도 있다. 교과서 내용을 수정할 때 유의할 점으로 내용이 길어지면 안 된다. 글의 내용과 어휘를 쉽게 바꾼다거나 배경지식을 추가하게 되면 자칫 글의 길이가 길어지게 되는데, 이 역시 인지적 결함이나 제한된 능력을 가진 장애학생의 학습을 방해할 수 있다.

3. 장애학생을 위한 교수적합화

1) 교수적합화의 개념

교사는 학급에 속한 모든 학생의 효과적인 학습을 도모하기 위해 다양화된 교수-학습 지원을 제공하여야 한다. 교수-학습의 다양성을 지칭하는 용어로 '교수적합화(instructional adaptation)'가 주로 사용되는데, 국내에서는 교수적 수정(박승희, 1999)으로도 지칭된다.

교수적합화는 장애학생의 수업 참여를 양적인 측면과 질적인 측면에서 최적의 수준으로 제공하기 위해 교수환경, 교수집단, 교수방법(교수활동, 교수전략 및 교수자료), 교수내용, 혹은 평가방법 등을 수정 및 보완하는 것으로, 조절과 수정의 차원에서 이루어진다(신현기, 2004). 조절과 수정이란 차원에서 적합화는 다음과 같이 실행될 수 있다.

(1) 조절

한 학생이 학급의 모든 학생과 사실상 동일한 내용을 배우고 평가받을 것으로 기대하되, 다음과 같은 조절(accommodation)을 제공한다.

- 제한시간이나 일정의 조절(과제를 완수하거나 시험 치는 시간 연장)
- 습득 양식의 대체(컴퓨터, 리더기, 번역기, 점자 모드)
- 내용의 강화 방식(사전 조직자, 시각적 디스플레이, 스터디가이드, 기억술, 컴퓨터 보조교수)
- 응답 양식의 대체(구어 응답, 시간제한 없는 응답, 컴퓨터/워드프로세스, 글로 응답)

(2) 수정

한 학생이 교실의 다른 학생과 다른 것을 배우도록 기대되며, 다음과 같은 수정(modification)을 한다.

- 수업자료의 대체(사전지식과 장기목표에 근거한 대안적인 학습목표, 학생의 특정한 요구에 따른 대안적인 단원, 고홍미−저수준과 같은 대안적인 교육과정)
- 수업자료의 분량 조정(적은 수의 학습목표, 짧은 분량의 단원/단원의 한 부분, 적은 쪽수)
- 성과물의 대체(단답형보다는 선택형 응답, 다른 유형의 문제, 글로 쓰는 대신 구어로 하기, 손으로 쓰는 대신 워드로 작성하기, 보고서로 작성하는 대신 모형 만들기)
- 다른 기대수준의 적용(가르칠 내용을 모든 학생이 배우는 것, 몇몇 학생이 배우는 것, 소수의 학생이 배우는 것으로 분류)
- 차별화된 기대수준[가르칠 내용을 지식의 형태(세부사항, 개념, 규칙, 전략)에 따라 분석하고, 누가 무엇을 배울지는 내용 분석에 기초하여 결정]

🦢 수준별 교육과정의 유형

다양한 수준의 학습자로 구성된 통합학급에서는 개별 학생의 요구를 반영할 수 있는 교육과정 선정이 매우 중요하다. 수준별 교육과정은 다음 세 가지 유형으로 분류될 수 있다(Peterson & Hittie, 2003; Westling & Fox, 2000).

• 다중수준 교육과정(multi-level curriculum)

교사는 동일한 교과영역의 주제 내용을 다루되, 다양한 수준으로 학생에게 가르친다.

• 중첩 교육과정(curriculum overlapping)

교사는 수업에서 서로 다른 교수목표에 따라 한 가지 혹은 여러 영역의 교육과정 내용을 다룬다.

• 대체 교육과정(alternative/substitute curriculum)

교사는 학급 내 대부분의 학생과는 완전히 독립된 교육과정을 개인 혹은 소집단에게 제공한다. 예를 들어, 고등학교의 경우, 학습능력이 매우 떨어진 장애학생은 비장애학생과 동일한 내용을 학습하기 힘들기 때문에 기능적인 교육과정으로 제공할 수 있다.

2) 교수적합화를 위한 실행절차

교수적합화는 일반교사나 특수교사가 단독으로 결정하여 실행할 수 있는 것이 아니다. 이것은 장애학생에 대한 이해를 전제로 하며 일반교사가 특수교사와 협력하여야 가능하다. 교사 간 협력에 대해서는 11장에서 자세히 설명된다. 일반교사와 특수교사는 한 팀이 되어 장애학생이 일반학급에서 적절한 수업을 받도록 교수적합화 실행을 위한 계획을 세우게 된다. 박승희(2003)가 교수적 수정이란 용어로 제시한 구체적인 절차는 [그림 8-1]과 같다.

첫 단계는 개별화교육계획에 있는 장단기 목표를 검토하는 것이다. 7장에서 살펴본 바와 같이 장애학생에게 제공될 교육은 기본적으로 개별화교육계획을 통해서 계획되며, 따라서 교수적 수정을 할 때에도 그 근거 및 기준은 장애학생의 개별화교육계획을 따른다. 일반교사는 특수교사와 함께 개별화교육계획에 있는 장기목표와 단기목표, 학생의 현행 학업수행수준, 교육내용, 교육방법, 평가계획 등 세부적인 사항들을 검토한다.

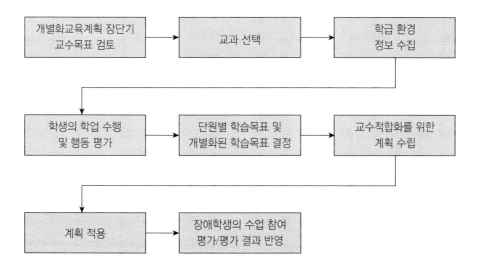

[그림 8-1] 교수적합화를 위한 실행 절차

　두 번째 단계에서 일반교사와 특수교사는 개별화교육계획을 바탕으로 일반학급에 통합된 장애학생을 위해 교수적합화가 필요한 교과를 선택하게 된다.

　세 번째 단계에서 일반교사와 특수교사는 장애학생과 다른 학생 간의 상호작용, 교사 자신의 교수방법이나 교수자료, 학습을 방해하는 요소를 관찰하는 등 일반학급 수업환경에 대한 정보를 수집한다.

　네 번째 단계에서 일반교사와 특수교사는 장애학생의 해당 교과 수업 중 학습 및 행동을 관찰하고 평가한다.

　다섯 번째, 일반교사와 특수교사는 단원별 학습목표를 점검하고 장애학생의 수준에 적합한 개별화된 단원별 학습목표를 정한다.

　여섯 번째, 앞의 단계들을 거치면서 수집한 정보들을 바탕으로 장애학생을 위한 교수적합화를 위한 수정 계획을 수립한다. 일반교사와 특수교사는 교수내용이나 교수환경, 교수방법, 집단구성, 평가와 관련하여 장애학생의 수준과 요구에 적합하도록 수정 계획을 마련한다.

　일곱 번째, 교사는 계획에 따라 수업을 실시한다.

　여덟 번째, 장애학생의 수업 참여를 양적인 면과 질적인 면에서 평가하며, 그 결과는 다음 계획 수립 과정에 반영한다.

🔊 교수적합화의 예시

중학교 1학년인 민수는 학습장애와 ADHD를 동반한 남학생으로, 일반학급에서 대부분의 수업을 받는다. 민수는 학습도움반(특수학급)에 오는 것을 꺼려 하고 도움반 친구들과는 잘 어울리지 않는다. 수업시간에 민수는 주의집중을 하지 못하고, 딴짓을 하거나 엎드려 잔다. 수업이 지루해지면 연필로 책상을 두드리거나 옆의 친구를 자꾸 건드려 교사의 제재를 자주 받는다. 민수는 거의 모든 교과에서 성취도가 떨어져 최하위권에 속한다. 글을 읽지만 낱자 하나하나를 읽는 수준으로 유창성이 떨어지며, 어휘력이 매우 부족하다. 전반적으로 교과서 내용을 이해하는 데 심각하게 어려움을 가진다. 현재 민수는 학교에 친한 친구가 없다. 친구가 없어 학교생활이 힘들다는 말을 자주 내뱉듯이 한다. 쉬는 시간에 또래와 어울리지 못하고 복도나 운동장을 배회하는 일이 잦다. 그러다 보니 수업 시작종이 울렸음에도 교실 밖에서 서성거리다가 늦게 들어오거나 학교를 이탈하는 일도 발생한다.

통합학급 담임인 김교사와 특수학급 최교사는 민수의 학습과 생활 측면에서 통합학급 적응을 돕기 위해 회의를 가졌으며, 다음과 같은 절차로 교수적합화를 위한 계획을 수립하기로 하였다.

민수의 개별화교육계획을 검토하여 민수의 현재 학습수준(강점과 약점 파악)과
학습장애 및 ADHD로 인한 학습과 행동 특성, 장단기 교육목표 등 검토

⇓

통합학급과 특수학급에서의 학습 및 행동 특성 확인

⇓

민수가 가장 힘들어하는 국어 수업 선택

⇓

교수적합화를 위해 수정할 단원 선정 및 수정 계획 수립

- 교수내용: 다중수준 교육과정의 적용/중심내용 위주로 교과서 단원을 축소한 대체 자료 제공/단원 속 생소하거나 어려운 어휘를 쉽게 이해할 수 있는 유사 어휘로 대체하여 설명
- 교수집단 구성: 소집단 활동 및 개별 활동의 적절한 혼용
- 교수방법: 또래교수법 활용
- 평가방법: 다중수준 교육과정에 따른 차별화된 평가기준 적용

⇓

위의 계획을 적용한 수업 실시

⇓

학습 및 행동 평가를 통해 수업의 효과 검증

4. 통합학급에서의 증거기반 교수-학습 전략

1) 직접교수

직접교수(direct instruction)는 행동주의적 접근에 기반을 둔 교수법 중의 하나로서, 학생이 구체적인 학업기술을 완전하게 습득하도록 가르치는 교사 주도의 수업 기법이다. 직접교수를 적용한 수업은 여러 단계로 구성되며, 교사의 명시적인 시범이 선행된다. 직접교수는 구조적으로 위계화된 수업을 실시한다. 이를 위해 교사는 먼저 가르칠 내용에 대해 과제분석(task analysis)을 실시한다. 과제분석은 배우게 될 과제를 습득하기 위해서 우선적으로 갖추어야 할 선행기술들을 먼저 분석하고, 배울 과제를 구성하는 하위단계들을 분석하여 위계적으로 교수하는 방법이다(이소현, 박은혜, 2011). 과제분석을 통해 추출된 하위단계들을 세부적으로 가르침으로써 하나의 완성된 과제를 가르치게 된다. 또한 직접교수는 수업목표를 달성하기 위해 반복학습을 강조한다. 교사의 즉각적인 피드백과 점검을 받으며 충분한 반복 연습의 기회를 가짐으로써 완전학습이 이루어지게 되는 것이다. 직접교수에 의해 진행되는 수업 절차는 다음과 같다.

- 교사는 수업 간의 관계를 강조하여 이전에 배운 내용을 상기시키며, 이전 수업내용을 복습하고 본 수업과의 관계를 확인시킨다.
- 교사는 수업목표를 사전에 명시적으로 제시한다.
- 교사는 과제분석을 통해 수업내용을 단계에 따라 순차적으로 제시한다.
- 교사의 시범을 통해 배울 내용을 직접 보여 준다.
- 학생들이 수업내용을 이해했는지 자주 점검하고 피드백을 제공해 준다.
- 학생들은 질문을 하고 교사의 설명을 들으면서 안내된 연습(guided practice)을 한다.
- 학생들은 개별연습(independent practice)을 통해 수업목표를 달성한다.
- 학생의 달성 여부를 평가한다(90% 이상 올바른 답을 할 때까지 앞선 단계로 다시 거슬러 올라가 반복할 수 있다).

학습능력이 떨어지는 장애학생이 통합학급에서 수업을 받을 때에도 직접교수는 효과적인 교수법이 될 수 있다. 교사는 수업목표를 선정하기 전, 과제분석을 통해 특정 과제를 세분화하여 단계를 정한다. 장애학생을 비롯하여 학업성취 수준이 낮은 학생의 수업목표는 과제분석 결과에 따라 하위 수준의 목표로 조정할 수 있다. 또한 안내된 연습과 개별연습 단계에서 학생들은 자신의 목표를 달성하기 위해 반복적으로 연습하게 되고, 교사는 개별 학생의 수행을 점검하고 적절한 피드백을 제공하게 된다. 이때 교사는 특수교사와 협력교수의 형태로 수업을 진행할 수 있으며, 이에 대한 구체적인 내용은 11장에서 제시된다.

2) 또래교수

통합학급에서 효과적으로 활용될 수 있는 교수법 중의 하나로 또래교수를 들 수 있다. 또래교수란 교사의 감독 아래 훈련을 받은 튜터가 또래학습자인 튜티를 가르치는 것이다. 또래교수는 교실 및 수업 환경을 크게 개조하지 않고도 실행할 수 있다. 특히 통합학급에서의 또래교수는 개별화된 교수를 필요로 하는 장애학생의 교육적 요구를 충족할 수 있는 장점이 있다. 성인 교사에 의해 설명되는 것과는 다르게 또래 교사인 튜터는 친근감 있고 쉬운 말로 설명하기 때문에 장애학생의 이해도를 높일 수 있다. 장애학생은 튜터와의 상호작용을 통해 바람직한 행동, 대인관계기술, 의사소통기술 등을 자연스럽게 습득할 수 있다. 또래교수가 튜터에게는 피해가 된다는 우려가 있지만, 또래를 가르치면서 튜터 자신의 학업성취도가 높아짐과 동시에 학업 태도가 개선됨이 입증되어왔다(Bender, 2007; Beirne-Smith, 1991; Greenwood, 1991). 또래교수를 통해 일반 학생은 장애에 대한 긍정적인 인식을 갖게 되며, 장애학생의 문제행동에 대처하는 방식을 배울 수 있게 된다.

교사는 또래교수가 실행되기 전, 튜터에게 교수활동을 비롯하여 사회성 기술, 문제행동 대처방식 등에 대해 충분한 훈련을 제공해야 한다. 튜터 훈련은 직접교수 방식으로 실시하는 것이 바람직하다. 예를 들어, 튜터에게 장애학생의 문제행동에 대한 대처방법을 가르칠 경우, 교사는 바람직하지 못한 대처방식과 바람직한 대처방식을 시범 보임으로써 그 결과를 비교할 수 있게 하고, 튜터는 바람직한 대처방식을 교사를 상대로 반복 연습하면서 피드백을 제공받는다.

🚀 장애학생을 포함한 또래교수를 수업에 적용할 때의 교사 임무

- 장애학생의 또래교수를 특정 학생에게만 책임지게 하는 것은 지양해야 한다.
- 또래교수가 실시되기 전, 교사에 의한 또래교사 훈련이 충분히 이루어져야 한다.
- 장애학생의 강점과 약점, 행동 특성 등 일반적인 정보를 사전에 충분히 제공한다.
- 또래교수 과정에서 발생할 수 있는 다양한 문제 상황에 대처하는 구체적인 방법(문제행동에 대한 대처, 위험 상황에 대한 대처 등)을 사전에 충분히 훈련시킨다.
- 두 학생 간에 긍정적인 관계가 형성되도록 신경 써야 한다.
- 또래교수 과정에서 필요한 사회성 기술을 사전에 가르친다.
- 또래교수 과정을 관찰하면서 문제가 발생할 경우 해결방안을 모색한다.

몇몇 연구자들은 장애학생이 통합된 학급에서 적용할 수 있는 또래교수를 개발하였으며, 다양한 학년 수준에서 그 효과가 입증되어 왔다. 구체적으로 살펴보면 다음과 같다.

(1) 전학급 또래교수(classwide peer tutoring: CWPT)

전학급 또래교수는 1980년대 Charles Greenwood와 그의 동료들에 의해 개발된 프로그램으로서, 장애학생이 통합된 일반학급에서 국어, 수학, 사회 등 다양한 교과목 시간에 사용되면서 그 효과가 입증되어 왔다(Greenwood, 1991; Maheady et al., 1998; Mortweet et al., 1999). CWPT에서는 여타 다른 또래교수와는 달리, 모든 학생이 또래교수에 참여하며 동일한 과제에 대해 교수를 주고받는 형태이다. 구체적으로 설명하자면, CWPT에서는 학급 내 모든 학생이 짝을 이루고, 한 쌍은 두 개의 경쟁 팀에 각각 배정된다. 처음에 튜터를 담당한 학생은 튜티에게 주어진 문제들을 읽어 주고(예를 들어, 누가, 어디서, 무엇을, 어떻게 등의 육하원칙에 따른 질문) 튜티는 문제에 답함으로써 자신이 속한 팀의 점수를 획득하게 되며, 가장 많은 점수를 받는 팀이 이긴다. CWPT에서는 튜터와 튜티가 고정적이지 않고 호혜적이다. 10여 분 후 신호가 주어지면, 튜티는 튜터가 되고 튜터는 튜티가 되어 서로의 역할을 바꾸어 실행한다. 교사는 튜터-튜티 조를 자주 바꿈으로써 장애학생을 포함하여 모든 학생의 상호작용을 높일 수 있다.

CWPT는 배운 내용을 연습하거나 특정 기술을 훈련시키고자 할 때 효과적으로 사용될 수 있다. CWPT는 일관성 있게 실행되며 약간 빠른 속도로 진행되므로 학생들의 집중을 높일 수 있으며, 특히 주의집중에 어려움을 지닌 장애학생에게 효과적이다(Utley et al., 1997).

(2) 또래지원 학습전략(peer-assisted learning strategy: PALS)

또래지원 학습전략은 1990년대 Fuchs 등에 의해 개발된 구조화된 또래교수 프로그램으로서, 전통적 교수법에 비해 더 효과적임이 입증되어 왔다(Fuchs et al., 2001; Utley, Mortweet, & Greenwood, 1997). PALS는 다양한 교과에서 활용이 가능하며, 장애학생을 포함하여 다양한 특성과 학업 수준의 유·초등학생뿐만 아니라 중·고등학생에도 적용할 수 있다는 장점이 있다(McMaster, Fuchs & Fuchs, 2006; Thorius & Graff, 2018). PALS는 기본 틀이 CWPT와 유사하나, 다음의 세 가지 전략을 포함하며 튜티와 튜터가 서로의 역할을 바꾸는 호혜적 성격을 가진다(Bender, 2007).

• 파트너와 읽기

성취수준이 높은 학생(튜터)이 먼저 자료를 큰 소리로 읽고, 뒤이어 읽기에 어려움을 가진 학생(튜티)은 같은 자료를 읽는다. 튜티가 읽는 과정에서 오류를 범할 때마다 튜터는 무슨 오류를 범했는지 물어보고, 튜티는 4초 이내에 틀린 단어를 고쳐 말한다. 만약 튜티가 답하지 못하면, 튜터가 오류를 수정해서 말해 주고 튜티는 그 문장을 고쳐 읽는다. 튜티가 정확하게 읽은 문장마다 1점을 준다. 글 읽기가 끝나면 약 2분에 걸쳐 튜티가 읽은 이야기에 대해 다시 말하게 하며, 10점을 준다.

• 단락 축소

튜터는 단락이 누구와 무엇에 관한 것인지, 이와 관련하여 가장 중요한 것은 무엇인지 물어본다. 튜티는 답한 것들로 단락의 주제(main idea)를 10개 단어 이하의 문장으로 말하게 한다. 이 단계에서 튜티가 오류를 범하면, 튜터는 "잠깐만, 뭔가 약간 이상한 것 같아. 다시(읽은 글의) 내용을 훑어봐."라고 말하여 수정하게 한다. 10개 단어가 넘으면 좀 더 축약하게 한다. 무엇에 관한 것인지 정확하게 말하면 1점, 이와 관련하여 가장 중요한 것에 대해 말하면 1점, 10개 단어 혹은 그 이하의 단어로 말하면 1점, 총 3점을 부여한다. 5분 후 서로의 역할을 바꾼다.

• 예측 릴레이

튜터는 튜티로 하여금 다음에 읽을 내용에서 어떤 것을 알게 될지(어떤 일이 일어날지) 예상하게 한다. 튜티가 예측한 것이 적절하지 못하다면 더 나은 예측을 하도록 유도한다. 튜터는 튜티가 예상한 것을 확인하고, 정확하게 예측한 것마다 1점을 부여한다. 튜티로 하여금 해당 내용을 읽게 하고 오류가 발생하면 교정해 준다.

3) 협동학습

협동학습은 학생이 주도가 되어 수업이 진행되며, 최적의 모둠 크기는 4~6명 정도이다(Cohen, 1994; Johnson & Johnson, 1994). 공동의 목표를 달성하기 위해 학생들은 지속적으로 상호작용하게 되며 서로의 학습에 대해 공동의 책임을 지게 된다. 협동학습은 학생의 학습동기를 높이며, 긍정적인 학습 분위기를 형성하고, 학업성취를 향상시킨다(정구철, 2000; Bejarano, 1987). 모둠 구성은 협동학습의 유형에 따라 달리할 수 있으나, 일반적으로는 모둠 내에 다양한 학업성취 수준의 학생이 골고루 섞이도록 구성하는 것이 바람직하다. 이러한 점에서 협동학습은 장애학생이 통합된 학급에서 유용하게 적용될 수 있다. 장애학생이 포함된 협동학습을 실시할 때에는 장애학생을 비롯하여 모든 구성원이 수행해야 할 구체적인 임무를 미리 할당해 줘야 한다. 또한 모둠 내에서도 짝을 짓게 하여, 짝끼리 서로의 업무를 교정해 줄 수 있도록 하는 게 좋다. 장애학생이 통합된 학급에서 이용할 수 있는 협동학습의 유형으로는 TAI, STAD 등을 들 수 있다.

(1) TAI(team assisted individualization)

소집단 보조 개별화 협동학습이라고도 한다. TAI는 교사가 학생들의 수준에 맞게 미리 만들어 놓은 문제들을 스스로 해결하게 하되, 해결하기 어려운 문제에 한하여 소집단 내 구성원이 서로 도와가며 학습하도록 하는 협동학습 모형이다(변영계, 김광휘, 1999; 진성연 외, 2010). 이 협동학습 유형은 수학과 같이 비교적 수준 차이가 많이 나는 교과목에서 유용하게 활용될 수 있는 모형으로서, 전통적 수업과 개별화 수업 간의 차이를 최소화할 수 있는 장점을 지닌다. TAI 협동학습에서는 이질적 소집단을 구성하여 짝과 함께 문제를 풀고 답안을 검토한다. 이러한 특징을 가진 TAI는 학업성취가 매우 떨어지는 장애학생이 통합된 일반학급에서 유용하게 적용할 수 있는 협동학습 유형이다.

수업을 하기 전 사전검사를 실시하여, 학생들을 상, 중, 하 수준으로 나눈다. 각 집단에 학습능력이 다른 학생을 골고루 배정함으로써 이질적 소집단으로 구성한다. 그런 다음, 각 학생에게 개별화된 수업자료를 제공한 후 TAI 협동학습이 이루어지게 한다. TAI의 구체적인 절차는 다음과 같다(진성연 외, 2010).

- 1단계: 소집단 내에 2~3명씩 짝을 이룬 후, 짝끼리 학습과제에 대한 설명과 문제 해결 절차가 소개된 안내자료를 학습한다.
- 2단계: 개별로 네 개의 과제 세트 중 두 세트를 푼 후 동료에 의해 답안을 확인하게 한다. 두 세트를 모두 맞혔다면 형성평가 단계로 진행하고, 틀린 것이 있다면 나머지 두 세트의 과제를 푼다.
- 3단계: 4개 세트를 다 풀었지만 형성평가 단계로 진행하지 못한 경우, 동료에게 도움을 요청한다.
- 4단계: 형성평가를 푼다. 소집단 내 동료끼리 서로의 점수를 계산하여 8개 이상 맞았다면 소집단이 증명하는 합격증을 수여하고, 8개 미만으로 맞은 학생은 교사에게 개별 지도를 받은 후 다른 세트를 푼다. 통과하면 다음 단계로 이동한다.
- 5단계: 단원평가를 풀고 다른 소집단의 일일점검자가 단원평가 결과를 채점하여 기록한다.
- 6단계: 단원평가를 통과하지 못한 학생은 교사가 개별적으로 직접교수를 한다.

(2) STAD(student teams-achievement division)

성취과제 분담학습이라고도 한다. STAD는 성취수준이 높은 학생과 낮은 학생, 남학생과 여학생 등 다양한 학생으로 이질적인 모둠을 구성한다(정문성, 1995). 한 모둠은 4~5명으로 구성되며, 배부한 학습지의 문제를 협동학습을 통해 해결하며, 모둠은 팀원들의 총점이 아니라 향상된 점수의 합산으로 보상이 주어진다(진성연 외, 2010). 총점으로만 보상을 하게 되면 팀원들은 학업성취가 떨어지는 장애학생을 꺼릴 수밖에 없고 장애학생의 부담 역시 클 수밖에 없다. 이러한 점에서 STAD는 장애학생이 통합된 교수환경에서 효율적인 교수방법이 될 수 있으며, 구체적인 방법은 다음과 같다.

- 교사는 학습할 내용을 학생들에게 설명한다.
- 모둠별로 나눠 받은 학습지 문제를 해결한다.
- 모둠별 활동이 끝나면 학생들은 형성평가를 치루고, 이전에 획득한 점수와의 차이를 계산하여 향상 점수를 받는다.
- 개인별 향상 점수를 모둠 점수로 환산하고, 최고 득점자와 모둠 점수가 가장 높은 팀에게 보상을 제공한다.

5. 통합학급에서의 장애학생 평가 지원

1) 장애학생을 위한 평가 지원의 당위성

학교에서는 학생의 학업 성과를 확인하는 절차로서 여러 형태의 평가를 실시한다. 평가는 학생을 대상으로 하지만, 평가의 결과는 교사의 교육적 책무를 점검하는 잣대가 된다. 학교가 학생에 대한 교육적 책무를 다하기 위해서는 평가체계를 확립해야 하며, 장애학생이라고 해서 제외되어서는 안 된다. 다수의 장애학생은 일반학급과 특수학급을 오가며 수업을 받다 보니, 일반교사와 특수교사 중 누가 평가를 담당해야 하는지, 누가 평가의 책무를 지니는지 등에서 갈등이 생기거나 회피하는 등의 문제가 발생할 수 있다. 통합교육 추세에 따라 많은 장애학생이 일반학급에서 수업은 받으나, 평가에서는 배제되거나 소홀이 다루어지는 경향이 있음이 현실이다(정동영, 정현우, 2012). 평가는 학생을 가르치는 두 교사 모두의 책임이다. 따라서 평가 내용과 방법 등을 포함한 평가계획을 수립하는 과정에서 두 교사 간의 협력이 불가피하다. 특히 일반학급에서 장애학생이 학습하는 내용과 방법 등을 달리한 경우, 평가에 대한 조정 역시 고려되어야 한다.

「장애인 등에 대한 특수교육법」의 제13조(차별금지)와 제14조(정당한 편의제공 의무), 그리고 2015 개정 교육과정은 평가 조정의 근거를 제시한다. 또한 「장애인 등에 대한 특수교육법」 시행규칙의 제4조(개별화교육지원팀의 구성) ③항은 개별화교육계획에 평가계획을 포함해야 한다고 규정하고 있으며, ④항은 매 학기마다 개별화교육계획에 따라 장애학생의 학업성취도 평가를 실시하도록 명시하고 있다.

「장애인 등에 대한 특수교육법」 장애학생 평가 관련 조항

제4조(차별의 금지) ② 국가, 지방자치단체, 각급학교의 장 또는 대학의 장은 다음 각
  호의 사항에 관하여 장애인의 특성을 고려한 교육 시행을 목적으로 함이 명백한 경
  우 외에는 특수교육대상자 및 보호자를 차별하여서는 아니 된다.
  1. 제28조에 따른 특수교육 관련 서비스 제공에서의 차별
  2. 수업참여 배제 및 교내외 활동 참여 배제
  3. 개별화교육지원팀에의 참여 등 보호자 참여에서의 차별

제4조(개별화교육지원팀의 구성 등) ③ 개별화교육계획에는 특수교육대상자의 인적사
  항과 특별한 교육지원이 필요한 영역의 현재 학습수행수준, 교육목표, 교육내용, 교
  육방법, 평가계획 및 제공할 특수교육 관련서비스의 내용과 방법 등이 포함되어야
  한다.
  ④ 각급학교의 장은 매 학기마다 개별화교육계획에 따른 각각의 특수교육대상자의
    학업성취도 평가를 실시하고, 그 결과를 특수교육대상자 또는 그 보호자에게 통
    보하여야 한다.

「특수교육 교육과정 총론」의 장애학생 평가 관련 내용

• 평가는 학생의 교육목표 도달 정도를 확인하고 교수-학습의 질을 개선하는 데에 주
  안점을 둔다.
  – 학교는 학생에게 평가 결과에 대한 적절한 정보 제공과 추수 지도를 통해 학생이
    자신의 학습을 지속적으로 성찰하고 개선할 수 있도록 지도한다.
  – 학생 평가 결과를 활용하여 수업의 질을 지속적으로 개선한다.

• 학교와 교사는 성취기준에 근거하여 학교에서 중요하게 지도한 내용과 기능을 평가
  하며 교수-학습과 평가 활동이 일관성 있게 이루어지도록 한다.
  – 학교는 학생의 장애 특성 및 정도에 따른 평가 조정 방안을 마련하여 학생을 평가
    하여야 한다.
  – 학생에게 배울 기회를 주지 않은 내용과 기능은 평가하지 않도록 한다.
  – 학습의 결과뿐만 아니라 학습의 과정을 평가하여 모든 학생이 교육목표에 성공적
    으로 도달할 수 있도록 한다.
  – 학교는 학생의 인지적 능력과 정의적 능력에 대한 평가가 균형 있게 이루어질 수
    있도록 한다.

2) 장애학생을 위한 평가 조정과 수정

평가 조정이란 평가의 취지를 벗어나지 않는 범위에서 문항의 제시 형태, 반응형태, 평가 시간, 평가 환경 등을 조정하는 것을 의미한다(국립특수교육원, 2016). 개별화교육계획 및 수업계획에 의해 배운 내용이 다를 경우는 평가 내용의 범위및 평가기준 등을 수정해야 함은 물론이다. 학생의 장애 특성을 반영한 평가 조정과 수정을 하는 것은 정당한 평가를 하기 위함이며, 따라서 교사는 다음과 같은 사항들을 지속적으로 점검하고 개별화교육계획 및 수업계획에 적용함으로써 장애학생이 자신의 장애로 인한 제약을 최소화하여 배운 것을 평가받을 수 있게 한다.

🔊 장애학생을 위한 평가 조정과 수정을 위한 점검 사항

- 평가 내용의 수정
  - 평가 범위의 변화가 필요한가?
  - 일반 학생과 동일한 내용을 학습하였는가?
  - 교수내용이 수정된 과목은 무엇이고, 교수된 내용은 무엇인가?
  - 특수학급에서 학습한 내용은 무엇인가?
  * 예시: 일반 학생과 동일한 학습내용에 대한 평가, 수정된 교수내용에 대한 평가, 개별화된 교수내용에 대한 평가

- 평가 환경의 수정
  - 시간, 장소 등의 변화가 필요한가?
  - 학생이 집중력이 떨어지는 시간대는 언제인가?
  - 주변의 소음에 쉽게 산만해지는가?
  - 시험에 대한 불안감이 높은가?
  * 예시: 시험 시간대(오전 혹은 오후)를 지정하기, 독립된 공간에서 시험 보기, 특수학급에서 시험 보기, 시험 시간 연장하기, 시험 중간 휴식 취하기, 조명이나 음향시설 조절해 주기, 여러 회기에 걸쳐 시험 나누어 치기

- 평가방법의 수정
  - 평가 문항의 유형, 응답 방식 등의 변경이 필요한가?
  - 읽고 쓰는 데 어려움이 있는가?
  - 복잡한 문장을 이해하는 데 어려움이 있는가?
  - 기초 계산에 어려움이 있는가?

- 손을 사용하는 데 어려움이 있는가?
  * 예시: 문항 읽어 주기, 시각적 단서 제공하기, 지시사항을 간결하게 제시하기, 시험지 확대해 주기(혹은 점역 시험지 제공하기), 손으로 답 지적하기, 대필해 주기, 컴퓨터로 답하기

• 평가기준의 수정
  - 일반 학생과 동일한 평가기준을 적용하는가?
  - 개별화교육계획에서 정한 평가기준을 적용하는가?
  * 예시: 일반 학생과 동일한 평가기준 적용(동일 기준에 따른 등급 평가), 개별화교육계획에서 정한 평가기준 적용(달성하였음/달성하지 못함, 별도의 등급 평가, 성취수준 기술)

학습과제

1. 학습에 부정적인 영향을 주는 장애학생의 특성을 설명하시오.

2. 장애학생을 위한 교수적합화의 당위성과 구체적인 절차를 제시하시오.

3. 학업 수준이 다양한 학급에서 적용 가능한 교수법을 선택하여 수업계획안을 작성해 보시오.

4. 장애학생을 위한 평가 지원의 당위성과 다양한 지원 방안을 제시하시오.

참고문헌

국립특수교육원(2016). 장애학생 평가조정 매뉴얼. 세종: 국립특수교육원.

교육부(2015). 특수교육 교육과정 총론. 세종: 교육부.

박승희(1999). 일반학급에 통합된 장애학생의 수업의 질 향상을 위한 교수적 수정의 개념과 실행 방안. 특수교육학연구, 34(2), 29-71.

박승희(2003). 한국 장애학생 통합교육: 특수교육과 일반교육의 관계 재정립. 서울: 교육과학사.

변영계, 김광휘(1999). 협동학습의 이론과 실제. 서울: 학지사.

신현기(2004). 통합교육 교수적합화. 서울: 학지사.

이소현, 박은혜(2011). 특수아동교육. 서울: 학지사.

정구철(2000). Improvement of reading comprehension through cooperative learning. 서강대학교 대학원 석사학위논문.

정동영, 정현우(2012). 장애학생을 위한 평가 수정의 쟁점 해소방안 탐색. 특수교육교과교육연구, 5(1), 1-18.

정문성(1995). STAD 협동학습 모형의 보상체제. 열린교육연구, 3(2), 103-111.

진성연, 최병연, 이흔정, 고영남, 이영미(2010). 협동학습 모형 탐색. 서울: 학지사.

Beirne-Smith, M. (1991). Peer tutoring in arithmetic for children with learning disabilities. *Exceptional Children, 57*, 330-337.

Bejarano, Y. (1987). A cooperative small-goup methodology in the language classroom. *TESOL Quarterly, 20*(2), 305-325.

Bender, W. N. (2007). 학습장애학생을 위한 차별화 교수법 (*Differentiating instruction for students with learning disabilities*). (김자경, 김기주 역). 서울: 시그마프레스. (원저는 2002년에 출판).

Cohen, E. G. (1994). Restructuring the classroom. Conditions for productive small groups. *Review of Educational Research, 64*, 1-35.

Greenwood, C. R. (1991). Longitudinal analysis of time, engagement, and achievement in at-risk versus non-risk students. *Exceptional Children, 50*, 521-535.

Fuchs, D., Fuchs, L., Yen, L., McMaster, K., Svenson, E., Yang, N., Young, C., Morgan, P., Gilbert, T., Jaspers, J., Jernigan, M., Yoon, E., & King, S. (2001). Developing first grade reading fluncy through peer mediation. *Teaching Exceptional Children, 34*(2), 90-93.

Johnson, D. W., & Johnson, R. T. (1994). *Leaning together and alone: Cooperative, competitive, and individualistic learning* (4th ed.), Needham Heights, MA: Allyn and Bacon.

Maheady, L., Harper, G. F., & Sacca, K. (1998). A classwide peer tutoring system in a secondary resource room program for the mild handicapped. *Journal of Research and Development in Education, 21*(3), 76-83.

Mortweet, S. W., Utley, C. A., Walker, D., Dawson, H. L., Delquardri, J. C., Reedy, S. S., Greenwood, C. R., Hamilton, S., & Ledford, D. (1999). Classwide peer tutoring: Teaching students with mild mental retardation in inclusive classrooms. *Exceptional Children, 65*(4), 524-536.

Peterson, J. M., & Hittie, M. M. (2003). *Inclusive teaching: Creating effective schools for all learners.* Boston, MA: Allyn and Bacon.

Prater, M. A. (2007). *Teaching strategies for students with mild to moderate disabilities*. Boston, MA: Allyn and Bacon.

Rooney, K. J. (1993). Classroom interventions for students with attention deficit disorders. *Focus on Exceptional Children, 26*, 1-16.

Utley, C. A., Mortweet, S. L., & Greenwood, C. R. (1997). Peer-mediated instruction and intervention. *Focus on Exceptional Children, 29*(5), 1-23.

Westling, D. L., & Fox, L. (2000). *Teaching students with severe disabilities*. Upper Saddle River, NJ: Merrill.

제9장

통합학급에서의 사회적 관계 지원

 학습목표

- 통합학급에서의 사회적 관계 지원의 중요성을 이해할 수 있다.
- 성공적인 통합교육에 필요한 장애이해교육을 살펴보고 이를 활용할 수 있다.
- 장애학생의 사회적 능력을 강화할 수 있는 교수-학습 방법을 제시할 수 있다.

학습개요

함께하는 사회를 살아가기 위해서는 무엇보다도 사회적 관계를 맺고 지속시키는 능력을 갖추는 것이 중요하다. 장애학생뿐만 아니라 일반 학생도 서로에 대한 이해를 바탕으로 진정한 교우관계를 형성하여 서로 동등한 모습으로 사회에 함께 살아갈 수 있어야 한다. 장애학생 교육에 있어서 통합교육은 이미 그 중요성과 실효성이 널리 인식되고 있다. 그러나 통합교육을 통해 장애학생과 일반 학생이 서로 존중하면서 함께 지낼 수 있는 사회적 토대를 마련해 나갈 수 있으나, 세심한 교육적 노력이 없다면 이러한 모습을 기대하기 어렵다. 장애학생을 통합 환경에 노출하는 것만으로 또래와 자연스러운 친구관계를 형성하는데 어려움이 있을 수 있다. 사회적 관계 형성의 어려움은 결국 학업 수행의 어려움까지 연결될 수 있고, 개인적 효능감에도 영향을 주어 장래의 직업 결정에도 영향을 줄 수 있는 중요한 부분이다. 실제로 사회적 관계를 잘 형성할 수 있도록 관련 기술을 교육했을 때 장애학생이 또래에게 훨씬 더 잘 수용되고, 학업성취도가 높아진다는 연구들이 이를 입증하고 있다(Zirpoli & College, 2008). 이에 이번 장에서는 통합학급에서 학생들 간의 사회적 관계 지원의 중요성을 기술하고, 학생들에게 강조되어야 할 사회적 기술이 학교 교육과정 전반에 걸쳐 지속되어야 함을 강조할 것이다. 뿐만 아니라 장애학생에 대한 올바른 이해와 상호작용의 기회를 갖도록 하는 지원체제를 알아봄으로써 장애 여부와 상관없이 모든 학생이 함께 학급 또는 학교 구성원이 되어야 함을 인식할 수 있게 될 것이다.

1. 사회적 관계 지원의 중요성

사회적 관계 지원은 학업기술 지원만큼이나 중요하다. 왜냐하면 장애학생이 학교를 졸업한 후 성인기 자립생활을 하게 되는데 궁극적으로 다른 사람과 얼마나 효과적으로 상호작용하는지에 따라 삶의 질에 영향을 많이 받기 때문이다. 이에 학생들이 자신의 감정과 행동을 다스리고, 서로 어울릴 수 있는 방법을 학교에서 지속적으로 교육해야 한다. 특히 장애학생은 그동안 반복적인 실패 경험으로 학급 내 또래나 교사와의 사회적 상호작용에 어려움을 경험한다. 이러한 이유는 크게 다음과 같다.

첫째, 장애학생이 사회적 관계를 형성하는 데 두려움을 가지거나 자신감이 없을 수 있다. 특히 유치원, 초등학교에서 얻게 되는 실패 경험이 중등학교에서 영향을 끼칠 수 있을 것이다. 이러한 과거의 부정적인 경험, 즉 좌절감이나 사회적인 거부로 인한 불안감은 통합학급에서 과제 및 활동 수행에 불안을 느끼게 할 수 있다. 이는 장애학생의 낮은 자존감 및 빈약한 자아개념과 더불어 사회적으로 더욱 위축을 초래할 수 있다(Tabassam & Grainger, 2002).

둘째, 장애학생은 일반학급에 전일제로 통합되어 생활을 할 수도 있지만, 일반학급과 특수학급에 모두 등록되어 이중 적응을 해야 하는 현실적인 부담이 있을 수 있다. 이러한 적응과정은 통합학급의 일반 학생과 일정한 사회적 상호작용을 할 수 있는 기회를 제한할 수 있으며, 교사의 적절한 지원이 없다면 통합학급의 일반 학생들 역시 장애학생을 학급 구성원으로서 안정적으로 수용하기 어려울 수 있다. 이러한 경험은 장애학생의 사회적 위축을 가속화시켜 원만한 사회적 관계를 만들고 사회적 기술을 사용하는 데 어려움을 줄 수 있다.

셋째, 일반 학생이 장애학생과의 친숙한 경험 및 정확한 정보를 얻지 못하여 장애학생에 대해 긍정적인 정서를 가지지 못할 수 있다. 통합학급에서 장애학생은 학업적·행동적·정서적 측면에서 일반 학생에 비해 속도가 늦거나 맥락에서 벗어나는 모습을 보임으로써 일반 학생들로부터 거부감이나 편견 등을 받을 수 있다.

넷째, 통합학급에 입급된 장애학생 중 이들이 지닌 장애 특성이 사회성 문제를 동반하는 경우가 있다. 예를 들어, 지적장애, 학습장애, 정서·행동장애, 의사소통장애, 자폐성장애학생이 통합학급에 입급되어 있을 경우 사회적 기술이 발달되어 있지 않아 또래와 긍정적인 상호작용을 못하거나 오해를 받기도 한다.

다섯째, 교사의 장애학생에 대한 이해 부족이나 일관성 없는 태도가 학생들 간에 사회적 관계를 긍정적으로 만드는 데 영향을 준다. Cook(2001)에 의하면, 교사는 장애학생에 대하여 일반 학생에 비해 더욱 비판적이고 부정적인 태도를 취하는 면이 있다고 하였다. 이러한 부정적인 태도는 잠재적 교육과정(latent curriculum)이 될 수 있으며, 또 하나의 부정적인 표찰(labeling)이 될 수 있다.

여섯째, 그동안 장애학생은 장애가 있다는 이유로 가족들로부터 과잉보호 받을 수 있다. 그리고 통합학급 내에 장애학생의 통합 기회를 확장시키기 위해 특수교육 실무원이 배치되는 경우가 있다. 이들이 장애학생을 근접에서 보조를 해 줌으로써 학생이 수업에 참여하는 데 도움이 되고, 문제행동 발생이 줄어드는 긍정적인 효과가 있다. 하지만 특수교육 실무원이 장애학생에게 근접 지원을 함으로써 다른 학생 및 교사가 근접할 수 있는 여지를 주지 않고 다시 물리적으로 고립시켜 사회적 통합에는 잠재적 역기능으로 작용할 수 있다. 이러한 경우는 장애학생이 교수적 도움을 받기 위해 특수교육 실무원을 배정하였지만 또래 비장애학생과 전혀 상호작용을 할 기회가 없어짐으로써 언젠가는 그 존재가 소멸해 버리는 '거품 학생(bubble children)'이 되는 문제를 초래할 수 있다(박승희 외, 2007; Lipsky & Gartner, 1997).

이상에서 살펴본 바와 같이 장애학생이 관계를 형성하는 일은 생각보다 쉬운 일이 아니며, 복합적인 요인들에 의해 영향을 받고 있음을 알 수 있다. 통합학급에 입급된 모든 장애학생이 사회적 어려움을 경험하는 것은 아니며, 통합학급의 모든 일반 학생으로부터 거부당하거나 소외되는 것 역시 아니다. 그 속에는 장애학생을 같은 학급의 평등한 구성원으로서 인식하고 상호작용하는 일반 학생 및 교사들도 있다. 또한 일반 학생의 노력만으로 장애학생의 사회적 관계가 개선되거나 긍정적으로 유지될 수도 없는 일이다. 그러므로 어느 한쪽에게 희생을 강요하기보다 사회적 통합의 중요성을 인식하고 체계적인 준비를 통해 학교에서 자연스러운 사회적 통합이 이루어질 수 있도록 노력해야 할 것이다.

2. 장애이해교육을 통한 사회적 통합 지원

이 장에서는 장애학생의 사회적 통합이 진정으로 이루어지기 위해 일반 학생과 장애학생, 그리고 교사 및 부모가 어떤 노력을 해야 할 것인지, 그리고 학교 교육 과정 속에서 어떠한 교수–학습 지원이 필요한지를 살펴볼 것이다.

1) 장애이해활동 실시

학급에 장애학생이 있을 경우 그 학생을 이해하기 위해 또래와 교사는 노력을 해야 한다. 그런데 이해한다는 것은 과연 무엇을 의미하는 것일까? 그리고 장애를 이해한다는 것이 또래 학생에 비해 더 많이 지극한 관심을 기울이는 행동이라면 이 행동은 적절한가라는 생각을 해 보아야 한다. 통합교육 상황에서 교사에 의해 일반 학생이 역으로 차별당하지 않도록, 역차별은 아닐지라도 장애학생에게 밀착하여 일반 학생이 소외감을 가지거나 그 학생이 보살핌을 받아야 하는 존재로 선을 긋게 된다면 교사의 배려는 교육적 의미를 가지기 어렵다. 이러한 측면에서 다음 사례를 통해 교사가 일반 학생에게 장애를 이해시키는 방법의 적절성을 고민해 보자.

> 🐚 **사례**
>
> 지적장애학생이 함께 교육을 받는 통합교실이다. 이 학생은 과제를 완성하는 시간이 오래 걸리며, 교사의 지시를 자주 깜빡하여 또래 학생들이 하는 과제 순서나 방법과 달라 자주 교사에게 부연 설명을 듣는다. 매번 이런 상황이 반복되다 보니 또래 학생들은 과제를 마치고 이 지적장애학생을 기다리며 짜증을 내거나 한숨을 쉰다. 교사는 이런 모습을 보고, 또래 학생에게 "이 학생은 생각 주머니가 너희들보다 작아서 그런 거야. 아직 크고 있는 중이니 돌봐 줘야 하지 않겠어?"라고 타이른다.

앞선 사례에서 교사가 일반 학생에게 제공한 장애이해교육은 제대로 실행된 것일까? 의도는 좋았으나 방법적인 측면에서 제고할 필요가 있다. 왜냐하면 생각 주머니가 작다는 것은 근본적으로 생각을 할 수 있는 능력이 또래학생보다 부족함을 내포하고 있으며, 결함을 강조하는 것으로 이보다는 개인마다 서로 생김새가 다르고 특성이 다른 것처럼 과제를 수행하는 방법과 속도도 다를 수 있음을 이해하도록 하는 것이 더 바람직할 것이다. 따라서 또래학생이 지적장애학생 앞에서 한숨을 쉬거나 짜증을 내는 행동은 타인의 개성을 존중하지 않는 무례한 행동이 될 수 있음을 이해시켜야 한다.

이처럼 장애학생에 대한 이해를 통해 사회적 통합을 기대하고자 하는 좋은 의도로 교육이 이루어졌다 하더라도 방법론적으로 민감하게 검토하지 않으면 의도하지 않은 교육내용이 전달되어 학생에게 부정적 인식을 형성시킬 수 있다. 장애이해교육은 학급 전체를 대상으로 실시하거나, 필요에 따라 개별 또는 집단으로 이루어질 수도 있다. 특히 중등학교 이상의 학생에게 장애이해교육을 실시할 때에는 방법적인 측면에서 초등학생과 달리 스스로 장애에 관련된 정보를 찾아보고 본인이 경험한 내용을 바탕으로 학습을 하게 하는 것도 좋은 방법이다.

한편, 장애이해교육을 위해서는 교사가 직접 제작한 교재를 활용할 수도 있으며, 이 교육을 특수교사의 도움을 받아 장애인의 날(4월 20일) 또는 학사 일정을 고려한 적절한 시간에 실시할 수 있다. 그리고 예외적인 학급 내에 사안이 발생했을 경우에도 교사가 특별히 장애이해교육을 실시할 수 있다. 이러한 장애이해교육은 다음과 같이 구체적인 목적을 가져야 한다.

첫째, 장애학생을 포함한 모든 학생이 '더불어 함께하는 친구'라는 인식을 갖도록 해야 한다. 이를 위해서는 장기적이고 지속적인 교육활동이 필요한데, 행사성 장애이해교육은 장애학생에 대한 태도 변화에 미치는 영향력이 작다. 이는 많은 관련 연구들에서도 장애이해활동이 일회성이 아닌 6주 이상의 장기적인 프로그램으로 제공될 필요가 있음이 제안되었다(권원영, 1998; 노은미, 1996; 오선영, 2000; 이현정, 1999).

둘째, 나와 다른 사람을 이해하고 다양성을 인정할 수 있는 긍정적인 인성을 가지도록 한다. 즉, 더불어 살아가는 사회를 인식하도록 하여 통합교육의 환경을 마련할 수 있도록 한다는 목적에 의거해 구체적인 활동이 계획되어야 한다.

셋째, '장애'가 부정적으로 부각되거나 동정의 대상이 아님을 분명히 한다. 주로 '장애'학생에 대한 이해를 증진시키기 위해 '장애'에 초점을 두어 정보를 제공하다 보면 긍정적인 측면도 있지만 오히려 '장애'가 부각되는 역효과를 가져오기도 한

행사영역	일시(기간)	장소	대상	내 용
장애이해 수업	4. 13(월)~ 4. 17(금)	각 교실	1반 2반 3반	• 장애이해 관련 샌드 애니메이션 시청 • 오늘의 주인공은 누구일까요? 활동(배지 제공)
	4. 13(월)~ 4. 17(금) (휠체어, 배지)	각 교실	1반	• 무지개 물고기 영상 감상 후 만들기 • 지체장애 체험활동(통합 장애학생의 장애 특성 고려)
			2반	• 무지개 물고기 영상 감상 후 협동작품 만들기 • 청각장애 체험활동
			3반	• 무지개 물고기 영상 감상 후 협동작품 만들기 (남/여 구분) • 시각장애 체험활동
장애 관련 도서 전시	4. 13(월)~ 20(월)	도서실 각 학급	전원	장애 관련 도서 전시(*협조: 사서교사) 각 학급별 장애인식개선 도서 대여
장애인의날 가정통신문	4. 18(금)		부모	장애인의 날 관련 통신문 및 가족과 함께 하는 퀴즈 풀기(소정의 선물 제공)
교직원 연수	4. 20(월)		교사	통합교육 관련 연수물 배부

[그림 9-1] A중학교에서 실시한 장애이해교육 프로그램의 예

다. 이는 교사가 장애학생과 비장애학생의 유사점이나 장애학생의 강점을 함께 고려하지 않았기 때문에 나타날 수 있는 것이다.

넷째, 장애체험활동이 장난이나 놀이처럼 인식되지 않도록 진지하게 참여하고 간접체험을 통해 장애학생이 처한 여건을 공감할 수 있도록 한다.

이러한 목적이 달성될 수 있도록 학교에서는 장애이해교육을 실시해야 한다. 이해를 돕기 위해 중학교에서 실시되고 있는 장애이해교육의 사례를 소개하면 [그림 9-1]과 같다.

그리고 장애이해교육을 실시하기 위해서는 학생의 흥미를 고려하면 좋다. 교사가 장애에 관한 지식을 제공할 때에 설명 위주의 방식보다는 학생이 좋아하는 만

	〈우리 친구 까치〉 VOD, 만화책으로도 제공되며, 지적장애학생 '까치'를 돕는 과정에서 친구들의 우정을 보여 줌
	〈우리 사이 짱이야〉 장애학생과 비장애학생의 바람직한 친구관계 형성을 돕기 위한 교육용 만화로 뇌성마비 아동인 '아람'이와 친구들이 우정을 나누는 과정을 보여 줌

[그림 9-2] 장애학생에 대한 이해를 도울 수 있는 시청각 자료의 예

화자료를 사용하여 이해를 돕는다면 흥미를 쉽게 유발시킬 있을 것이다. 이때 활용하면 좋은 자료는 [그림 9-2]와 같다.

　교사가 일반 학생을 대상으로 장애에 관한 정보를 제공할 때 학생의 발달 단계를 고려할 필요가 있다. 중·고등학생은 이미 초등학교 단계에서 장애이해활동을 하고 온 이들로 기초적인 관련 지식이 습득되어있을 것이다. 그리고 중등학교 단계에서의 교육과정 운영 독특성을 고려하지 않을 수 없다. 예를 들면, 중등학교부터는 교과별로 수업이 이루어지기 때문에, 교육과정 운영 면에서 장애이해활동을 하는 것이 쉽지 않을 수 있다. 이에 중·고등학생에게는 독서활동이나 영화감상 등이 오히려 부담이 될 수 있으며, 학생의 흥미를 유발시키지 못할 수도 있다. 오히려 학생의 발달 단계를 고려하여 좀 더 스스로 생각해 볼 수 있고, 자신의 지식이나 경험, 느끼는 감정 등을 서로 토론할 수 있거나 책을 읽을 기회를 제공한 후 교사가 피드백을 해 주는 것이 더 효과적일 수 있다. 즉, 한국이나 외국의 잘 알려진 장애인을 찾아보고 이들의 삶에 대하여 스스로 찾고, 이야기를 공유하거나, 우리나라에서 개최된 '2018 평창 패럴림픽'에 대한 지식이나 경험, 느끼는 감정 등을 공유해 보는 등의 시사성을 반영한 장애이해활동도 이 시기에 도움이 될 것이다.

2) 일반교육과정에 장애이해 내용 삽입하기

중·고등학생에게 장애학생과의 사회적 통합을 자연스럽게 형성할 수 있는 방법은 일반교육과정에 장애에 관한 내용을 포함하는 것이다. 예를 들면, 과학교과목 시간에 아인슈타인이나 에디슨, 스티븐 호킹 박사 등을 소개하고 그들의 업적을 공유하는 것도 좋은 방법이 될 수 있다. 교과 수업시간이 아니더라도 아침활동 시간이나 재량활동 시간에 장애 관련 기사를 소개하는 방법도 도움이 될 수 있다.

[그림 9-3] 일반교육과정 속에 활용할 수 있는 장애이해 자료

이와 같이 정규 수업시간 또는 활동 시간에 정보를 제공하는 것은 학생들에게 딱
딱한 교육활동으로 받아들이기보다 자연스럽게 장애 또는 장애학생에 대한 이해
를 할 수 있는 기회가 된다. [그림 9-3]은 중학교 교사가 아침활동 시간에 활용한
장애이해교육 자료이다.

이 외에도 일반교육과정에 삽입하여 사용할 수 있는 다양한 자료들이 많다. 〈표
9-1〉에서 교사가 접근하여 관련 자료를 얻을 수 있는 정보처를 제시하였다.

표 9-1   장애이해 및 인식 개선을 도울 수 있는 교수-학습 지원 자료

	웹주소	특징
국립특수교육원	www.nise.go.kr	학교에서 사용할 수 있는 장애이해에 관한 동영상, ppt 자료, 장애 관련 지식 및 법률에 대한 안내가 잘 소개되어 있음. 장애이해를 돕기 위해 교사들이 직접 제작한 자료나 장애이해교육 등도 탑재되어 있어 공유 가능 함
에듀에이블	www.eduable.net	검색조건에 '장애이해'를 입력하면 관련된 멀티미디어 자료, 장애이해 UCC, 시각자료 등이 있음
EBS 지식채널 e	www.ebs.co.kr/jisike	5분여 정도의 짧은 시간 동안 장애, 인권, 교육, 소외, 편견, 다문화 등의 내용으로 장애이해교육에 활용할 수 있는 동영상 자료들이 있음
유튜브	www.youtube.co.kr	장애, 인권, 교육, 소외, 편견, 다문화 등에 관하여 전 세계 다양한 자료들을 접할 수 있음
서울장애인복지관	www.seoulrehab.or.kr	장애인 이동, 장애 예방과 관련된 도서, 영상 뿐 아니라 장애 인식 개선 애니메이션을 보급하고 있음

3. 장애학생과 일반 학생 간의 지속적인 상호작용이 가능한 교수-학습 방법

일반 학생과 장애학생의 물리적 통합에서 벗어나 진정한 사회적 통합을 끌어내
기 위해서는 교사의 세심한 배려와 실천이 필수적이다. 일반 학생과 장애학생 간
에 긴밀한 접촉이 수시로 발생할 수 있도록 학급환경이나 수업장면을 잘 구조화
시킬 수 있다면 사회적 통합을 성공적으로 실행할 수 있다. 이러한 구조화된 방법

으로 수업시간에 협동학습, 동아리활동, 단짝친구 기술, 봉사학습, 사회적 기술 등이 활용될 수 있다. 이들 방법의 효용성을 사회적 통합이라는 관점에서 간략하게 살펴보면 다음과 같다.

1) 협동학습

협동학습은 장애학생과 일반 학생이 한 팀을 이루어 수업 또는 수업 이외의 활동을 공동으로 수행하게 하는 방법이다. 이는 장애학생이 고립되는 것을 예방할 수 있으며, 공동의 목표를 향해 일반 학생과 장애학생이 함께 노력할 수 있다는 측면에서 사회적 상호작용의 기회를 서로에게 제공할 수 있다. 물론 장애가 심하거나 중복장애학생인 경우 공동의 목표를 달성하게 하는 협동학습에 어려움이 있을 수 있지만, 꼭 학업성취가 목적이 아니라면 서로에게 신뢰와 배려를 경험할 수 있는 좋은 기회가 될 수 있다.

2) 동아리활동

장애학생이 바람직하지 못한 행동이나 학업성취가 낮아 또래 학생으로부터 무시를 당하거나 서로 상호작용이 약해질 경우 동아리활동을 제안해 볼 수 있다. 일반 학생과 장애학생이 함께하는 동아리는 서로 한 집단이 됨으로써 사회적 장벽을 가지지 않고 협력할 수 있다. 이 방법을 통해 일반 학생은 장애학생을 배려하고 돌봄으로써 장애학생에 대한 태도를 향상시킬 수 있는 동시에 장애학생도 사회적 상호작용의 기회를 가질 수 있다. 예를 들어, 장애학생에게 자연적으로 생겨난 친구가 없을 경우, 아침 자습 함께하기, 당번활동 함께하기, 밥을 같이 먹기, 심부름 같이 하기, 교실 이동할 때 같이 가기 등을 할 수 있다.

3) 단짝친구 기술

단짝친구 기술(buddy skills)은 일반적으로 일반 학생을 장애학생의 또래교사로 활용하는 것이다(English, Goldstein, Kaczmarek, & Shafer, 1996). 즉, 일반 학생이 장애학생에게 학업적인 면이나 대인관계기술 등을 모델링할 수 있도록 모델이 되어 주거나, 직접 가르쳐 줄 수도 있다. 물론 단짝친구 기술이 성공적으로 실행되기 위해서는 일반 학생에게 사전에 훈련을 제공하여 장애학생과 자주 만나 또래교수를 할 수 있는 경험을 지속적으로 확인할 필요가 있다. 그리고 교사는 일반 학생이 일반적으로 또래교사로서 역할을 많이 하지만, 장애학생도 또래교사가 될 수 있음을 이해하고 있어야 한다. 예를 들어, 청각장애학생은 일반 학생에게 수화를 가르쳐 줄 수 있는 좋은 또래교사가 될 수 있으며, 저학년의 일반 학생에게 고학년 장애학생은 또한 훌륭한 또래교사가 될 수 있다.

4) 봉사학습

장애 유무에 상관없이 장애학생과 일반 학생이 동등하게 봉사의 '제공자'로 역할을 수행할 수 있다. 일반적으로 장애학생은 봉사의 '수혜자'로서만 인식되는 잘못된 편견이 있을 수 있는데, 단적인 예가 2015 개정 교육과정에서 봉사활동의 활동별 내용 중 친구 돕기 활동으로 '학습이 느린 친구 돕기' '장애 친구 돕기 등'이 해당된다. 그러나 이러한 내용은 장애학생과 일반 학생의 사회적 통합을 지원하는 하나의 방법이 될 수 있기는 하나, 한 걸음 더 나아가 장애학생 역시 능동적으로 봉사에 참여할 수 있는 기회를 제공해 주어야 그 교육적 가치가 빛나게 될 것이다. 예를 들면, 학사 일정의 제약을 덜 받는 방과후 프로그램이나 기타 시간을 활용하여 주변지역 쓰레기 줍기, 책 정리하기, 주변 어르신 돕기 등의 봉사를 함께하는 것 등이다.

5) 사회적 기술

장애학생은 일반 학생과의 사회적 관계를 원만하게 형성할 수 있는 필수 기술을 충분히 습득하지 못한 것이지 절대적으로 능력이 부족한 것은 아니다. 즉, 타인의 의도나 정서를 이해하는 사회인지 능력이 일반 학생과 비교하여 질적인 수준에서 차이를 보이긴 하지만 다양한 상황을 경험해 보지 못하여 그 기술을 발휘하지 못하는 것이 대부분이다. 이에 교사는 장애학생이 연령에 적합한 사회적 기술을 습득할 수 있도록 하고, 교과시간이나 쉬는 시간에 사회성 기술을 사용할 수 있는 맥락을 활용하여 지도해야 한다.

특히 중 · 고등학교 시기의 장애학생은 졸업 후 독립적인 생활을 목표로 해야 하기 때문에 더욱 사회적 기술 습득 및 사용이 강조된다. 교사가 장애학생에게 지도해야 하는 사회적 기술의 종류들을 제시하면 〈표 9-2〉와 같다.

표 9-2 장애학생에게 지도해야 할 사회적 기술 영역 및 예

영역	예
상대방과 대화하기 기술	• 상대방이 이야기할 때는 말하지 않고 들어 주기 • 상대방이 이야기하는 것에 고개를 끄덕이며 경청하기 • '감사합니다' '죄송합니다'와 같은 예의를 표시하는 말 사용하기
배려하는 사회적 기술	• 차례 기다리기 • 줄 서기 • 교실 돌아다니지 않기 • 큰 소리 지르지 않기 • 손 들고 질문하기 • 친구를 때리지 않기
자기 관리 기술	• 스트레스 관리하기 • 자기 주장하기 • 분노 조절하기 • 결과 받아들이기

〈표 9-2〉에 제시된 사회적 기술은 집중적인 사회적 기술훈련 프로그램으로 적용해도 좋지만, 통합학급에서 자연스럽게 습득할 수 있는 기회를 자주 제공하는 것도 일반화에 도움이 될 수 있다.

교사는 장애학생에게 사회적 기술을 지도하기 위해 다음과 같은 점을 유의하여 지도하면 좋다. 먼저 교사는 습득해야 할 사회적 기술 중 '이 주의 기술(skill of the week)'을 선정하여 게임형식이든 사회적 상황이든 학생이 직접 행동 시연을 할 수 있도록 한다. 목표 기술은 주로 다음과 같은 두 가지 기술들이다.

• 학생들에게 필요한 사회적 기술(〈표 9-2〉에서 선택)
• 집단 상황에서 눈에 띄게 문제가 되는 사회적 기술

이러한 목표 기술은 단순한 언어적 지시를 통해 도움을 줄 수도 있지만, 핵심적

인 내용을 전달하기 위해 직접 시범을 보이거나, 지속적이고 반복적으로 바람직한 행동을 보여 준다. 교사가 모델이 되어 사회적 기술 시범을 보인 후, 짝을 만들어 서로 연습할 수 있는 시나리오를 제시해 주고 역할 시연을 해 볼 수도 있다. 이때 교사는 자주 구체적인 행동에 대해 격려 및 지지를 해 줌으로써 용기를 가지고 역할 수행을 할 수 있도록 도와주어야 한다(유형근 외, 2013). 학생에게 성공에 대한 경험과 사회적 강화, 격려 등은 사회적 기술훈련에 대한 관심과 노력을 유지하는 데 중요한 요소이다. 즉, 문제가 되는 목표 기술을 잘 습득하였다면 보상(개인 또는 집단)을 사용하고 부적절한 행동을 보였다면 처벌(반응대가/타임아웃)을 사용한다. 또한 인위적인 역할극에서 사회적 기술을 연습하는 것으로 만족해서는 안 되고, 실제 상황에서 적용하고 일반화하기 위해서 비슷한 상황을 중심으로 과제를 제시하여 습득한 기술을 자주 사용할 수 있도록 해야 한다(〈그림 9-4〉 참조).

대화 시작하기

1. 필요성 확립하기: 대화를 시작하는 것은 다른 사람들과 의사소통하기 위한 기본적인 기술이다. 대화하기 기술은 취업이나 관계를 유지하는 데 중요하다.

2. 주제 도입하기: 교사는 학생들에게 대화를 시작하는 여러 가지 사례들을 들려준다.
   "죄송하지만 잠깐 실례해도 될까요? 화장실을 가려고 하는데, 이쪽으로 가는 것 맞나요?"
   "안녕, 철수. 너 셔츠 멋진데! 영화 보러 가지 않을래?"
   "영화관이 어디 있어요?"

3. 기술요소 확인하기(칠판에 적는다)
   - 다른 사람들에게 인사한다.
   - 상대방의 흥미를 끄는 일들을 찾아본다.
   - 상대방이 잘 듣고 있는지 확인한다.
   - 상대방의 흥밋거리와 같은 주제들로 대화를 시작한다(날씨, 취업, 흥미 등)
   - 상대의 좋은 장점을 칭찬하면서 대화를 시작한다.

4. 기술 시범 보이기: 학생이 교사의 역할을 하고 교사는 장애학생의 역할을 한다. 교사는 서툴게 행동하는 상황을 연기한다. 바꾸어 연기해 본다.

5. 행동 시연하기
   - 각각의 역할놀이 후에 올바른 행동을 강화하고, 부적절한 행동을 확인하고 수정하여 역할놀이를 다시 한다. 만일 수정할 것이 없다면 역할놀이를 완료한다.

- 강화물: 칭찬, 물질 강화제(음식, 문구류 등), 활동 강화제(컴퓨터 게임, 음악 듣기 등)
- 토론: 마무리로 행동에 대해 이야기 나누며 정리한다.

6. 연습하기: 학생에게 '어떻게 시작할까요?(그림 9-5 참조)'라는 활동지를 나누어 주고 완성하도록 한다.

7. 지속하기: 학생들에게 적절한 행동에 대한 활동지를 계속해서 나누어 주고 완성하게 한다. 그리고 난 후 강화와 교정을 계속적으로 제공한다.

[그림 9-4] 사회적 기술훈련 프로그램의 예

출처: Begun(1996). pp. 9-12의 내용을 발췌하여 수정함.

어떻게 시작할까요?

이름: _____ 날짜: _____

아래 공간에 있는 사람들과 어떻게 대화를 시작할 것인지를 쓰세요. (충분히 생각한 후 말해 봅시다.)

체육복을 빌려 달라는 상황

_____
_____

[그림 9-5] 사회적 기술 활동지

한편, 이상의 사회적 기술은 맥락 내에서 적절하게 사용할 수 있도록 지도해야 하는 것이 중요하다. 왜냐하면 사회적 기술의 적절성은 학급 규준, 연령, 성별, 문화에 의해서 그 가치가 정의되기 때문이다(Chang, 2004). 이런 부분에서 교사의 문화적 민감성이 중요하다.

성공적인 통합교육을 위해서는 여러 가지 선결 조건이 필요하다. 그중에서도 통합학급에 있는 일반 학생의 장애학생에 대한 태도가 무엇보다도 중요하다. 이 학생들의 사회적 통합이 전제되지 않는 한, 통합교육이 성공적으로 실행되었다고 말을 할 수 없다. 장애학생이 일반 학생과의 사회적인 상호작용이 증가되고, 일반 학생의 적절한 사회적 행동을 모방하여 사회성 기술을 유연하게 사용하게 된다면 하나의 공동체가 이루어질 것이다.

현실적으로 중·고등학교 현장은 교사가 장애이해교육 시간을 확보하는 것이 힘들 뿐만 아니라 장애이해활동 자료 역시 유·초등학교 현장보다 부족한 실정이다. 통합교육이 중·고등학교 시기에 보다 성공적으로 정착하기 위해서는 장애학생에 대한 올바른 이해와 일반 학생과의 사회적 통합을 기대할 수 있는 체계적인 장애이해활동 및 교수-학습 방법이 제안되어야 한다.

그리고 현재 장애이해교육은 주로 특수교사의 주도로 이루어지고 있다. 즉, 특수교사는 전체 학생을 대상으로 이해교육을 실시하고, 교육과정 내 삽입 가능한 내용을 포함하는 통합교육의 기본적인 정보를 제공하고, 장애체험 및 사회성 기술 등에 대한 정보를 제공한다. 그러나 특수교사 주도로 장애학생에 대한 지원이 이루어지고 있는 교육현장의 실제 모습 속에서도 일반교사와 특수교사의 협력은 매우 중요하다.

　이에 이번 장에서는 사회적 통합의 중요성과 중·고등학교 현장에서 활용할 수 있는 여러 가지 장애이해활동 및 교수-학습 전략을 살펴보았다. 예비교사는 미래에 이러한 내용을 교육현장에서 적극적으로 실천해야 할 것이며, 교사 재량에 의한 교육과정 재구성의 능력을 발휘해 주길 바란다.

 학습과제

1. 장애이해활동을 한 가지 제안해 보자.

2. 장애학생과 일반 학생 간의 사회적 통합을 위해 교사가 학급경영에서 가장 중요하게 다루어야 할 부분이 무엇인지 서로 이야기 나누어 보자.

3. '장애'학생에 대한 이해를 증진시키기 위해 '장애'에 초점을 두어 정보를 제공함으로써 발생할 수 있는 역효과는 어떤 점이 있을지 예상하고 지도 시 유의해야 할 점을 논의해 보자.

 참고문헌

권원영(1998). "특별한 친구 프로그램"을 통한 장애아동에 대한 일반아동의 태도변화 연구. 이화여자대학교 교육대학원 미간행석사학위논문.
김희규(2009). 통합학급 교사를 위한 장애이해교육. 서울: 시그마프레스.
노은미(1996). 장애유아에 대한 비장애유아의 긍정적 태도 증진을 위한 프로그램 효과에 관한 연구. 이화여자대학교 교육대학원 미간행석사학위논문.
박승희, 장혜성, 나수현, 신소니아(2007). 장애관련종사자의 특수교육 입문. 서울: 학지사.
서울 경인 특수학급 교사연구회 편(2006). 일반교사를 위한 통합교육 지원 프로그램. 서울: 학지사.

오선영(2000). 또래지원망 프로그램이 장애아동과 일반아동의 친구관계에 미치는 영향. 이화여자대학교 교육대학원 미간행석사학위논문.

이소현, 박은혜(2012). 특수아동교육. 서울: 학지사.

이현정(1999). 통합된 연극놀이 프로그램이 장애학생에 대한 일반초등학생의 태도에 미치는 영향. 이화여자대학교 교육대학원 미간행석사학위논문.

유형근, 신호선, 김현경, 이혜정(2013). 산만하고 충동적인 아이들. 서울: 학지사.

Begun, W. H. (1996). *Ready-to-use Social Skills Lessons & Activities for Grades 7-12*. Pearson Education, Inc.

Chang, L.(2004). The role of classroom norms in contextualizing the relation of children's social behaviors to peer acceptance. *Developmental Psychology, 20*, 691-702.

Cook, B. G.(2001). A comparison of teachers' attitudes toward their included students with mild and severe disabilities. *Journal of Special Education, 34*, 203-213.

English, K., Goldstein, H., Kaczmarek, L., & Shafer, K. (1996). Buddy skills training for preschoolers. *Teaching Exceptional Children, 28*, 62-66.

Lipsky, D.K., & Gartner, A. (1997). *Inclusion and school reform: Transforming America's classrooms*. Baltimore, MD: Brooks.

Tabassam, W., & Grainger, J. (2002). Self-concept, attributional style and self-efficacy beliefs of students with learning disabilities. *Learning Disability Quarterly, 25*, 141-151.

Zirpoli, T. J., & College, M.(2008). *Behavior Management Application for Teachers* (5th ed.). Pearson Education, Inc.

제10장

통합학급에서의 문제행동 지원

 학습목표

• 학생의 문제행동 지원에 대한 중요성을 인식한다.
• 문제행동 발생의 기본 원리를 이해한다.
• 성공적인 통합교육에 필요한 문제행동 지도 방법을 이해하고 활용할 수 있다.

학습개요

학교현장에서 교사들이 직면하는 가장 어려운 문제 중의 하나는 학생들이 보이는 행동 문제일 것이고, 이러한 행동문제는 학습태도나 능력에까지 영향을 주고받기 때문에 이 두 가지를 따로 떼놓고 생각할 수 없다. 우리는 모든 학생들이 바르게 행동하는 좋은 학교환경을 만들기를 바라지만 크고 작은 문제행동은 발생하기 마련이다. 그래서 교사들은 자신의 교직 전문성에 의문을 가지게 되거나 정서적 탈진감으로 힘들어하게 된다. 물론 지도를 해야 하는 교사뿐만 아니라 심한 문제행동을 보이는 학생들 스스로도 심리적 고통을 겪기는 마찬가지이다.

한편, 교육은 문제행동이 발생하고 난 이후에 사후 처리방식으로 행동관리를 하기보다 예방적 차원에서 교육을 실행해야 한다. 그동안 교사들은 학생의 문제행동을 통제, 억압해야 한다는 측면에서 문제행동이 발생하고 난 후에 그 행동을 없애기 위해 많은 에너지를 쏟았다. 그러나 문제행동이 일어난 후에 해결하기보다 바람직한 행동을 많이 할 수 있도록 환경을 조성하는 데 더 많은 신경을 쏟을 필요가 있다. 또한 학생들이 겉으로 문제를 보이지 않더라도 마음 속으로 자기 자신을 괴롭히는 정서적인 문제를 겪고 있을 수 있으며 이러한 문제로 학습상의 어려움을 겪을 수도 있기 때문에 내면화된 문제에도 세심하게 관심을 기울여야 한다.

따라서 통합학급 교사는 이러한 중요한 역할을 수행하기 위해서 몇 가지 측면에서 변화가 있어야 하겠다. 전통적으로 사용하던 행동수정 방법에서 벗어나 행동의 주요 원인과 학생들의 요구가 무엇인지 파악한 후 체계적인 중재방법을 적용해야 할 것이다. 최근의 경향은 학생들의 학습 및 문제행동에 대한 중재방법이 문제행동을 없애는 데 초점을 두는 것이 아니라, 문제가 생기지 않도록 사전에 바르게 가르치는 예방적인 행동중재를 강조한다. 그리고 그 행동이 요구하는 기능은 무엇인지를 파악하는 단계를 중요하게 여기는 것으로 경향이 바뀌었다. 이러한 맥락에서 '긍정적 행동지원(positive behavior support)'의 특징과 실행 단계를 제대로 이해하여 기존에 사용해 오던 전통적 행동수정 방법이 가지는 한계를 극복할 수 있도록 해야 할 것이다.

이에 이번 장에서는 문제행동 지원의 중요성과 문제행동 발생에 대한 기본 원리를 살펴보고, 성공적인 통합교육을 위해 예방적이고 체계적인 관점을 적용하는 긍정적 행동지원 방법을 소개하면서 보다 전문성 있는 교사로서의 자질을 강화하고자 한다.

1. 문제행동 지원의 중요성

모든 학생은 가끔씩 부적절한 행동을 보일 수 있다. 이러한 부분은 학생이 성장해 가면서 보일 수 있는 너무나도 정상적인 부분이다. 대부분의 학생은 자신의 행동이 학급 구성원에게 용인될 수 있는 것인지 아닌지를 빠르게 습득하게 되며, 부적절한 행동을 언제 멈추어야 하는지를 사람, 장소, 상황에 따라 기대되는 바에 따라 조절할 수 있게 된다. 이렇게 자신의 행동을 조절할 수 있는 것은 성장해 오면서 부모나 교사가 제공한 강화, 벌, 타임아웃과 같은 행동수정 방법이라는 이름으로 규정지을 수 있는 것들에 의해서이다.

그런데 통합학급에는 이렇듯 자연스럽게 자신의 행동을 조절해 나가는 학생도 있지만 교사가 제공한 중재가 잘 적용되지 않는 학생들이 있다. 대개 이러한 학생의 비율은 약 15～30%(Martella & Nelson, 2003) 정도이며 다양한 형태로 표출된다. 예를 들면, 분노폭발, 자해행동, 방해행동, 학교 규칙을 어기는 행동 등을 하거나, 지나치게 수줍어 하거나 사회적으로 위축되어 교육활동에 소극적인 행동을 하는 것 등이다. 문제행동은 학생이 교육적 성과를 나타내는데 부정적인 영향을 주며, 사회적으로 긍정적인 관계를 맺는 데 어려움을 제공하는 등 부모나 교사에게도 어려운 도전이 되기 때문에 행동지원이 필수적이다. 그리고 학령기에 보이는 문제행동을 적절하게 중재하거나 지원해 주지 못한다면 학생의 성인기까지 이 문제가 지속 또는 확대되어 전반적인 삶의 질에 심각한 영향을 미칠 수 있다.

그리고 이러한 문제행동을 지원함에 있어 간과하지 말아야 할 것은 학생의 문제행동에 대하여 많은 교사가 학생에게 문제가 있다고 가정하지, 자신의 행동중재 방법에는 문제가 있을 수 있다는 생각을 전혀 하지 않는 것이다(Sugai & Horner, 2006). 물론 또래 학생에 비해 학교에서 요구되는 행동이나 학습에 있어서 훨씬 준비되지 못한 학생도 있다. 그래서 개인의 특성이나 가족, 사회적 요소가 학생의 행동에 중요하게 영향을 미쳐 문제행동을 나타내기도 한다. 그러나 이러한 요소 이외에도 교사 변인에 의해 학생의 행동이 부정적인 방향으로 나타나는 경우도 있다. 실제 교사는 학급을 통제하는 위치에 있다. 즉, 교사의 행동 여부에 따라 학생의 행동이 많이 달라질 수 있다는 것이다. Marzano(2003)는 교실에서의 교사 행동은 학교의 규정이나 체계보다 학생의 성취에 가장 큰 영향을 끼친다고 하였다. 따라서 교사가 이러한 긍정적인 영향을 미치기 위해서는 의미 있고 활동적인 교수환경을 만드는 중재방법에 관심을 선제적으로 기울여야 할 필요가 있다.

2. 행동 발생의 기본 원리

교사는 무엇보다도 학생이 나타내는 행동에 대해 새로운 철학적 이해를 해야 한다. 즉, 모든 문제행동은 어떤 목적이 있다는 사실을 반드시 명심해야 한다. 예를 들어, 학생의 공격적인 행동, 자기 상해, 분노 폭발 행동 등은 다른 사람을 방해하려고 하거나 이런 문제행동을 중지시키려는 타인의 관심을 받기 위한 것일 수도 있다. 그리고 문제행동이 자신의 욕구를 표현할 수 있는 의사소통 방법을 몰라서 일어날 수도 있다. 따라서 문제행동이 일어나는 원인을 파악한다면 문제행동을 감소시킬 수 있는 중재방법을 계획할 때 매우 도움이 된다. 행동지원을 하기 위해서는 다음과 같은 문제행동 발생에 대한 기본 원리를 이해하고 접근하는 것이 중요하다.

- 행동에는 법칙이 있다.
- 행동에는 이유가 있다.
- 행동은 상황과 환경에 영향을 받는다.

이러한 행동 발생 원리에 의해 일반적으로 행동이 가지는 주요한 기능은 〈표 10-1〉과 같은 목적을 가지기 때문에 나타난다고 볼 수 있다. 그리고 문제행동의 기능을 이해한다는 것은 환경 내 변인들을 이해한다는 것을 의미한다. 만약 행동이 언제, 어디서, 누구와 함께 어떤 조건에서 발생하는지 또는 발생하지 않는지를 구별해 낸다면 문제행동의 목적을 이해할 수 있을 것이다. 이에 통합학급 교사는 학생이 보이는 행동이 관심을 끌기 위한 것인지, 아니면 특정 과제를 회피하기 위한 것인지, 무엇을 얻고자 하는 것인지 등 행동을 통해 표현하고자 하는 목적을 찾고 이해하는 데 많은 노력을 기울일 필요가 있다.

표 10-1) 문제행동의 기능

문제 행동		내용
의사소통기능	관심 끌기	• 다른 사람과 상호작용하고 싶거나 어떤 활동에 참석하고 싶을 때 • 교사와 함께 있을 때는 과제 수행을 잘하다가 교사가 다른 곳으로 가거나 다른 아동을 도와줄 때에 문제행동이 일어난다.
	회피 하기	• 특정한 과제나 상호작용을 회피하고자 할 때 • 학습지를 하도록 요구할 때에 문제행동이 일어난다.
	원하는 것 얻기	• 원하는 음식을 얻기 원할 때 • 좋아하는 활동을 중단하거나 끝났을 때에 문제행동이 일어난다.
감각기능	자기 통제	• 반복적으로 손을 흔들기, 손가락을 문지르기, 몸을 흔들기, 물건 돌리기 등은 대개 자기 자극으로 해석을 한다. • 그러나 자신의 에너지를 조절하는 방법일 수도 있다.
	놀이	• 반복적으로 물건을 돌리거나 손을 흔드는 것이 단순히 놀이일 수 있다.

3. 긍정적 행동지원을 통한 성공적인 통합교육 실천

1) 전통적 문제행동 중재방법에서 탈피

학교현장에 흔히 사용되는 문제행동 중재방법은 1960~1970년대에 강조되던 행동주의에 입각한 방법들이다. 이러한 방법들은 장애학생의 개별 특성을 고려하거나 맥락에 따라 달라지는 행동의 기능을 제대로 고려하지 않은채, 잘하면 칭찬하고 잘못된 행동을 하면 벌을 내리는 단순화된 것이다. 왜냐하면 교사는 학생의 문제행동을 개인적인 요구의 표출행동으로 여기지 않고, 줄이거나 없애야만 하는 행동으로 간주하여 빠른 시간 안에 문제행동을 없애는 것이 중요하다고 주로 생각하였기 때문이다. 이러한 전통적 중재방법은 다음과 같은 몇 가지 이유에서 비판을 받고 있다(Sugai & Horner, 2006).

첫째, 전통적인 행동중재 방법은 그 효과가 장기적으로 지속되지 못한다는 것이다. 왜냐하면 문제행동을 신속하게 감소시키기 위해 벌과 같은 혐오적인 형태의 중재를 사용함으로써 다른 상황으로 그 성과가 일반화되지 못하고 쉽게 재발된다. 이는 학생의 삶의 질을 향상시키지 못한다는 측면에서도 문제가 된다.

둘째, 전통적인 행동중재 방법은 문제행동이 환경과 밀접한 관련성이 있음을 고려하기보다 행동의 원인이나 기능을 파악하지 않고 보편적인 강화와 벌에 초점을 두는 중재를 많이 사용한다는 것이다. 예를 들어, A학생이 필기구를 던지는 행동을 하는 것에 대해 과잉교정과 보상이라는 방법을 사용하였다면, B학생이 동일 유형의 행동을 할 경우 동일 중재방법을 사용하는 것이다. 하지만 A학생과 B학생의 경우, 표출되는 행동(필기구를 던지는 행동)이 같을지라도 그 행동을 하는 이유는 각각 다를 수 있기 때문에 그 상황적 맥락이나 학생의 행동 기능을 파악하여 개별적으로 적합한 중재방법을 적용하는 것이 바람직하다.

셋째, 윤리적인 문제이다. 전통적 행동중재 방법 중 문제행동을 감소시키기 위해 '벌'과 같은 교사중심의 중재를 사용한다는 점이 윤리적으로 문제가 될 수 있다. 역사적으로, 중증장애인들이 심각한 행동문제를 보이면 주로 혐오적인 청각자극 제공, 전기쇼크 부여, 자극적인 냄새나 맛 제공 등의 방법을 많이 사용함으로써 비판을 받아 왔다(Guess et al., 1987). 이후 중도장애인협회(The Association for Persons with Severe Handicaps: TASH)와 같은 관련 기관 등에서 이들 방법의 문제점들을 비판했다. 즉, 행동 억제 효과에 장기적인 성과를 주지 못한다는 것이고, 아무 행동에나 가치를 따지지 않고 혐오성 중재를 적용하는 문제, 교사와 학생 간의 신뢰가 생기지 못하는 문제 등이다.

2) 긍정적 행동지원의 개념 및 특성

긍정적 행동지원(positive behavior support: PBS)이란 앞서 기술한 바와 같이 원래 중증의 장애학생들이 보이는 자해행동 및 공격성을 중재하기 위해서 처음 개발되었다(Durand & Carr, 1985; Meyer & Evans, 1989). 우리나라에서 이것이 새로운 행동수정 방법인 것처럼 소개가 되고 있는 실정이기는 하나, 원래 긍정적 행동 지원은 새로운 중재방법이나 이론이 아니라, 타당화된 연구결과를 바탕으로 교수와 학습이 자연스럽게 일어나는 교실에서 모든 학생들을 대상으로 문제행동의 발생 가능성을 줄이고 바람직한 행동을 증가시키도록 계획된 포괄적 행동지원 체계이다. 그리고 개별 학생의 삶의 질을 보장하는 지원이다.

긍정적 행동지원이란 사회적으로 의미 있는 행동의 변화를 성취하기 위하여 긍정적 행동중재 프로그램과 시스템을 적용하는 것을 지칭하는 일반적인 용어이다.

긍정적 행동지원은 행동에 대한 어떤 새로운 중재기법이나 이론을 말하는 것은 아니며, 모든 학생들의 행동에 기반을 둔 체제적 접근 방법을 적용하는 것이다. 즉, 긍정적 행동지원은 학생들의 행동과 관련된 효과적인 환경을 만들기 위하여 학교나 가족, 지역사회의 역량을 결집시켜 향상시키는 체제적인 방법을 의미한다. 그러므로 긍정적 행동지원은 모든 학생들을 대상으로 생활의 다양한 영역에서의 결과(성격, 신체, 사회, 가족, 직업, 여가 등)를 향상시키는 학교환경을 조성하고 유지하는 것을 중요하게 여기며, 이를 통하여 문제행동은 감소시키고 바람직한 행동은 더욱 기능적으로 향상시키려고 한다. 그리고 사회문화적으로 적절한 행동중재 프로그램을 사용하는 것도 강조하고 있다(Sugai et al., 1999). 그동안 노력 없이 사후 반응적이고, 처벌적인 요소가 강조되었던 전통적인 행동중재 방법을 대체하고, 문제행동이 발생하기 전에 학생들을 둘러싼 환경적인 상황을 개선함으로써 사전예방과 체계성을 특징으로 하는 것이 긍정적 행동지원이다.

한편, 긍정적 행동지원이 가지는 주요 특성은 다음과 같다.

첫째, 긍정적 행동지원의 근간은 행동과학에서 출발한다. 인간 행동의 대부분은 학습된 것이고, 환경 요인의 통제하에 변화될 수 있다고 생각하는 철학에 바탕을 둔다. 즉, 바람직한 행동은 습득 가능하고 바람직하지 못한 행동은 긍정적인 것으로 변화 가능하다는 전제를 깔고 있다. 비록 중재를 할 때 통합교육 장면에서 문제를 보이는 학생의 연령, 환경, 문제행동의 기능에 따라 달라지기는 하지만, 기능적 행동평가를 실시함으로써 학생을 둘러싸고 있는 환경을 변화시키고, 새로운 행동을 습득할 수 있도록 교육과정을 개선하며, 학생의 행동을 변화시키도록 중재 혹은 보상하는 체제이다.

둘째, 긍정적 행동지원은 행동문제를 가진 학생을 가르치기 위한 고정된 일련의 규칙이나 절차가 아니라 하나의 교육철학을 실천하는 것이다. 즉, 다루기 어려운 행동을 가진 학생을 돕기 위해 노력하는 '마음'에서 출발하여 일상의 삶에 있어서 긍정적 관계와 참여의 발달이라는 목적을 두는 것이다. 따뜻하고 배려하는 전문가-학생의 관계, 존경의 분위기 내에서 긍정적이고 순향적인 접근법(proactive approach)을 사용하는 것이다. 예를 들면, 교실의 규칙과 기대를 분명하게 하고, 문제행동보다는 바람직한 행동에 더 많은 관심을 보이고, 부적절한 행동에 대해서는 체계적이고 일관성 있게 그리고 공평하게 다루는 것 등이다. 이 예는 교사들에게 설명할 필요도 없이 어느 교사든 알고 있는 기초적인 상식의 내용들이다. 그러

나 이러한 기초적인 내용을 교사가 얼마나 학급 운영에 중심 철학으로 두느냐가
관건이고, 교육의 순간마다 적용하려고 하느냐가 문제행동이나 학습의 결손을 줄
일 수 있는 관건이 된다. 바로 이것이 긍정적 행동지원이다.

3) 긍정적 행동지원 체제

최근에는 학생들이 나타내는 문제행동에 대한 관점이 바뀌었다. 문제행동은 반
드시 나쁜 것이 아니라 학생에게는 유용하고, 뭔가 자신의 욕구를 반영하는 기능
을 가진다. 이러한 기능은 학생을 이해하는 단서가 될 수 있다는 인식으로 전환되
었다. 학생이 바라는 어떤 것을 교사나 다른 사람들에게 전달하고자 하는 목적을
지니고 있기 때문에 이러한 행동의 기능을 이해한다면 학생이 성장할 수 있는 환
경을 만들어 줄 수 있고, 교사와 학생 간의 관계 개선을 통해 긍정적인 학교 분위
기를 만들 수 있을 것이다([그림 10-1] 참조).

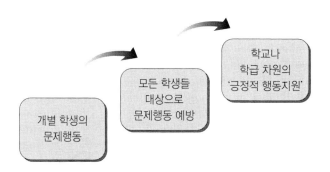

[그림 10-1] 문제행동에 대한 접근방법 변화

긍정적 행동지원은 학교 차원에서 이루어질 경우 크게 3단계에 걸쳐 실시된다
([그림 10-2] 참조). 첫 번째 단계인 1차 또는 초기중재(primary intervention)는 전교
생을 대상으로 상시적으로 실시된다. 이 초기중재의 가장 큰 목적은 문제행동의
예방인데, 교육을 통해 학교 차원의 규칙과 학생들에게 기대하는 행동에 대한 명
확한 제시와 교육이 우선적으로 실시되는 것이다. 즉, 전체 학생들에게 어떤 행동
은 수용이 되는 것이고 어떤 행동은 수용되지 못하는 것인지, 문제행동을 일으켰
을 때 어떤 형태의 결과가 따르는지에 대한 정확하고 객관적인 정보를 제공해 줌
으로써 학생들이 자신의 행동에 대해 책임을 질 수 있도록 하는 것이다. 그리고 이

단계는 특정 교육과정이나 중재 프로그램이 아니라 행동이나 학급 관리 및 학교 훈육 체계를 만들어 적용하는 것이다.

두 번째 단계는 2차 중재(secondary intervention)로 충분히 예방과 지도가 이루어지지 않은 전체 학생 중의 약 15% 내외의 위험군 학생을 대상으로 실시한다(Gresham et al., 1998). 이들 학생들은 비슷한 문제행동을 나타낸 경우가 대부분이며 부모나 지역사회로부터 제대로 된 학습 및 행동지원을 받지 못한 경우에 해당한다. 이들을 위해 분노조절 훈련, 사회적 기술훈련 등이 일반적으로 많이 사용된다.

마지막 세 번째 단계는 3차 또는 심화 중재(specialized intervention)로 약 5% 내외의 학생이 해당되는데 고질적이며 심각한 수준의 문제행동을 나타내며 학습에도 문제가 있는 경우가 많다(Horner et al., 2005). 이 단계에 해당하는 학생은 주로 특수교육에서 주요 대상자로 포함되거나 관심을 불러일으키며, 개별화된 지도를 필수적으로 요하기 때문에 기능적 행동평가라는 문제행동 중재가 대표적으로 필요하다.

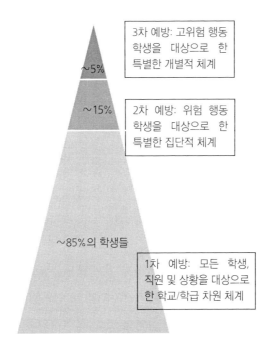

[그림 10-2] 긍정적 행동지원 체제

4) 기능중심의 행동평가

긍정적 행동지원의 이론적 틀 구성에 영향을 미친 주요 요소 중의 한 가지가 응용행동분석(applied behavior analysis)이다. 즉, 과거 20년 동안 응용행동분석에서의 가장 중요한 변화는 '기능중심의 행동평가'를 바탕으로 한 문제행동 중재 개입이다 (Carr, 1994). 전통적으로 문제행동의 원인은 문제행동을 가진 학생의 내부에 있는 것으로 인식되어, 문제행동의 진단 시에는 문제행동의 형태와의 관계를 강조해 왔다. 그러나 최근에는 문제행동의 원인을 환경과 연결하여 유기적으로 분석하게 되는데, 기능적 행동평가가 이에 적합하다. 즉, 학급 장면에서 문제행동을 보이는 학생의 행동을 변화시키기 위해서는 개별화된 행동지원 프로그램이 계획되어야 하는데, 이때 문제행동의 발생 맥락과 문제행동의 본질에 대한 정보를 탐색하는 것이 필수적이다.

먼저 문제행동을 보이는 학생을 중재하기 위한 필수적인 과정으로 실행되어야 하는 기능적 행동평가는 [그림 10-3]과 같이 표현할 수 있다.

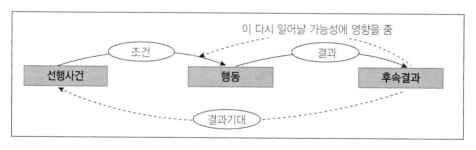

[그림 10-3] A-B-C 분석

출처: 강영심, 황순영(2011)에서 발췌.

[그림 10-3]에서 제시된 바와 같이, 학생의 문제행동을 변화시키기 위해서는 행동 이후에 부수적으로 일어나는 후속결과(C)에 대한 기본적인 이해가 필요하다. 즉, 기능적 행동평가는 전형적인 표준절차를 따른 형식적인 방법이나 정확한 수치의 결과를 보여 주는 통계적인 방법이 아니라 문제행동이 일어나는 맥락을 이해하려는 절차로 이해하는 것이 더 바람직하다. 물론 학생들이 보이는 문제행동이 기능적이라는 가설이 행동을 완벽하게 설명해 주지는 못한다. 행동은 너무나도 다양한 변수에 의해서 결정되는 것이기 때문에, 그 다양한 변수를 찾는 일에 관심을 가

질 뿐이다. 이에 문제행동을 일으키는 이유를 이해한 후 가설을 세우고, 이에 알맞은 개입 전략 계획을 세우고, 이에 따른 적절한 중재를 실시하고 그 효과를 검증하는 것을 원칙으로 해야 한다(이효신, 2006).

그러나 이러한 기능평가는 문제행동을 다루어야 하는 교사들이 소홀하게 인식할 가능성이 있다. 왜냐하면 보다 정확한 기능평가를 수행하기 위해서는 많은 시간의 관찰과 행동평가가 이루어져야 하기 때문이다. 하지만 간단하게라도 이 과정을 거치지 않고 문제행동을 중재하는 것은 전통적인 행동수정 방법에 머무르는 수준이라고 할 수 있다. 이에 긍정적 행동지원과 기능적 행동평가의 적용은 학생들이 보이는 문제행동의 원인이 학생 개인에게 있다고 보면서 학생 개인을 탓하는 관점에서 벗어나, 학생을 둘러싼 외부 환경을 종합적으로 탐색하고 분석하여 학생과 직접적으로 관련 있는 원인을 객관적으로 이해하도록 도와주기 때문에 현장의 교사라면 반드시 이 방법을 적극 활용해야 할 것이다.

5) 긍정적 행동지원에서의 중재 전략

일반적으로 전통적인 행동수정은 단일 중재를 적용하는 반면, 긍정적 행동지원은 여러 가지 중재를 적용하여 종합적이고 다각적인 접근을 한다. 긍정적 행동지원은 크게 선행사건 중심의 중재, 후속결과 중심의 중재, 대체행동 교수를 중심으로 하는 전략을 사용할 수 있다.

(1) 선행사건 중심의 중재

선행사건 중심의 중재는 문제행동을 예방한다는 점에서 교육적 가치를 지닌다. 즉, 문제를 일으킬 만한 선행사건을 변화시켜 문제행동 발생 가능성을 줄이도록 하기 때문이다. 예를 들면, 가구의 배열, 좌석 배치, 시간표 조정, 소음 및 조명 조절 등의 환경적 자극을 변화시켜 문제행동이 발생하는 것을 예방할 수 있도록 하는 데 목적이 있다. 뿐만 아니라 학생의 개인 흥미를 고려하여 실생활과 연계된 교육과정을 구성하거나, 학습 난이도를 고려하여 과제를 제시하거나 수행 준거를 제시하여 학생 스스로가 과제에 참여할 수 있도록 해 주는 것이다. 그리고 장애학생들은 감각기관을 통해 지각되는 정보들을 단순화하고 조직하는 데 어려움을 나타내는 경우가 많다. 이에 과제를 시각적으로 명료하게 구조화시켜 지시하면 학생은 보다 빨리 과제를 이해하게 될 것이고, 특히 자폐성장애학생일 경우 시각적으로 과제의 시작순서나 분량을 제시해 주는 것이 좋다. [그림 10-4]와 같이 과제를 부여할 때 학생이 쉽게 이해할 수 있도록 수식어나 미사어구가 많이 들어간 언어적 지시보다는 간단명료한 문장과 함께 사진, 그림, 실물 등을 통해 시각적 지시를 해 주는 것이 효과적이다.

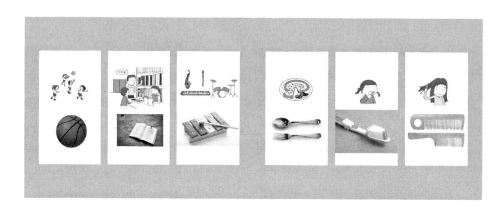

소형사물을 이용한 시각적 스케줄

[그림 10-4] 실물이나 사진을 이용한 시각적 스케줄

이 외에도 문제행동의 기능에 따라 선행사건을 변화시키거나 제거하는 중재를 계획할 수 있다.

문제행동이 관심 끌기 기능일 경우
- 계획에 따른 관심 제공: 문제행동을 할 경우에는 관심을 소거하고, 바람직한 행동을 할 때에 관심을 제공하는 차별강화 제공, 시간 간격을 일정하게 설정하여 그 시간 간격마다 관심을 제공한다.
- 교사의 근접성: 교사 가까이에 학생을 배치시킴으로써 관심 제공의 가능성을 증대한다.

문제행동이 회피하기 기능일 경우
- 과제 난이도 조정: 과제나 활동의 난이도가 적절한지 여부를 확인한 후, 학생에게 어려운 과제라고 확인이 된다면 난이도를 낮춘다.
- 선택의 기회 제공: 학생이 선호하는 활동에 참여하고 즐길 수 있도록 다양

한 환경을 제공함으로써 유쾌하지 않은 일을 좀 더 바람직하게 할 수 있도록 한다.

- 학생이 선호하는 교육활동 제공: 학생에게 선택할 기회를 제공하는 것은 아니지만, 학생이 선호하는 과제를 준다면 활동에 집중할 수 있다.
- 기능적이고 의미 있는 활동 제공: 교육과정상의 활동이 개념적인 활동에 그칠 경우 지겨워 할 수 있지만 그 활동이 실생활에 도움을 주거나 구체적인 결과가 제시될 수 있는 기능적 활동이라면 과제 참여 정도를 높일 수 있다. 예를 들어, 수학의 측정단위를 배울 때 빵을 네 조각으로 나누기를 통해 배우게 한다면 흥미도를 높일 수 있다.
- 과제의 길이 조정: 한번에 한 주제에 대해서만 조사하거나, 한번에 몇 개의 문제만 풀게 한다.
- 과제 수행 양식의 수정: 손으로 글을 쓰는 것을 싫어하는 학생에게는 컴퓨터나 녹음기를 이용하게 하거나, 연필 대신 다른 색연필, 크레용을 사용하게 한다.
- 예측 가능성 증진: 활동의 시작과 종료, 또는 하루 일과를 알 수 있도록 환경을 조성한다.

문제행동이 획득의 기능일 경우

- 예고하기: 현재 수행하고 있는 활동을 마칠 때가 되었거나 물건 반납할 시간이 되어 간다는 것을 미리 알게 해 준다.
- 전이 활동 계획: 좋아하는 활동에서 싫어하는 활동으로 바꾸려면 싫어하는 활동 앞에 학생이 좋아하는 게임 등을 삽입한다.
- 물건에 대한 접근 가능성을 높인다.

(2) 후속결과 중심의 중재

후속결과 중심의 중재는 문제행동이 발생한 후에 곧 시행되는 행동절차를 통한 중재를 말한다. 대표적으로 차별강화, 행동계약, 토큰경제, 소거, 반응대가, 타임아웃, 과잉교정 등의 행동수정 기법 등이 사용된다. 이들 방법들 역시 기능적 행동평가에 기반하여 행동의 기능을 파악한 후에 개별적인 특성을 고려하여 사용되어야 한다.

행동계약서

내가 할 일		보상	
누가:	☐	누가:	☐
무엇을:	☐	무엇을:	☐
언제:	☐	언제:	☐
어떻게:	☐	어떻게:	☐

이동: _____ 사인: _____ 날짜: _____

이동: _____ 사인: _____ 날짜: _____

[그림 10-5] 행동계약서의 예

- 차별강화: 바람직한 행동에 대해 강화를 제공하여 그 행동을 증가시키고 문제 행동을 감소시키는 전략이다
- 행동계약: 바람직한 행동을 구체적으로 명시하여(행동의 성공기준, 성취해야하는 기간, 보상의 내용 등) 학생과 교사가 서로 약속을 통해 행동을 변화시키는 전략이다([그림 10-5] 참조).
- 토큰경제: 바람직한 행동을 수행하는 것에 대해 토큰을 부여하고, 학생이 얻은 토큰으로 강화물이나 강화 활동과 교환할 수 있는 체계이다.
- 소거: 문제행동을 유발하거나 유지시키는 것으로 여겨지는 강화를 제거함으로써 문제행동을 감소시키는 전략으로, 주로 사회적 관심에 의해 강화된 행동을 줄이는 데 효과적이다.
- 반응대가: 문제행동을 보이면 학생에게 중요한 가치가 있는 것이나 특권들을 제거하는 것으로 행동의 발생률을 감소시키는 벌의 일종이다.
- 타임아웃: 문제행동을 보이면 그 즉시 그 상황에서 다른 상황으로 격리시키는 전략이다. 특히 안전에 대한 위협으로 인해 다른 사람으로부터 분리시킬 필요가 있을 때나 문제행동의 원인이 다른 사람의 관심을 얻고자 할 때라면 타임아웃 전략이 효과적이다. 단, 정도가 심하다고 원인과 상관없이 무조건 타임아웃을 실시하면 문제행동이 오히려 증가할 가능성이 높을 수 있으며, 문제행동이 심각해지기 전에 실시하면 더욱 효과적이다.

• 과잉교정: 문제행동으로 잘못된 상황을 원래의 상태로 복원한 후, 학생의 문제행동을 바로잡는 연습을 되풀이해서 시키는 전략이다.

(3) 대체행동 교수

학생의 문제행동은 대부분이 자신의 의도를 적절하게 알리는 방법을 알지 못하거나 문제행동이 다른 방법보다는 더 효과적으로 타인에게 자신의 의도를 알릴 수 있기 때문에 나타난다.

이에 긍정적 행동지원의 궁극적인 목표는 기능분석을 바탕으로 문제행동을 보다 사회적으로 적절한 대안적 행동으로 대체 할 수 있도록 하는 데 있다. 교사는 학생의 문제행동에 대해 대체기술을 가르침으로써 학생들이 원하는 바를 얻을 수 있게 되고, 학교 및 일상생활에서 더욱 독립적으로 지낼 수 있도록 지원해야 할 것이다. 대표적인 대체행동으로는 사회적 기술, 독립 기술, 문제해결 기술 등이 있다.

대체행동 기술을 지도할 때에는 몇 가지 유의해야 할 점이 있다. 첫째, 문제행동과 동등한 기능을 가지고 사회적으로 수용 가능한, 적절한 언어적 혹은 비언어적 행동이어야 한다. 둘째, 대체행동을 선택할 때는 문제행동보다 더 쉬운 행동이어 한다. 셋째, 학생이 기대하는 목적을 성취하고, 문제 상황을 예방하며, 어려운 상황을 효율적으로 극복하는 것을 목적으로 한다. 예를 들면, 수업시간에 친구와 이야기하면서 교실 분위기를 혼란스럽게 하는 학생이 있다면, 교사는 "말하지 마세요"라고 행동을 통제하기보다 "책을 봐 주세요"라고 정확하고 구체적으로 학생이 해야 하는 행동을 이야기해 주는 것이 좋다. 즉, 학생이 해야 하는 행동보다는 해서는 안 될 행동을 지시하는 것이 보다 쉽고 간단하지만 학생들은 어떻게 바람직한 행동을 해야 하는지 대체행동을 잘 몰라 문제행동을 보일 수도 있다. 그리고 만약 대체행동 자체가 너무 정교하거나 어려운 것이라면 문제행동을 계속 보일 가능성이 높기 때문에 제시한 유의 사항을 고려해야 한다.

6) 긍정적 행동지원 실천을 위한 노력

지금까지 긍정적 행동지원의 교육적 가치에 대하여 소개하였다. 이미 국외뿐만 아니라 국내에서도 긍정적 행동지원의 적용 효과에 대한 연구들이 많이 제공되었

지만, 실제 우리나라의 교육 장면에서 긍정적 행동지원과 기능적 행동평가 활동을
활발하게 실행하고 있는지를 살펴보면 아직 시작점에 놓여 있다고 할 수 있다. 많
은 연구들을 통해 그 효과성과 중요성은 알려지고 있지만, 실제 우리나라의 교육
장면에 적용하기까지는 여러 가지 고려되고 극복되어야 할 점이 있어 보이며 어
쩌면 우리나라의 교육 현실과 동떨어져 있는 이상향이라고 생각할 수도 있다. 많
은 교사들이 긍정적 행동지원의 방법에 대해 이해하고 있고, 그 교육적 가치를 받
아들이면서도 교육 장면에서 실제 적극적으로 활용하는 데 주저하는 이유가 무엇
일지에 대해 같이 고민하고 노력해 보기를 바란다. 이에 교사들이 학생의 문제행
동 중재를 위해 긍정적 행동지원을 실행할 경우 다음과 같은 태도를 가져야 할 것
이다.

첫째, 무엇보다도 학급을 담당하는 교사는 학생의 문제행동에 영향을 미치는
수많은 요인들 중에서 학생의 행동에 가장 두드러지게 영향을 끼치는 요인이 무
엇인지, 적절한 중재방법은 무엇인지를 명확하게 가려낼 수 있는 전문성을 길러
야 할 것이다. 이를 위해서는 이 장에서 강조한 긍정적 행동지원 프로그램과 기능
적 행동평가와 같은 주요 개념들을 필수적으로 이해하고 실행하려는 노력을 해야
할 것이다. 최진오(2009a, 2009b)에 의하면 교사들은 교수방법이나 생활지도 방법
개발 시 자신이나 타인으로부터 얻은 주관적인 정보를 실험이나 연구를 통해 얻
은 객관적인 정보보다 더 선호하고 있다고 하였다. 현재 학계에서는 교사들이 개
인의 경험보다는 객관적 자료에 의해 학생들을 지도해야 한다는 증거기반의 실제
(evidence based practice)를 강하게 요구하고 있지만 실제 현장의 교사들은 이러한
객관적 중재방법보다는 주관적 중재방법에 더 많이 노출되어 있다는 것이 문제이
다. 따라서 개별 교사의 적극적인 의지와 학교 관리자의 지지, 학교 구성원과 학부
모의 관심과 협력이 필수적으로 요구되며, 지역 교육청, 현장과 대학 간의 협력을
통해 보다 실질적인 의사소통을 바탕으로 긍정적 행동지원이 얼마나 현장에서 유
용한지에 대해 실험 연구를 실시하고 핵심 요소를 도출하여 우리나라 문화 또는
해당 학교환경에 맞는 긍정적 행동지원 프로그램의 개발이 이루어질 필요가 있다.

둘째, 교사들이 긍정적 행동지원의 철학적 개념을 충분히 이해할 필요가 있다고
생각한다. 긍정적 행동지원을 위해서는 필수적으로 기능적 행동평가를 실시해야
하고, 이 평가를 실시하기 위해서는 부수적으로 실행되어야 하는 일이 많다. 또한
긍정적 행동지원을 학교 차원에서 실시하기 위해서는 학교 관계자 및 부모, 지역

교육청과의 협력이 필수적인데 이들과의 협력을 귀찮게 여기게 된다면 긍정적 행동지원의 효과를 보기가 어렵다. 이러한 협력과 다양한 평가과정을 수행해야 하는 일이 업무가 많은 교사에게 부담이 될 수는 있지만 긍정적 행동지원의 철학을 충분히 이해하고 접근한다면 불편함을 감수할 수 있을 것으로 여겨진다.

셋째, 긍정적 행동지원 실행에서 많은 교사들은 문제행동에 대한 후속결과 중심의 중재를 선호하고 이에 초점을 많이 두어 후속결과 중심의 중재가 효과적이라고 생각한다(오혜정, 김미선, 2011). 그러나 긍정적 행동지원은 예방적인 차원을 포함하는 것으로 예방 전략을 고려해야만 한다. 초 · 중 · 고등학교 교사들과 특수교사들이 선호하는 문제행동 중재방법은 행동수정 전략이나 응용행동분석 중심의 지도라는 부분에서(이대식, 2003; 이효신, 2004; 최진오, 2009a, 2009b) 후속결과 중심의 전통적인 방법을 주로 선호함을 알 수 있다. 아마도 이러한 문제행동에 대한 중재방법의 인식은 그동안 긍정적 행동지원의 개념이나 실행방법에 대한 일반적인 소개에 의한 것이리라 여겨진다. 이에 긍정적 행동지원의 예방적인 실행을 강조하기 위해서는 행동의 기능을 이해하고, 그 기능을 전환시키기 위하여 교육환경을 재구조화하는 방향으로 행동중재 전략을 모색할 필요가 있다.

넷째, 앞에서 제시한 긍정적 행동지원에 대한 정확한 개념 이해 및 실행 의지, 긍정적 행동지원에 대한 교사의 철학의 중요성, 예방 차원의 선행사건 중심의 중재전략 강조 등은 교사 스스로 노력하기보다 전문가의 협력이나 지원 매뉴얼 제공과 같은 외부적인 지원이 있을 때 보다 손쉽게 이루어질 수 있을 것이다. 즉, 학교 차원에서의 긍정적 행동지원을 성공적으로 정착시키기 위해서는 명확한 공동의 목표를 공유하는 긍정적 행동지원팀이 형성되어야 한다(Cohen et al., 2007). 학생이 보이는 문제행동의 기능은 상황에 따라 다르고, 개인에 따라서도 다르기 때문에 일반화하기 어렵지만 문제행동을 접근하는 긍정적 행동지원의 일반적인 순서 및 분석내용, 평가 도구 등을 체계적으로 활용할 수 있도록 교사 1인이 실시하는 것이 아닌 팀 접근을 기본으로 해야 한다. 이를 위해서 지역 교육청, 현장과 대학 간의 협력을 통해 보다 실질적인 의사소통을 바탕으로 긍정적 행동지원이 얼마나 현장에서 유용한지에 대해 실험 연구를 실시하고 핵심 요소를 도출하여 우리나라 문화 또는 해당 학교환경에 맞는 긍정적 행동지원 프로그램의 개발이 이루질 필요가 있다.

마지막으로, 학생의 문제행동 중재 차원에서 긍정적 행동지원을 고려할 때 아직은 이상향으로 여겨지는 방법이지만 지금까지 많이 사용해 오던 혐오적인 중재방법이 학생의 이미지에 미치는 부정적인 영향에 대해 논의가 있어야 하며, 학생 인격을 존중하고 사회적으로 수용될 수 있는 사회적 타당성이 강조될 필요가 있다(박승희, 1999). 선행 연구들에 따르면 학생들의 문제행동의 형태나 강도는 학년에 따라 확연한 차이를 나타내며 대체로 고학년이 될수록 그 양태가 보다 사회적으로 심각해진다(김수연, 이대식, 2008; 최진오, 2009a, 2009b). 이들 연구들에서 아직도 학교현장에서 매와 체벌의 효용성에 관한 교사들의 찬반의견이 서로 팽팽하게 맞서고 있는 것으로 나타났는데, 사회적 인식과 체벌에 따른 책임 문제로 인해 교사들이 체벌 사용을 자제하는 것일 수도 있다. 따라서 이러한 체벌의 승화된 교육방법으로 긍정적 행동지원을 통해 학생의 문제행동 중재를 실시할 수 있도록 해야 할 것이다.

갈수록 장애를 가지고 있거나 다문화 또는 한부모 가정에 속하는 다양한 학생들이 포함되어, 이전보다는 학급이 무지개 색과 같이 구분되어 설명되는 수준을 넘어서 그 이상의 다양하고 독특한 무수히 많은 색의 스펙트럼을 가진 교육환경을 교사들은 운영해야 한다. 따라서 이전보다 더 다양한 학생들의 요구를 존중하고 살려주는 교육을 실행해야 하는 기로에 서 있으며, 긍정적 행동지원과 기능적 행동평가 활동을 활발하게 실행할 필연성을 가졌으면 하는 기대를 해 본다. 긍정적 행동지원은 많은 연구들을 통해 그 효과성과 중요성이 알려지고 있지만, 실제 우리나라의 교육 장면에 적용하기까지는 여러 가지 고려되고 극복되어야 할 점이 있어 보이며 어쩌면 우리나라의 교육 현실과 동떨어져 있는 이상향이라고 생각될 수도 있다.

분명히 긍정적 행동지원의 방법에 대해 이해하고 있고, 그 교육적 가치를 받아들이면서도 교육 장면에서 적극적으로 활용하는 데 주저하게 되는 이유가 있을 것이다. 학교와 교실을 안전하고 질서정연하며 긍정적이고 생산적으로 만들 수 있도록 사후 처방 또는 결과에 따른 중재에 의존해 왔던 교사들의 가장 큰 고민으로 일컬어지는 학생들의 학습 및 행동문제를 개선해 보기를 기대한다.

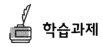 **학습과제**

1. 교실현장에서 교사가 흔히 사용하는 문제행동 중재 방법들의 교육적 순기능과 역기능을 논의해 보자.

2. 긍정적 행동지원을 실행하는 데 있어 교사에게 필요한 전문성에 대해 논의해 보자.

 참고문헌

강영심, 황순영(2011). 최신 행동치료. 서울: 센게이지러닝.

김수연, 이대식(2008). 초등학교 일반학급 교사들이 인식한 학급 내 문제행동 실태와 그 대처방안. 특수교육학연구, 43(1), 183-201.

박승희(1999). 행동 습득 및 숙달을 위한 방법론. 제2회 이화특수교육연수회자료집 (pp. 89-110). 서울: 이화여자대학교 특수교육학과.

오혜정, 김미선(2011). 학급차원의 긍정적 행동지원에 대한 특수교사의 인식 및 실행. 중복·지체부자유연구, 54(3), 85-100.

이대식(2003). 교사들이 지각한 초등학생들의 정서행동문제와 대처방안의 효과. 정서학습장애연구, 19(4), 283-302.

이효신(2004). 특수학교의 학급 내 문제행동에 관한 교사의 인식 분석. 특수교육저널: 이론과 실천, 5(2), 245-263.

이효신(2006). 발달장애아의 문제행동 중재를 위한 행동주의 접근법의 변화와 문제. 특수교육재활과학연구, 45(3),

최진오(2009a). 중고등학교 교사들의 문제행동 중재방법. 특수교육저널: 이론과 실천, 10(4), 179-202.

최진오(2009b). 초등교사의 문제행동 중재방법 활용실태 조사 연구. 특수교육저널: 이론과 실천, 10(1), 229-248.

Carr, E. G., Levin, L., MeConnachie, G., Carlson, J. I., Kemp, D. C., & Smith, C. E. (1994). *Communication-based intervention for problem behavior: A user's guide for producing positive change*. Baltimore: Paul Brookes.

Cohen, R., Kincaid, D., & Childs, K. (2007). Measuring school-wide positive behavior support implementation: Development and validation of the benchmarks of quality. *Journal of Positive Behavior Intervention, 9,* 203-213.

Durand, M. V., & Carr, E. G. (1985). Self-injurious behavior: Motivating conditions and guidelines for treatment. *School Psychology Review, 14,* 171-176.

Gresham, F. M., Sugai, G., Horner, R. H., Quinn, M. M., & McInerney, M. (1998). *Classroom and school-wide practice that support student's social competence.* Washington, DC: US. Department of Education.

Guess, D., Helmsetter, E., Turbull, H., & Knowlton, S. (1987). *Use of aversive procedures with persons who are disabled: A historical review and critical analysis.* (TASH Monograph series, No. 2). Seattle: TASH.

Horner, R. H., Sugai, G., Todd, A. W., & Lewis-Palmer, T. (2005). School-wide positive behavior support: An alternative approach to discipline in schools. In L. M. Bambara & L. Kern (Eds.), *Individualized support for students with problem behaviors* (pp. 359-390). New York: Guilford Press.

Martella, R. C., & Nelson, J. R. (2003). Managing classroom behavior. *Journal of Direct Instruction, 3*(2), 139-165.

Marzano, R. J. (2003). *What works in schools.* Alexendria, VA: ASCD.

Meyer, L. H., & Evans, I. M. (1989). *Nonaversive intervention for behavior problems: A manual for home and community.* Baltimore: Paul Brookes.

Sugai, G., Horner, R. H., Dunlap, G., Hieneman, M., Lewis, T. J., & Nelson, C. M. (1999). Applying positive behavior support and functional behavioral assessment in schools. *Journal of Positive Behavior Interventions, 2,* 131-143.

Sugai, G., & Horner, R. H. (2006). A promising approach for expanding and sustaining school-wide positive behavior support. *School Psychology Review, 35*(2), 245-259.

제5부
통합교육의 전망

제11장 학교전문가, 학부모, 보조인력 간 공동협력

제12장 보조공학과 보편적 설계

제13장 진로 · 직업교육 현황 및 전환교육

제11장

학교전문가, 학부모, 보조인력 간 공동협력

학습목표

- 성공적인 통합교육을 위해 공동의 협력관계가 중요함을 인식한다.
- 일반교사와 특수교사 간 협력의 중요성 및 협력교수 방법을 설명할 수 있다.
- 교사와 학부모의 협력 유형 및 효과적인 협력을 위한 소통 전략을 설명할 수 있다.
- 교사와 특수교육 보조인력 간의 구체적인 협력 방법을 실천할 수 있다.

학습개요

통합교육을 저해하는 요인은 다양하지만 통합교육을 담당하는 교사의 전문성 및 장애학생에 대한 이해 부족, 학교 관리자의 부정적인 태도와 지원 부족, 장애학생에 대한 비장애학생의 부정적인 태도와 인식, 비장애학생 학부모의 편견과 장애학생 학부모가 갖는 부적합한 기대감과 요구, 장애학생의 장애 유형 및 심각성 정도, 일반교사와 특수교사 간 혹은 교사와 학부모 간 비협조적 관계 등을 들 수 있다. 결국 장애학생의 장애 특성으로 인한 방해 요인을 제외하면, 대부분이 장애학생과 직간접적으로 관련된 구성원들의 태도나 인식에 따른 요인임을 알 수 있다.

사람의 태도나 인식은 고정적인 것이 아니다. 그렇다고 짧은 시간 내에 혹은 단발성 경험에 의해 바뀔 수 있는 것도 아니다. 장애학생에 대한 부정적인 인식과 태도는 구성원들이 서로 협력해 나가는 과정을 통해, 그리고 장애학생과 지속적으로 상호작용하며 서로에 대한 이해를 높이면서 점차 긍정적으로 변화될 수 있다. 이 장에서는 협력의 개념과 필수 요소에 대해 살펴보고, 성공적인 통합교육의 필수 요건 중의 하나로 장애학생 교육에 지대한 영향을 주는 일반교사와 특수교사 간 협력, 교사와 학부모 간의 협력에 대해 살펴보고자 한다. 또한 2004년부터 특수교육 및 통합교육 현장에 배치되어 온 특수교육 보조인력과 교사 간의 효율적인 관계에 대해서도 간략하게 설명하고자 한다.

1. 협력의 개념 및 필수요소

협력이란 두 명 이상의 사람이 공동의 목표를 달성하기 위하여 함께 일하는 것이다(Snell & Janney, 2005). 협력은 조정(coordination), 자문(consultation), 팀 접근(teaming) 등으로 구분할 수 있다. 세 가지 모두 두 명 이상의 사람이 함께한다는 점에서는 유사하나, 협력의 형태나 수준에 있어서 사뭇 다르다. 통합교육이 제한적으로 이루어졌던 초반에는 특수교사가 일반교사의 요청을 받아 장애학생의 특성을 비롯하여 장애학생 교육에 필요한 지식이나 기술을 알려 주거나, 도움이 되는 자료를 제공해 주는 등 자문 형태의 협력이 주를 이루었다. 일반학급에서 수업을 받는 장애학생이 증가함에 따라 진정한 의미의 협력이라 할 수 있는 팀 접근의 협력이 그 어느 때보다도 강조된다. 각각에 대해 간략하게 설명하자면 다음과 같다(원종례, 2005; Bigge, Stump, Spagna, & Silberman, 1999)

1) 조정

협력의 가장 단순한 형태라 할 수 있으며, 계획한 대로 서비스가 제공되는지를 점검하기 위해 구성원들이 지속적으로 대화하고 협력하는 협력 유형이다. 예를 들어, 특수교사와 일반교사가 장애학생의 중재를 위해 시간표를 조정하는 것 등이 이에 포함된다.

2) 자문

특정 분야의 전문성을 갖춘 사람이 상대방에게 의견이나 정보를 제시하거나 상담을 해 주는 등의 도움을 제공하는 형태를 말한다. 예를 들어, 일반교사가 현장학습이나 학교행사에서 장애학생을 인솔하기 힘들어하는 경우 특수교사에게 자문을 구하는 것 등이 이에 해당한다.

3) 팀 접근

가장 이상적인 형태의 협력이라 할 수 있으며, 협력의 당사자들이 동등한 입장에서 각자의 장점을 활용하면서 상호 협력관계를 만들어 가는 것이다. 팀 접근은 크게 다학문적 팀, 간학문적 팀, 초학문적 팀으로 구분될 수 있으며, 구체적으로 설명하면 다음과 같다(Westling, 2000).

• 다학문적 팀(multidisciplinary approach)

각 영역의 전문가가 장애학생을 독립적으로 평가하고, 이를 바탕으로 학생에게 필요한 서비스를 개별적으로 제공하는 것이다. 전문가들은 장애학생에 대해 공통된 목표를 가지나, 각자 맡은 분야의 문제점만 고려하기 때문에 종합적인 평가 및 교육 프로그램을 계획하는 데에는 제약이 따른다.

• 간학문적 팀(interdisciplinary approach)

장애학생의 평가를 바탕으로 제공할 서비스를 계획할 때 팀 구성원들이 정보를 교환한다. 전문가 간에 정보의 공유는 이루어지나, 서로 간의 역할은 공유하지 않기 때문에 서비스는 개별적으로 이루어지는 것이 특징이다.

• 초학문적 팀(transdisciplinary approach)

팀 구성원들이 의견 수렴 절차를 거쳐 통합된 서비스를 공동으로 제공한다. 전문가들은 장애학생을 함께 평가하고 분야를 초월하여 전문지식을 나눔으로써 중재전략에 대해 공통된 의사결정을 하게 된다.

진정한 의미의 협력은 2인 이상, 공동의 목표, 동등한 상호관계, 서로의 전문성 인정, 자발적인 관계, 긍정적인 상호작용, 결과에 대한 책무성 공유 등을 필수요소로 포함한다(강영심 외, 2010; 박현옥, 이소현, 2000; Johnson & Johnson, 1989). 다시 말하자면, 협력이 제대로 이루어지기 위해서는 2인 이상의 사람이 공동의 목표를 달성하고자 노력하고, 서로의 전문성을 인정하면서 동등한 관계를 유지하고, 서로 간에 존중하고 신뢰하면서 상호작용을 해야 한다. 또한 협력을 통해 얻은 결과에 대해서는 성공 여부에 상관없이 그에 상응하는 책임을 공유한다.

통합교육 환경에서 장애학생의 요구를 충족하기 위해서는 일반교사와 특수교사, 학부모, 특수교육 보조인력, 관련 서비스 제공자 등 다양한 인력 간의 협력이 중요하다. 협력 당사자들은 개별화교육계획과 일반교육과정을 모두 고려하여 장애학생의 수준과 요구에 적합한 교육계획을 함께 수립하고 이를 실천하게 된다. 이들은 학력이나 직위 등에 얽매이지 않고 동등한 입장에서 서로 소통한다. 이를 위해서는 무엇보다도 서로의 전문성과 다양성을 인정하는 것이 중요하다. 또한 효율적인 소통이 이루어질 수 있도록 의사소통기술을 갖추는 것이 필수적이며, 서로 존중하고 신뢰하는 마음가짐을 가지고 대해야 한다.

통합교육 환경에서의 협력이 항상 성공적인 것은 아니다. 아니, 실패하여 낙담하게 되는 경우가 허다하다. 때로는 서로에게 실패의 탓을 돌리게 되고, 이로 인해 협력관계가 단절되기도 한다. 이러한 부정적인 결과를 초래하는 가장 큰 원인 중의 하나는 장애학생에 대한 책임을 상대방에게 전가하는 데 있다. 다수의 일반교사는 장애학생이 특수교사 혹은 특수학급 학생이라 잘못 인식한다. 이러한 인식을 가진 교사는 특수교사의 권유를 마다할 수 없어서 혹은 장애학생의 담임을 맡게 되거나 자신의 수업에 장애학생이 있어서 본인의 의지와는 상관없이 협력을 하게 되었다고 생각한다. 교사 자신의 자발적인 의사와는 상관없이 마지못해 참여하는 자세로는 협력이 제대로 이루어지기 힘들다. 일반교사이건 특수교사이건 관계없

표 11-1) **통합교육 환경에서의 바람직한 협력을 위한 필수요소**

협력의 필수요소	통합된 교육환경에서의 바람직한 협력
2인 이상	일반교사와 특수교사, 교사와 학부모, 교사와 교육행정가, 교사와 특수교육 보조인력 혹은 그 이상의 협력관계가 이루어짐
공동의 목표	장애학생의 개별화교육계획 장단기 목표 혹은 수정된 교수목표 달성 등 동일한 목표를 추구함
동등한 상호관계	학위, 직위 등에 따른 명령하달식의 수직관계가 아니라 동등한 위치에 있음
자발적인 관계	누군가의 강요에 의한 것이 아니라 본인의 의사에 의함
서로의 전문성 인정	전문성에 있어서 자율성과 다양성이 있음을 인정함
긍정적인 상호작용	서로에 대한 존중과 신뢰를 기반으로 적극적으로 상호작용함
결과에 대한 책무성	협력을 통해 얻어진 결과의 좋고 나쁨에 상관없이 책임을 공유함

이 장애학생을 가르치는 모든 교사는 장애학생 교육에 책임을 가진다. 그러한 책임은 성공한 경우나 실패한 경우 모두에 해당하며 결과에 대한 성찰을 통해 좀 더 발전적인 방향으로 협력을 추진해야 한다.

2. 성공적인 통합교육을 위한 협력관계

지금부터는 장애학생이 통합된 학급에서의 협력관계에 대해 구체적으로 살펴보고자 한다. 통합학급에서의 협력은 장애학생의 교육목적을 달성하기 위해 구성원들이 서로의 힘을 합쳐 일하는 과정일 것이며, 여기에는 특수교사와 일반교사, 학부모, 특수교육 보조인력, 관련 서비스 전문가 등이 함께하게 된다.

1) 일반교사와 특수교사의 협력관계

일반적으로 일반교사는 일반학급의 교과과정에 대한 전문가로서 역할을 담당하며, 개별 학습보다는 학급 내 모든 학생을 위하여 교수를 제공하는 것을 주된 임무로 한다(이소현, 황복선, 2000). 이와는 달리, 특수교육은 장애학생의 독특한 특성에 부합하도록 고안된 교육이며(Hallahan & Kauffman, 2000), 따라서 특수교사는 장애학생의 특성을 파악하고 개별 요구에 적합한 중재를 제공한다. 통합학급은 장애학생을 포함하여 다양한 수준의 학생이 함께하므로 일반교사와 특수교사가 각자의 전문성을 최대한 발휘하며 서로에게 필요한 정보를 공유함으로써, 장애학생과 비장애학생 모두에게 긍정적인 효과를 창출해 낼 수 있다. 예를 들어, 일반교사와 특수교사는 장애학생의 학습 특성과 문제행동 등에 대한 정보를 공유함으로써 통합학급에서 발생할 수 있는 문제 상황에 효과적으로 대처하는 방법을 모색할 수 있다. 또한 일반교사와 특수교사는 서로의 지식과 기술을 공유함으로써 장애학생뿐만 아니라 학급 내 다양한 학생의 교육적 요구를 반영한 교수법을 적용할 수 있다.

두 교사가 보여 주는 긍정적인 협력관계는 학생들의 성취 및 행동에서의 변화뿐만 아니라, 비장애학생의 장애학생에 대한 태도와 인식에도 긍정적인 변화를 가져올 수 있다는 점에 주목할 필요가 있다. 교사의 태도와 인식은 학생에게 영향을 준다. 학생들은 교사의 행동을 의식적이건 무의식적이건 간에 관찰하고 따라 하게 된다. 학생들은 일반교사와 특수교사가 장애학생과 효과적으로 상호작용하는 모습과 장애 유무와 상관없이 학급 내 모든 학생의 교육을 함께 책임지는 모습을 관찰하면서 자연스럽게 장애학생을 받아들이고 긍정적으로 대하게 될 것이다.

일반교사와 특수교사의 협력관계는 학교의 모든 일과에서 이루어지는 것이 바람직하지만, 현실적으로는 여러 가지 제약이 따른다. 대부분의 학교는 특수교사가 한두 명에 불과하며, 통합교육을 받는 장애학생은 다양한 학년과 학급에 분산된다. 이러한 상황에서 일반교사와 특수교사의 협력은 쉽지 않다. 특히나 담임교사에 의하여 대부분의 수업이 이루어지는 초등학교와 달리, 교과목마다 다른 교사가 수업을 하는 중, 고등학교 상황에서는 협력이 더 힘들어질 수밖에 없다. 현실적으로 매우 힘든 여건이지만 장애학생을 포함하여 '학급 내 모든 학생'이 학습할 수 있는 긍정적인 교실환경을 만들기 위해 일반교사와 특수교사는 협력관계를 이루어 가며 부단한 노력을 해야 할 것이다.

장애학생의 성공적인 통합을 위해서 일반교사와 특수교사가 공통으로 수행해야 할 기본적인 역할 위주로 간단하게 나열하면 다음과 같다.

- 장애학생이 적극적으로 수업에 참여할 수 있도록 지원한다.
- 개별화교육계획(IEP)을 계획하고 이에 적합한 교육을 실천한다.
- 비장애학생과 장애학생이 함께하는 지원망을 구축한다.
- 장애학생에게 적합하도록 수정된 교육과정을 마련한다.
- 동일한 행동수정 전략을 적용한다.
- 비장애학생의 장애 인식 개선을 위해 노력한다.

🛰 통합 환경에서의 협력교수 유형

협력교수란 두 명 이상의 관련 전문가가 하나의 물리적인 공간에서 장애학생을 가르치기 위하여 협력적으로 작업하는 것(Friend & Cook, 2003)을 말한다. 특히 교사 간 협력 방법으로서 협력교수는 일반학급에 통합된 장애학생의 다양하고 독특한 요구에 부응하기 위해 적용된다(김애화, 김의정, 김자경, 최승숙, 2012). 통합된 교수환경에서 협력교수는 일반교사와 특수교사가 한 장소에서 함께 가르치며 그 결과에 대해 공동으로 책임진다(Bauwens et al., 1989)는 점에서 결코 쉽지 않은 교육적 접근이라 할 수 있다. 하지만 일반교육에서의 교육과정과 교수기술, 평가에 대해 전문성을 갖춘 일반교사와 장애 및 장애학생의 특성, 아동발달, 개별화교육, 교육과정 수정 등의 전문성을 지닌 특수교사가 협력함으로써 장애학생의 통합교육에 따른 성과를 이끌어낼 수 있다.

장애학생이 포함된 학급에서의 협력교수는 여러 장점이 있음이 선행 연구를 통해 입증되어 왔다. 첫째, 장애학생이 일반학급에서 효과적인 교수를 받을 수 있으며(Vaughn et al, 1997), 둘째, 장애학생에 대한 인식을 개선할 수 있다(Cook & Friend, 1995). 무엇보다도 협력교수를 통해 일반교사와 특수교사의 전문적 능력이 향상되고, 서로 지원을 주고받으며 학교 전반에 협력적인 분위기를 형성할 수 있다(Bauwens & Hourcade, 1995; Cook & Friend, 1995)는 세 번째 장점이 있다.

기존에 장애학생이 통합된 학급에서 전형적으로 볼 수 있었던 협력교수는 한 교사는 가르치고, 다른 교사는 보조(one teach, one assist)하는 방식이다. 이 방식은 도움이 필요한 장애학생에게 개별적인 지원을 해 줄 수 있다는 장점이 있지만, 두 교사가 동등한 수준에서 서로의 전문성을 발휘하는 협력교수라 보기는 어렵다. 통합학급에서의 협력교수는 협력의 수준과 방법에 따라 다음과 같이 다양한 유형으로 실행될 수 있다(Henley, Ramsey & Algozzine, 2002; Prater, 2011).

- 그림자 교수(shadow teaching): 일반교사가 교과내용을 가르치고 특수교사는 장애학생과 학습이나 행동문제를 가진 학생 한두 명의 옆에 그림자처럼 붙어서 직접 가르치는 방식이다. 이 방법은 몇몇 학생에게 필요한 내용을 학습할 수 있다는 장점이 있지만, 낙인이 찍힐 우려가 있다. 실제로는 두 교사의 협력을 기대하기 어려운 방식이라 할 수 있으며, 특수교사가 보조교사로 인식될 수 있다.

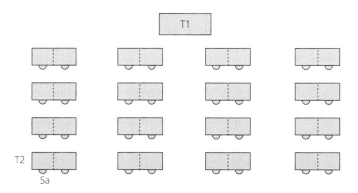

- 스테이션 교수(station teaching): 수업을 여러 단계로 나누어 각 교사가 스테이션에서 서로 다른 활동을 가르치는 형태이다. 두 교사가 따로 수업을 진행하기 때문에 협력에 대한 부담이 적고 수업 중 역할의 분배가 동등해지며, 소집단으로 수업이 이루어질 수 있다는 장점을 지닌다. 반면에 학생들이 스테이션을 이동하며 수업을 받기 때문에 소란스러울 수 있으며, 각 스테이션 수업의 진행속도가 일치하지 않으면 기다려야 하는 등의 문제가 발생할 수 있다.

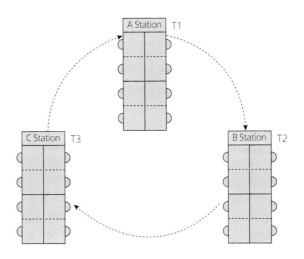

- 평행 교수(parallel teaching): 학생들을 두 개의 이질적인 집단으로 구분하여 두 교사가 각 집단을 따로 교수하는 방식이다. 평행 교수는 스테이션 교수와 마찬가지로 집단을 나눔으로써 소집단 수업이 가능하다는 장점이 있지만, 두 집단이 한 공간에서 수업을 받기 때문에 소란스러워질 수 있다.

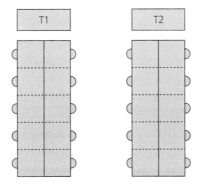

• 팀 티칭(team teaching): 일반교사와 특수교사가 통합학급에서 다양한 특성을 가진 학생들을 함께 가르치는 교수방법이다(Bauwens & Hourcade, 1994). 두 교사는 동일한 교육내용을 한 공간에서 모든 학생에게 가르친다. 예를 들자면, 한 교사가 강의를 할 때 다른 교사는 필기를 하거나, 한 교사가 주요 개념을 소개하면 다른 교사는 그 개념을 쉽게 풀어 설명한다.

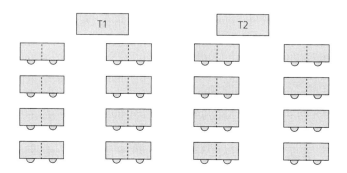

• 대안적 교수(alternative teaching): 통합학급에서 일반교사가 대부분의 학생을 가르치고, 특수교사는 수정된 교육과정이 적용되는 학생들을 대상으로 가르친다. 장애학생을 비롯하여 학습부진 학생 혹은 우수한 학생에게 적합한 수준으로 교육내용과 방법 등을 수정하여 제공함으로써 수준별 교수가 가능하다.

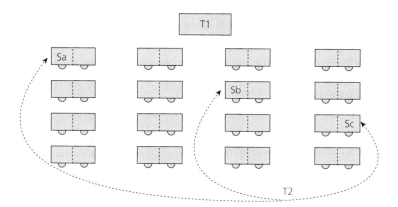

• 보충적 교수(complementary instruction): 일반교사가 교과수업의 주 책임자가 되고, 특수교사는 노트 필기나 요약하기, 주제 찾기 등과 같이 특정한 전략이나 기술에 대한 교수가 필요한 학생들을 가르친다. 보충적 교수는 수업과 별개의 활동이라 여겨질 수도 있지만, 수업내용을 효과적으로 배우는 데 필요한 전략이나 기술을 가르치는 것이므로 수업의 일환이라 할 수 있다.

2) 교사와 학부모 간 협력관계

교사와 학부모 간 협력은 교사들 간의 협력만큼이나, 아니 그 이상으로 중요하다. 하지만 이들의 협력은 쉽지 않다. 교사와 학부모 간 관계가 협력의 필수요소 중 하나인 '동등한 관계'를 충족하는지 생각해 보자. 우리 사회에서 교사와 학부모는 서로를 어려워하는 경향이 있다. 특히 장애학생을 자녀로 둔 학부모는 더욱 그럴 소지가 있다. 통합교육이 이루어지는 상황에서 일반교사와 장애학생 학부모 간의 협력이 장애학생의 교육에 지대한 영향을 준다는 점을 감안할 때, 교사가 장애학생 학부모의 우위에 있다는 선입견을 지양하고 서로 간에 평등하고 우호적인 관계로 협력할 필요가 있다(이수정, 김우리, 2016).

학부모와의 접촉에 대해 부정적인 인식을 가진 교사는 학생의 학습이나 문제행동을 학부모의 지나친 관심이나 과잉보호, 혹은 무관심이나 무반응으로 인한 것이라 여긴다. 한편, 교사와의 접촉에 대해 부정적인 인식을 가진 학부모는 교사의 권위적인 자세 혹은 무관심으로 인해 대화가 힘들다고 여기거나, 자녀에 대한 교사의 관심과 노력에 대해 불만을 가진다. 이렇듯 서로 간의 부정적인 인식은 존중과 신뢰를 강조하는 협력관계를 조성하는 데 방해가 된다. 두 당사자 간 진정한 협력관계를 형성하기 위해서는, 일반교사가 학부모를 협조자로서 인정하고 학생에 대한 학부모의 요구를 적극적으로 반영하려는 태도로 임해야 할 것이며, 장애학생 학부모 역시 교사와 적극적으로 자녀에 대한 정보를 공유하면서 교사의 요구에 부응하기 위해 노력해야 할 것이다.

교사와 학부모 간의 긴밀한 상호작용은 여러 가지 이점을 가져온다. 먼저 장애학생에 관한 의미 있는 정보를 교환할 수 있다. 학부모는 자녀에 대해 가장 많이 안다고 해도 과언이 아니다. 학부모는 자녀의 성장과정, 정서·행동 특성, 의료 정보 등의 정보와 함께 양육과정에서 경험한 훈육방식, 교육방법 등과 같은 노하우를 교사와 공유할 수 있다. 이를 통해 교사가 가질 수 있는 장애에 대한 편견을 줄일 수 있으며 장애학생의 교육계획에 도움이 될 것이다. 마찬가지로 교사는 교실에서 관찰하는 장애학생의 학습 및 행동 특성과 교사 및 또래와의 관계 등을 학부모와 공유함으로써, 학부모의 걱정을 줄여 줄 수 있으며 학교생활에 문제가 발생했을 때 효과적으로 대처할 수 있게 된다.

또한 교사와 학부모가 협력을 통해 학교와 가정이 일관성 있고 연계된 교육을 장애학생에게 제공할 수 있게 된다. 인지 및 학습, 정서·행동 문제를 가진 장애학생은 학교에서 배운 것을 학교 외의 다른 환경으로 일반화하고 유지하는 데 어려움을 가진다. 장애학생이 학교에서 배운 기술을 일반화할 수 있는 최적의 환경은 가정이다. 일관성 있는 교육이 가정에서 제공됨으로써, 자연스럽게 학교에서 배운 것의 일반화가 이루어지며 긴 시간의 반복된 연습을 통해 배운 것이 유지된다. 즉, 교사는 학부모에게 장애학생이 학교에서 배운 내용과 방법을 구체적으로 전달하고, 학부모는 자녀가 배운 것을 가정에서 동일한 방식으로 가르치고 연습하게 함으로써 학습의 효과를 높임과 동시에 전이 및 일반화 효과도 기대할 수 있게 되는 것이다. 재차 강조하지만, 장애학생의 교육에 있어서 학교와 가정 간의 연계는 무엇보다 중요하며, 교사와 학부모 간의 긴밀한 협력은 필수인 것이다.

• 학부모의 협력 유형

학부모와 교사 간 관계는 다양한 형태로 나타난다. 이미 밝힌 바와 같이 이들의 협력은 각자가 상대방을 어떻게 인식하는지에 따라 그 유형이나 수준이 다르다. 단편적으로 유형을 분류하기는 힘들지만, 학부모의 협력 태도 측면에서 몇 가지 대표적인 유형을 살펴보면 다음과 같다.

첫째, 비협력적 혹은 수동적인 태도의 학부모이다. 과거에는 장애를 가진 자녀를 둔 학부모는 교사에 비해 상대적으로 비전문가인 것으로 인식하는 경향이 지배적이었다. 이러한 사회적인 풍토에서 학부모는 교사와의 협력을 회피하거나 부정적으로 인식하는 비협력적인 태도를 지니게 된다. 또는 교사와의 협력이 필요하다고 인식은 하나, 교사의 말에 수동적인 자세를 취하는 학부모가 이에 속한다고 할 수 있다.

둘째, 능동적인 태도를 지닌 학부모이다. 최근 들어 많은 장애학생 학부모는 양육과정에서 경험한 자녀의 장애 특성과 훈육 노하우를 온라인과 오프라인을 통해 적극적으로 공유한다. 또한 여러 기관에서 제공하는 부모교육 프로그램에 참여하여 필요한 지식을 쌓는다. 이러한 노력을 통해 장애학생 학부모는 자녀 양육의 전문가로서, 그리고 적극적인 옹호자로서의 역할을 하게 된다. 이러한 태도를 지닌 장애학생 학부모는 더 이상 수동적 협력자로서 안주하지 않을 것이다. 장애를 가진 자녀의 학교생활에 깊은 관심을 갖고 참여하고자 할 것이며 교사와의 적극적인 협력을 원할 것이다. 따라서 교사는 장애학생 학부모가 교사와의 관계에서 적극적으로 참여하는 능동적인 협력자로서의 역할을 수행할 수 있는 학교 분위기 조성에 노력해야 할 것이다. 무엇보다는 교사는 장애학생 학부모를 동등한 전문가로서 존중하며 지속적으로 상호작용하는 자세를 갖추어야 할 것이다.

🕊 학부모의 협력 유형(안도연, 2008)

• 능동적 협력자
 - 협력의 필요성을 인식하며 협력관계 구축을 위해 적극적으로 노력하는 유형
 - 학부모-교사 간 관계를 신뢰하며 긍정적으로 인식함
 - 자녀의 교육을 위하여 자기역량 강화에 힘씀
 - 학교의 협력 요구에 적극적으로 참여함

• 수동적 협력자
 - 협력이 필요함은 인식하나 교사에게 수동적으로 따르는 유형
 - 학부모-교사 간의 관계를 수직적인 관계로 인식하여 교사와의 관계를 어려워함
 - 교사의 말을 일방적으로 듣고 자신의 생각이나 의견을 잘 표현하지 않음
 - 자녀의 문제에 대한 교사의 조언을 구함

• 비협력자
 - 협력의 필요성은 인식하나 교사와의 협력관계를 원하지 않는 유형
 - 교사의 권위적인 태도, 교사중심의 수직적 관계 등에 대해 강하게 비판함
 - 장애학생 학부모회나 인터넷 동호회 같은 학교 밖 단체와의 협력을 더 선호함
 - 장애학생 학부모의 참여를 꺼려 하는 학교 풍토나 자녀의 통합교육과정에서의 부정적인 경험 등으로 인해 학교에서의 협력에 대해 회의적으로 인식함

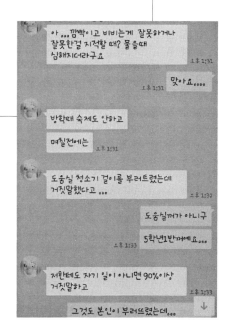

한편, 교사와 학부모 간의 상호작용을 면대면으로 한정할 필요는 없다. 맞벌이가정, 다문화가정, 한부모가정, 조부모가정 등 개별 가정의 상황이 다를 수 있음을 고려할 때, 안내서나 소식지, 알림장, 웹 사이트, 전화통화, 문자메시지, 면담 등 다양한 형식의 의사소통 방법으로 이루어질 수 있다. 어떤 방법을 사용하든지 한쪽에 의한 일방적인 안내나 지시가 아니라 상호 간에 의견을 교환할 수 있도록 한다.

[그림 11-1] SNS를 통한 교사와 부모 간 의사소통

🖐 학부모와의 협력을 위한 의사소통 전략

협력을 위한 전제조건 중의 하나가 효율적인 의사소통이다. 의사소통은 둘 또는 그 이상의 사람들 사이에 사실, 생각, 의견 또는 감정의 교환을 통하여 공통적 이해를 이룩하고 수용자 측의 의식이나 태도 또는 행동에 변화를 일으키는 일련의 행동이다(박연호, 1987). 이를 교사와 장애학생 학부모 간의 의사소통에 비추어 본다면, 교사와 장애학생 학부모 간의 의사소통은 장애학생에 관한 서로의 생각이나 의견, 감정 등을 공유하며 각자의 인식이나 태도를 바꾸어 가는 과정으로 이해할 수 있다. 즉, 교사와 장애학생 학부모 간의 의사소통은 장애에 대한 서로 간의 가치관이나 신념, 학업성취, 또래관계 등에 대한 경험과 생각을 공유하며 서로를 이해하는 과정이다(위수정, 2001). 교사와 학부모가 긍정적으로 상호작용함으로써 가정과 학교의 연계성 있는 교육을 제공할 수 있으며, 이는 교사와 학부모 간의 긴밀한 의사소통을 통해 이루어질 수 있다. 의사소통을 원활하게 하기 위해서는 서로 간의 존중하는 마음과 함께 효과적인 의사소통 기술을 습득하는 것이 필요하다. 다음은 교사가 학부모와의 대화에서 갖추어야 할 기술들이다.

• 경청하기
교사가 학부모와 대화를 나눌 때 적극적으로 경청하는 자세가 필요하다(Howard, Williams., & Lepper, 2005). 자녀가 겪는 어려움이나 요구사항을 교사에게 적극적으로 표현하는 장애학생 학부모가 있는가 하면, 어떤 장애학생 학부모는 장애로 인해 자녀가 겪는 어려움과 학교생활 문제 등을 교사와 상의하는 것을 불편해하기도 한다. 특히 통합학급을 담당하는 교사에게는 더더욱 그럴 수 있다. 이러한 학부모에게 교사는 공감하는 마음으로 경청하는 자세가 필요하다. 공감(empathy)은 상대방이 말과 행동으로 표현하는 생각과 느낌, 감정 등을 상대방의 관점에서 이해하는 것으로서(김영숙, 윤여홍, 2009), 상대방을 자신의 선입견이나 편견에 따라 자의적으로 판단하는 것이 아니라 상대방의 입장이 되어 수용하는 것을 의미한다. 교사 자신이 장애 혹은 장애인에 대해 갖고 있는 선입견에 따라 장애학생과 학부모를 대하게 된다면 장애학생 학부모는 마음의 문을 닫을 것이며, 솔직한 대화가 오갈 수 없게 된다. 장애의 유형이나 심각성과 상관없이 개별 학생은 독특한 특성과 요구를 지닌다. 마찬가지로 장애학생을 둔 학부모 역시 모두 다르다. 따라서 교사 자신의 제한된 경험과 지식에 근거한 획일적 잣대로 학부모를 대하는 것은 금물이다. 교사는 장애학생 학부모와의 대화 과정에서 그 학부모의 마음을 읽어 가면서 공감하는 마음으로 경청하는 것이 필요하다.

• 신뢰감 쌓기

솔직한 대화가 이루어지기 위해서는 양자 간의 신뢰감 형성이 선행되어야 한다(김영숙, 윤여홍, 2009; Nelson, Summers,, & Turnbull, 2004). 특히 신뢰감은 서로에 대한 존중감이 수반되어야 형성된다. 장애학생 학부모는 자녀에 대한 평가와 교육에 있어서 중요한 정보 제공자이며, 교사 역시 학교생활에서의 상호작용을 통해 장애학생의 행동과 학습을 살펴보는 중요한 관찰자이다(곽윤환, 박성선, 2013). 즉, 교사와 장애학생 학부모는 서로의 이러한 역할과 능력을 인정함으로써 서로 간의 존중감이 생길 것이다. 또한 교사는 장애학생 학부모와 대화를 통해 나눈 개인적인 이야기나 자녀에 관한 정보 중 장애학생 학부모가 외부에 알려지길 꺼려 하는 내용에 대해서는 비밀을 보장해야 한다.

• 비언어적 반응

의사소통을 하는 과정에서는 말뿐만 아니라 비언어적인 행동을 통해서도 자신의 생각이나 느낌을 은연중에 드러내게 된다. 비언어적 반응으로는 신체적 신호로서 몸짓(몸의 자세나 움직임, 동작 등), 눈 마주침(시선의 방향, 시선 회피 등), 표정(미소, 미간 찌푸림, 입 표정 등) 등을 들 수 있다(Turnbull et al., 2001). 교사는 학부모와 대화를 할 때 몸을 학부모를 향해 약간 기울이고 눈을 마주침으로써 관심을 드러내고, 부모의 말에 적절하게 반응하며 고개를 끄덕이는 등의 동작을 보여준다.

• 언어적 반응

학부모가 편안하게 자신의 생각이나 감정을 표현할 수 있도록 하기 위해서는 교사의 얼굴 표정이나 몸짓 등의 비언어적 반응뿐만 아니라 격려를 위한 언어적 추임새, 다시 말하기, 감정에 반응하기, 질문하기 등의 언어적 반응 역시 중요하며, 각각에 대해 간단히 살펴보면 다음과 같다(김영숙, 윤여홍, 2009; Turnbull et al., 2001).

- 격려를 위한 추임새: 학부모와의 대화 중 교사가 학부모의 말에 집중하고 있음을 표현하기 위해, 교사는 학부모의 말에 "예" "그렇지요" "어머나" "그랬네요" 등과 같은 간단한 언어적 반응을 보임으로써, 교사가 학부모에게 관심을 갖고 이야기를 듣고 있음을 표현한다.
- 다시 말하기: 교사는 학부모가 말한 내용을 명확하게 다시 진술하거나 여러 내용을 연결하여 다시 말하는 과정을 통해, 서로 간 공감을 형성하고 문제를 재구조화함으로써 긍정적 협력관계를 형성할 수 있게 된다.
- 감정에 반응하기: 교사는 학부모가 말하는 내용뿐만 아니라 말 속에 숨겨진 감정을 파악하기 위하여 말투나 태도 등을 함께 살펴본다. 또한 학부모의 감정을 감정과 관련된 단어나 표현을 담아 반응함으로써 학부모의 감정에 공감함을 전달한다.

- 질문하기: 유용한 질문은 많은 정보를 이끌어 낼 수 있다. 특정한 정보나 사실을 묻는 경우는 단답형 질문이 효과적일 수 있으나, "네" "아니오" 또는 짧은 답변을 이끌어 내기 때문에 자칫 심문하는 것처럼 느껴질 수 있다. 개방형 질문은 '어떻게'와 '무엇' 등에 관해 질문하여 더 많은 정보와 대화를 이끌어 낼 수 있다. 다만, 질문을 하는 동안 장애학생의 문제점에만 초점을 두기보다는 해결할 수 있는 방안이나 학부모가 원하는 점 등 긍정적인 요소들을 찾아내기 위한 노력이 필요하다.

3) 교사와 특수교육 보조인력 간의 협력관계

특수교육 보조인력은 교육현장에서 장애학생의 요구에 적극적으로 대처하기 위한 여러 관련 서비스 중의 하나로서, 학교에서 특수교육 보조인력은 장애학생이 안전하게 학교생활을 할 수 있도록 지원하는 역할을 담당하는 인력이다(서선진, 손지영, 오영석, 2015). 지난 십여 년간 특수교육 보조인력 제도가 정착해 감에 따라, 초반에는 특수교육 보조원이란 직명으로, 최근에는 특수교육 실무원, 특수교육 실무사 등의 직명으로 학교현장에서 활동하고 있다.

「장애인 등에 대한 특수교육법」 제21조 제2항에는 통합교육이 이루어지는 학교에서 특수교육 보조인력을 포함하여 통합교육계획을 수립하여 시행하도록 명시하고 있다.

통합된 학교환경에서의 특수교육 보조인력 배치 관련 법 조항 l

「장애인 등에 대한 특수교육법」
제21조 ② 제17조에 따라 특수교육대상자를 배치받은 일반학교의 장은 교육과정의 조정, 보조인력의 지원, 학습보조기기의 지원, 교원연수 등을 포함한 통합교육계획을 수립·시행하여야 한다.

「장애인 등에 대한 특수교육법」은 시행규칙으로 특수교육 보조인력의 역할 및 자격을 포함하고 있다. 이 법은 학교에 배치된 보조인력이 장애학생의 교육과 학교활동을 보조하는 역할을 한다고 명시하며, 교수-학습 활동, 신변처리, 급식, 교내외 활동, 등하교 등에서의 활동을 담고 있다. 또한 이 법은 보조인력의 자격을 고등학교 졸업 이상의 학력으로 정하고 있다.

🐟 통합된 학교환경에서의 특수교육 보조인력 배치 관련 법 조항 II

「장애인 등에 대한 특수교육법 시행규칙」
제5조(보조인력의 역할 및 자격) ① 법 제28조 제3항에 따라 학교에 배치되는 보조인력은 교사의 지시에 따라 교수-학습 활동, 신변처리, 급식, 교내외 활동, 등하교 등 특수교육대상자의 교육 및 학교 활동에 대하여 보조 역할을 담당한다.
② 보조인력의 자격은 고등학교를 졸업한 자 또는 이와 같은 수준 이상의 학력이 있다고 인정된 자로 한다.

「장애인 등에 대한 특수교육법 시행령」
제25조(보조인력) ① 교육감은 법 제28조 제3항에 따라 각급학교의 장이 특수교육대상자를 위한 보조인력을 원활하게 제공할 수 있도록 보조인력 수급에 관한 계획의 수립, 보조인력의 채용·배치 등 보조인력의 운영에 필요한 업무를 수행한다.
② 교육감 또는 교육장은 보조인력의 자질 향상을 위하여 특수교육에 관한 연수를 실시하여야 한다.
③ 보조인력의 역할 및 자격은 교육부령으로 정하고, 그 밖에 운영 방법에 관한 세부 사항은 교육감이 정하여 고시한다. 〈개정 2013. 3. 23.〉

특수교육 보조인력의 역할에 관해서는 약간의 이견 차가 있지만, 대체적으로는 장애학생의 신변처리나 급식 등의 지원, 안전 지원, 교수-학습 지원, 문제행동 관리 지원, 통합교육 지원 등의 다양한 업무를 수행한다(강경숙, 김용욱, 2004; 김남진, 김자경, 2007; 정정진, 2006). 앞선 법 조항에서 볼 수 있듯이, 보조인력의 역할은 단순하게 범주화하여 제시되어 있을 뿐, 범주별 구체적인 역할을 지정하지는 않는다. 일반적으로 학교현장에서는 특수교사가 보조인력의 역할을 구체적으로 정하여 요청하고, 이에 따라 보조인력은 그 역할을 수행하게 된다. 통합학급에서 장애학생을 지원하는 보조인력이 투입되는 경우 일반교사와 특수교사 모두 염두에 두어야 할 사항이 있는데, 보조인력이 교사의 고유 업무인 수업과 학생지도, 평가, 상담, 행정 업무 등을 대신할 수 없다.

　최근 학교현장에서 특수교육 보조인력 배치가 급격히 증가하고 있으며, 통합학급에서 교사의 원활한 수업 진행을 도와주며 장애학생의 학습과 학급 생활을 지

[그림 11-2] 공동 협력을 통한 통합교육 지원

원해 주는 등 긍정적인 성과가 있어 왔다. 그러나 보조인력의 일부는 장애학생의 요구나 특성에 대한 이해 부족으로 업무 수행에 어려움을 갖거나, 혹은 과도한 업무로 정신적·육체적으로 힘들어하는 등의 문제가 발생하기도 한다(서선진 외, 2015). 특수교육 연수의 강화, 근무 여건의 개선 등 여러 면에서의 변화가 시급하지만, 여기서는 교사와의 협력 차원에서 이야기하고자 한다. 「장애인 등에 대한 특수교육법」은 특수교육 보조인력이 교사의 지시를 받아 보조업무를 담당하도록 명시하고 있으나 이는 업무 수행의 차원이다. 효율적인 장애학생 교육을 위해서는 교사와 보조인력 간의 지시를 주고받는 상하관계가 아닌, 동등한 협력관계가 형성되어야 한다(전인진, 박승희, 2001). 따라서 교사와 보조인력은 둘 다 장애학생의 교육을 함께 지원하며, 그 과정 및 결과에 대한 책무 역시 두 당사자 모두의 몫이다. 무엇보다도 서로 간의 존중감과 신뢰감이 바탕으로 갖추어져 있어야 하며, 지속적이고 원활한 의사소통이 필수적이다.

3. 결론

장애학생이 성공적으로 일반학교에 통합되기 위해서는 특수교사와 일반교사, 학부모, 학교관리자, 특수교육 보조인력 간의 협력이 필수적이다. 이들 간의 협력을 통해 장애학생의 특성과 요구에 대한 정보를 공유할 수 있게 되며, 장애학생 교육이 공동의 책임이라는 점을 인식하게 될 것이다. 협력관계를 형성하고 실천하는 데에는 아마 많은 시간과 노력이 필요할 것이며, 때로는 좌절을 경험하게 될 수도 있다. 하지만 긍정적인 협력관계가 정착됨으로써 장애학생의 학습과 생활 모든 측면에서 그 효과를 극대화시킬 수 있을 것이다. 또 다른 효과로서, 협력 과정을 통합학급에서 실천함으로써 그것을 경험하는 일반 학생의 공동체 의식을 강화할 수 있을 것이며, 장애학생을 바라보는 인식에서의 변화를 가져올 것이다.

 학습과제

1. 협력의 기본적인 구성요소를 나열하시오.

2. 협력교수의 유형별 특징과 장단점을 제시하시오.

3. 학부모와의 효율적인 의사소통 방법을 설명하시오.

4. 특수교육 보조인력의 역할 및 업무 지시와 관련하여 고려해야 할 점을 설명하시오.

 참고문헌

강경숙, 김용욱(2004). 특수교육보조원의 실태 및 자질과 역할에 대한 인식수준. 특수교육연구, 11(2), 131-155.

강영심, 김자경, 김정은, 박재국, 안성우, 이경림, 황순영, 강승희(2010). 예비교사를 위한 특수교육학개론. 경기: 서현사.

곽윤환, 박성선(2013). 초등학교 영재교육대상자 선발을 위해 도입된 교사 관찰·추천제에 대한 교사와 학부모의 인식. 영재와 영재교육, 12(3), 27-51.

김남진, 김자경(2007).장애통합교육보조원사업에 대한 부산지역 장애통합교육보조원의 인식 조사. 특수교육저널: 이론과 실천, 8(3), 23-43.

김애화, 김의정, 김자경, 최승숙 (2012). 학습장애 이론과 실제. 서울: 학지사.

김영숙, 윤여홍(2009). 특수아상담의 이해. 경기: 교육과학사.

박연호(1987). 인문관계론. 서울: 박영사.

박현옥, 이소현(2000). 장애영유아 통합교육의 성공적 실행을 위한 특수교사-일반교사 간 협력. 교육과학연구, 31(1), 37-52.

서선진, 손지영, 오영석(2015). 특수교육 보조인력의 업무 실태 및 직무 실행도에 대한 연구. 특수교육재활과학연구, 54(4), 275-302.

안도연(2008). 통합교육 환경에서 자폐성장애학생 부모와 교사의 협력 유형과 관련 변인에 관한 근거이론적 분석. 단국대학교 대학원 박사학위논문.

원종례(2005). 교사 간 협력 모델이 적용된 활동-중심 삽입교수 중재가 장애 유아의 활동 참여와 발달에 미치는 영향. 이화여자대학교 대학원 박사학위논문.

위수정(2001). 유치원에서의 어머니-교사 의사소통에 관한 연구. 이화여자대학교 대학원 석사학위논문.

이소현, 황복선(2000). 통합교육을 위한 특수교사-일반교사 간 협력모형: 구조적 측면을 중심으로. 특수교육연구, 7, 67-87.

이수정, 김우리(2016). 다문화가정 자녀 교육에 대한 어머니와 교사의 인식. 특수아동교육연구, 18(3), 119-141.

전인진, 박승희(2001). 보조교사의 역할 규명과 순기능 및 역기능에 관한 고찰. 특수교육학연구, 36(3), 233-265.

정정진 (2006). 통합교육 촉진을 위한 특수교육 보조인력 활용방안. 재활복지, 10(1), 35-59.

Bauwens, J., & Hourcade, J. (1994). *Cooperative teaching: Rebuilding the schoolhouse for all students*. Austin, TX: PRO-ED.

Bauwens, J., Hourcade, J., & Friend, M. (1989). Cooperative teaching: A model for general and special education integration. *Remedial and Special Education, 10*(2), 17-21.

Bigge, J. L., Stump, C. S., Spagna, M. E., & Silberman, R. K. (1999). *Curriculum, assessment, and instruction for students with disabilities*. Belmont, CA: Wadsworth.

Cook, L., & Friend, M. (1995). Co-teaching: Guidelines for creating effective practices. *Focus on Exceptional Children, 28*(3), 1-16.

Friend, M., & Cook, L. (2003). *Interactions: Collaboration skills for school professional*

(4th Ed.). New York: Longman.

Hallahan, D. P., & Kauffman, J. M. (2000). *Exceptional learners: Introduction to special education.* Needlham Heights, MA: Allyn & Bacon.

Henley, M., Ramsey, R., & Algozzine, R. F. (2002). *Teaching students with mild disabilities.* Boston, MA: Allyn and Bacon.

Howard, W. F., Williams, B. F., & Lepper, C. (2005). *Very young children with special needs: A formative approach for todays children* (3rd ed.). Upper Saddle River, NJ: Prentice Hall.

Johnson, D., & Johnson, R. T. (1989). *Cooperation and competition: Theory and research.* Edina, MN: Interaction Book Company.

Nelson, I. G. L., Summers, J. A., & Turnbull, A. P. (2004). Boundaries in family-professional relationships: Implications for special education. *Remedial and Special Education, 25,* 153-165.

Prater, M. A. (2011). 경도 · 중등도 장애 학생을 위한 교수전략 (*Teaching strategies for students with mild to moderate disabilities*). (김자경, 최승숙 역) 서울: 학지사. (원저는 2007년에 출판).

Snell, M. E., & Janney, R. (2005). *Practices for inclusive schools: Collaborative teaming* (2nd Ed.). Baltimore, MD: Paul H. Brookes.

Turnbull, A., & Turnbull, R. (2001). *Families, professionals, and exceptionality: Collaborating for empowerment* (4th ed.). Upper Saddle River, NJ: Merrill Prentice Hall.

Vaughn, S., Schumm, J. S., & Arguelles, M. E. (1997). The ABCDE's of co-teaching. *Teaching Exceptional Children, 30*(2), 4-10.

Westling, D. L. (2000). *Teaching students with severe disabilities.* New Jersey: Prentice-Hall.

제12장

보조공학과 보편적 설계

 학습목표

- 특수교육을 위한 보조공학의 개념과 필요성을 이해한다.
- 특수교육대상자를 위한 보조공학 적용사례를 살펴본다.
- 보편적 설계 및 보편적 학습설계의 원리와 교육적 필요성을 이해한다.
- 보편적 설계 원리의 실제 적용사례를 사진을 통하여 살펴본다.

학습개요

2018년 교육부의 특수교육 통계자료에 따르면 특수교육 서비스 대상자 수는 지속적으로 증가하고 있으며, 2016년 통계청의 인구조사에 따르면 일반적인 추세보다 급격하게 고령화가 진행되고 있다. 이에 따라 신체적 장애와 인지적 장애를 가진 사람이 증가되고 있다. 따라서 특수교육대상자를 위한 보조공학과 복지 · 교육과 관련된 보편적 접근의 필요성과 공산품 · 생활환경의 디자인에서 보편적 설계의 필요성이 증가하였다. 특수교육대상 학생들의 성공적인 통합교육을 위해서는 통합교육 서비스를 받는 상황 속에서 적절한 보조공학 서비스를 제공하고, 보편적 설계 원리를 교육현장에 적용하는 것은 필수적인 요소라고 할 수 있다. 앞의 장에서는 장애를 가진 학생의 특성 및 평가 · 판별 그리고 장애영역별 교수-학습 방법에 관하여 이해하였다. 앞에서 기술한 장애영역별 이해를 바탕으로 이 장에서는 보조공학, 보편적 설계(Universal Design), 보편적 설계의 원리를 교육환경에 적용하는 보편적 학습설계(Universal Design for Learning)에 대하여 살펴본다.

1. 보조공학의 개념

보조공학이란 상업적인 목적으로 만들어지거나 개인의 특성에 맞추어 만들어진 물건, 장비 또는 생산체계로서, 장애학생의 기능적 능력을 향상시키고 유지시키고 사용하는 데 그 목적을 둔다(Assistive Technology Act, 2004; IDEA, 2004). 이러한 보조공학의 개념을 적용하여 물리적이고 장치적인 도구의 형태와 이것들을 적절하게 제공하기 위한 서비스의 형태로 적용된다(김남진, 김용욱, 2017). 보조공학은 잠재된 가능성을 발굴해 궁극적으로 장애인이 최대한 자율적인 생활을 할 수 있게 하고 타인과 보다 의미 있는 관계를 맺으면서 살 수 있도록 돕는 역할을 수행하게 해 주며, 장애인 가족, 서비스 제공자 등 관련 인력의 신체적·정신적 부담을 감소시키고, 장애인과 가족들의 사회 참여를 가능하게 한다(보건복지부, 2008).

보조공학의 개념을 적용한 장치적인 도구의 형태를 일반적으로 보조공학 기기 또는 보조공학 장치라고 한다. 미국의 「보조공학법」(PL 108-364)과 「장애인교육법」(IDEA, 2004)에 따르면 보조공학 장치란 장애학생의 기능을 향상·유지시키기 위해 사용되는 도구로서, 상업적으로 구입이 가능하거나 개조하거나 주문 제작이 가능한 모든 소재, 기구, 생산체계로 정의하고 있다. 「장애인복지법」에서는 "장애인이 장애의 예방·보완과 기능 향상을 위하여 사용하는 의지·보조기 및 그 밖에 보건복지가족부장관이 정하는 보장구와 일상생활의 편의증진을 위하여 사용하는 생활용품"으로 정의하고 있으며, 일반적으로 장애인 등 신체기능이 손상된 사람들을 위해 일상생활 전반에서 발생하는 다양한 기능적 욕구를 충족시키는 데 도움을 주는 각종 기구를 보조기기, 보조공학 장치, 보조공학 기기라고 한다.

이러한 보조공학 장치는 크게 '무엇' '어떻게' '용도'의 세 가지 구성요소로 설명될 수 있다(Bryant & Bryant, 2003). 첫째, 무엇(what)은 보조공학 장치의 물리적 형태를 의미한다. 예를 들어, 지체장애학생을 위한 휠체어, 시각장애 학생을 위한 보행 지팡이와 같은 장비가 보조공학 장치의 '무엇'에 해당한다. 둘째, 어떻게(how)는 장비와 기기가 만들어진 방식을 의미한다. 기성품이 생산되었는지, 주문 제작된 것인지와 같이 장애학생의 요구에 맞추어 보조공학 장치를 제작, 구입, 사용해야 한다는 점을 강조하는 구성요소이다. 셋째, 용도(use)는 장애학생을 위한 보조공학 장치의 목적에 대한 구성요소로 사용자의 기능을 악화시키지 않고, 잔존 기능을 향상시키기 위한 목적성을 의미한다.

보조공학의 개념을 적절하게 제공하기 위한 방법을 보조공학 서비스라고 한다. 「장애인교육법」(IDEA, 2004)에 따르면 보조공학 서비스란 장애를 가진 사람들이 보조공학 장치를 선택하고, 보조공학 장치 사용법을 습득하며, 보조공학 장치를 적용할 수 있도록 직접적인 도움을 제공하는 것을 의미한다. 「장애인교육법」(IDEA, 2004), Bryant와 Bryant(2003), Hasselbring와 Bausch(2006)를 종합해 보면, 보조공학 장치의 선택, 사용, 적용을 위한 성공적인 보조공학 서비스의 고려사항을 정리해 보면 다음과 같다.

- 학생이 가진 장애에 대한 기능적 진단과 평가
- 진단과 평가 결과를 바탕으로 한 보조공학 사용의 목적 수립
- 진단과 평가 결과를 바탕으로 한 적절한 기기의 선택
- 보조공학 장치의 제작 방법 선정: 구입, 디자인, 맞춤, 개조, 대체 등
- 학교 교직원, 가족의 상담을 통한 환경적 요소
- 선택된 보조공학 장치 사용을 위한 학생, 교사, 가족 훈련
- 개별화교육계획팀과의 협력을 통한 교육 · 재활 프로그램 서비스 개발, 조정, 적용
- 내구성, 신뢰성, 유지와 관련된 보조공학 장치 사후 점검
- 보조공학 장치 사용을 통한 기능 유지, 향상 관련 평가

2. 특수교육대상자를 위한 보조공학

1) 의사소통에 어려움을 보이는 학생을 위한 보완대체 의사소통체계

보완대체 의사소통체계(Augmentative and Alternative Communication: AAC, 이하 AAC)는 구어적 의사소통에 제한을 보이는 학생을 위해 사용될 수 있다. 일반적으로 AAC는 상징, 도구, 전략, 기법으로 구성된 하나의 체계를 의미한다(ASHA, 2004).

일반적으로 AAC의 구성요소를 적용한 의사소통기기는 의사소통장애를 가진 학

생이 의사소통기기에서 상징(예: 사진, 그림)을 선택할 경우, 그 상징의 의미에 해당하는 음성이 재생되어 자신이 표현하고자 하는 의미를 상대방에게 전달할 수 있는 기능으로 구성되어 있다. 또한 사용자의 필요와 요구에 따라 그림 내용을 바꿀 수 있다. 예를 들어, GoTalk20+의 경우 AAC기기의 각 박스에 각종 상징이 제시되고, 학생이 자신이 표현하고자 하는 의사소통 의미에 해당하는 상징 버튼을 누르면, 미리 녹음된 음성 메시지가 기기에서 재생된다.

[그림 12-1] Go Talk20+ 기기   [그림 12-2] Go Talk20+의 사용

출처: https://www.attainmentcompany.com/gotalk-20

2) 지체장애학생을 위한 보조공학 기기

(1) 필기 보조도구와 책상

지체장애학생이 손의 기능장애가 있는 경우, 필기 보조도구를 사용할 수 있다. 예를 들어, 손목 지지형 필기도구는 손의 힘이 약해 필기도구를 쥐는 데 어려움을 보이는 경우 이용하는 도구로, 손바닥 주변을 감싸 펜을 손에 고정시킬 수 있다. 펜슬 그립은 연필, 볼펜 등에 끼워 필기도구를 올바르게 쥐고 사용할 수 있도록 해 주는 도구이다. 마지막으로 휠체어를 이용하는 학생을 위해서는 휠체어용 책상을 이용할 수 있다. 휠체어용 책상은 휠체어의 높이에 맞추어 책상의 높이 조절이 가능하여, 휠체어를 탄 채로 책상을 사용할 수 있다.

[그림 12-3] 손목 지지형 필기
도구

[그림 12-4] 펜슬 그립

[그림 12-5] 휠체어용 책상

출처: http://atrac.or.kr/assistant/   출처: https://www.yeswecan.or.   출처: http://eduecho.com/
kr/community/

(2) 키보드와 마우스

양손 사용 능력이 제한적이거나, 타이핑 속도가 늦거나, 한 손 사용자의 경우, 시각적 차이가 분명한 키만 구별할 수 있는 사용자인 경우에 사용할 수 있는 키보드를 대체 키보드(alternative keyboard)라고 한다. 대체 키보드란 기존 표준 규격의 키보드를 사용함에 불편함이 있는 지체장애학생들의 요구사항을 충족시켜 줄 수 있도록 특별히 제작된 키보드로, BAT 키보드, 마우스 스틱용 키보드, 킹 키보드 등

[그림 12-6] BAT 키보드

[그림 12-7] 마우스 스틱용 키보드

출처: http://www.atall.or.kr/atracware/

[그림 12-8] 트랙볼 마우스

[그림 12-9] 조우스

출처: http://www.cowalknews.co.kr

이 있다. 일반 마우스를 이용하기 어려운 지체장애학생의 경우에도 대체 마우스를 사용할 수 있다. 대표적인 대체 마우스로 트랙볼 마우스, 조우스 등이 있다.

3) 이동을 위한 보조공학

지체장애학생의 이동을 위한 보조공학에는 지팡이, 크러치, 워커, 휠체어 등이 있다. 지팡이는 이동이 불편한 경우, 보행을 위해 사용할 수 있는 도구다. 일반적으로 지체장애학생이 사용하는 지팡이는 높이 조절이 가능하며, 필요한 경우 네 발로 된 경우가 있어 지지력이 우수하게 구성되어 있다. 크러치(crutch)는 일반적으로 목발이라고 말하는 것과 비슷한 형태를 가지고 있으며, 보행이 제한적인 학생을 위해 사용할 수 있다. 워커(walker)는 전방지지형 워커와, 후방지지형 워커가 대표적이며, 보행이 불편한 경우 사용할 수 있는 보행 보조기구이다.

[그림 12-10] 후방지지형 워커   [그림 12-11] 전방지지형 워커

출처: 보건복지부(2008).

휠체어는 구동 방식과 사용 목적에 따라 구분할 수 있다. 일반적으로는 구동 방식에 따라 수동식과 전동식으로 구분한다. 수동식 휠체어는 앉은 채로 이동할 수 있게 움직이는 바퀴를 부착한 이동식 보조기구이다. 좁은 문을 통과할 수 있도록 폭을 줄인 실내용 휠체어, 앞바퀴를 크게 하여 충격 흡수력을 늘린 실외용 휠체어, 등받이 각도를 조절할 수 있는 침대형 휠체어, 팔받이와 손잡이가 없는 낮은 등받이로 구성된 스포츠형 휠체어가 있다. 전동 휠체어는 앉은 채로 이동할 수 있게 전동으로 움직이는 이동식 보조기구다. 전동 휠체어는 핸들로 조작하는 전동스쿠터형 휠체어, 손가락으로 조작하는 표준형 전동 휠체어, 발가락 등 특수 신체부위로

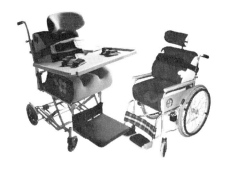

[그림 12-12] 수동 휠체어

[그림 12-13] 전동 휠체어

출처: 보건복지부(2008).

조정하는 특수형 전동 휠체어 등이 있다.

4) 시각장애 학생을 위한 보조공학

최근의 보조공학은 시각장애인의 묵자 정보 습득을 위해 중요한 역할을 하고 있다(Corn, Wall, & Bell, 2000). 학교에서 대표적으로 사용할 수 있는 보조공학 기기는 확대경, 단안 망원경, 화면 확대 소프트웨어, 타이포 스코프, 점자정보단말기, 점자 프린터 등이 있다(광주광역시 교육청, 2017).

확대경은 물체를 확대시켜 볼 수 있는 렌즈로 저시력 학생에게 도움이 되는 가장 기초적인 저시력 기구이다. 종류로는 집광 확대경, 스탠드형 확대경, 손잡이형 확대경, 안경형 확대경 등이 있다. 집광 확대경과 스탠드형 확대경은 확대경을 자료에 대고, 확대경 렌즈의 글자가 잘 보이는 거리까지 눈을 두고 사용하는 확대경이다. 손잡이형 확대경은 일반적으로 많이 사용되는 것으로 확대경에 자료에 대고, 확대경 렌즈에 가까이 눈을 두고, 자료로부터 확대경 렌즈를 들어올리면서 가장 크고 선명한 상이 보이는 거리에서 좌우로 움직이며 문장을 읽는 도구이다. 안경형 확대경은 머리에 안경 형태의 확대경을 쓰고, 자료로부터 확대경 렌즈를 들어올리면서 가장 크고 선명한 상이 보이는 거리에서 좌우로 움직이며 문장을 읽는 도구이다. 안경형 확대경은 두 손을 자유롭게 사용할 수 있어서 읽기와 쓰기와 같은 과제를 동시에 할 수 있고, 텔레비전 시청, 스포츠 관람 등의 활동에서 사용할 수 있다.

[그림 12-14] 확대경의 종류

출처: 광주광역시 교육청(2017).

양안의 시력차가 큰 저시력 학생은 같은 배율의 양안 적용이 어려워 쌍안경이 아닌 단안 망원경(단안경)을 사용한다. 대조강화경(typoscope)은 검은색의 두꺼운 종이나 플라스틱으로 대조를 높여 읽기에 도움을 주는 비광학적 보조도구이다. 한 줄 단위로 문장을 볼 수 있게 도와주고, 읽기 시 자료의 대비를 높이고, 책으로부터 반사되는 빛의 양을 줄여 눈부심을 감소시킨다.

[그림 12-15] 단안 망원경

출처: http://www.silwel.or.kr/

[그림 12-16] 대조강화경

출처: https://shop.rnib.org.uk/typoscope-reading-guides-pack-of-four.html

점자정보단말기는 시각장애 학생이 쉽게 사용할 수 있도록 인체공학적으로 설계된 점자 음성컴퓨터다. 전자 점자와 음성을 통해 문서의 출력과 인터넷을 자유롭게 이용할 수 있도록 만든 휴대용 정보통신기기로, 대표적인 점자정보단말기로 브레일 한소네(한국), 브레일 라이트(미국), 브레일 노트(뉴질랜드) 등이 있다. 이 단말기는 점자와 묵자 간 일대일 호환이 가능하며, 시각장애인의 학습 및 재활, 정보 접근을 돕는 역할을 한다. 이를 통해 워드 프로세서, 일정 관리, 이메일, 계산기, 웹브라우저, 파일관리 등 컴퓨터가 제공하는 모든 기능을 시각장애인이 쉽고 편리하게 활용할 수 있다.

[그림 12-17] 브레일 한소네

출처: http://www.himsintl.co.kr/product02/

점자프린터란 입력한 자료를 점자로 출력하는 기기를 말한다. 단면과 양면을 출력할 수 있으며, 출력 용지도 연속 용지뿐만 아니라 낱장 용지까지 사용할 수 있는 제품이다.

5) 청각장애학생을 위한 보조공학

청각장애학생을 위해 사용되는 대표적인 보조공학 장치는 보청기라고 할 수 있다. 보청기는 공기로부터 많은 음을 모으고, 증폭시키는 장치를 말한다. 보청기의 기본구조는 송화기, 증폭기, 수화기, 전원으로 구분되며, 아날로그 보청기, 디지털 보청기 등이 있다. 특히 FM 보청기는 일반적인 보청기의 소음과 거리 그리고 반향 효과를 줄이는 목적으로 제작되어 교실 수업 환경에 사용될 수 있다. FM 보청기는 FM 송신기, FM 수신기, 보청기로 구성된다. FM 송신기는 교사가 착용하고 학생에게 소리를 전달하는 기능을 하며, FM 수신기는 인공와우나 보청기에 연결해 신호를 받아들이고, 학생이 착용한 보청기는 소리를 증폭하여 학생에게 전달한다.

[그림 12-18] 일반 보청기

출처: http://www.widexdaejeon.com/

FM 송신기
(Inspiro)

FM 수신기
(MLxi)

보청기 / 인공와우

[그림 12-19] FM 보청기

출처: http://blog.naver.com/PostView.nhn?blogId=hearm
all&logNo=50185721326)

3. 보편적 설계

1) 보편적 설계의 등장배경

보편적 설계(Universal Design)라는 용어는 소아마비로 인해 휠체어를 항상 타고 다녀야만 했던 건축가 Ronald L. Mace에 의해서 처음 사용되었다. 그는 노스캐롤라이나주립대학교(NCSU)의 디자인스쿨을 졸업하고 미국 교육부 산하 국립 장애 · 재활 연구소(National Institute on Disability and Rehabilitation Research)의 연구지원금을 바탕으로 1998년 보편적 설계센터(The Center for Universal Design)를 설립하였다. 이후 보편적 설계센터에서는 보편적 설계 원리(The Principles of Universal Design$^{©}$)를 개발하게 되었으며, 이는 이후 수많은 건축가 및 제품 디자이너들에 의해서 사용되고 있다.

2) 보편적 설계의 정의

Mace, Hardie와 Place(1990) 그리고 Mace(1998)에 따르면 보편적 설계라는 것은 모든 사람들에게 특별한 변형 없이 사용될 수 있는 제품 및 환경을 설계하는 것을 말한다. 보편적 설계는 신체적 · 인지적 · 지적 능력의 다양성뿐만 아니라 다양한 신체 크기 등을 고려하여 모든 사람들에게 기능적으로 편리하게 만드는 것을 말한다. 보편적 설계는 문손잡이, 숟가락, 젓가락, 휴대전화 등 디자인을 필요로 하는 모든 것에 적용될 수 있으며 공공건물 및 주택 등의 건축 · 환경 설계에 적용된다.

Ron Mace의 보편적 설계의 개념은 도시설계, 공산품 설계 등으로 그 영역이 확대되었으며, 1998년의 보조공학법(Assistive Technology Act of 1998)에서는 보편적 설계를 다음과 같이 정의하고 있다.

> 보편적 설계란 광범위한 사람들에게 사용될 수 있는 상품과 서비스를 설계하고 제공하기 위한 개념 또는 철학을 의미한다.

3) 보편적 설계 원리

1997년 보편적 설계센터의 인체공학자, 산업디자이너, 건축가, 인테리어 디자이너 등의 전문가는 다음 일곱 가지의 보편적 설계 원리를 정리하였다. 보편적 설계센터에서는 보편적 설계의 일곱 가지 원리와 더불어 세부적 지침을 제공하고 있다. 각 지침별 다양한 디자인 사례를 알아보도록 한다.

보편적 설계 원리 1. 공정한 사용성
보편적 설계 원리 2. 사용에 있어서의 융통성
보편적 설계 원리 3. 단순하고 직관적인 사용성
보편적 설계 원리 4. 인지 가능한 정보
보편적 설계 원리 5. 오류에 대한 관용성
보편적 설계 원리 6. 최소한의 신체적 노력
보편적 설계 원리 7. 사용에 적합한 크기와 공간

---

(1) 공정한 사용성

다른 수준의 능력을 가진 다양한 사람에게 유용하고 시장성을 갖춘 설계가 이루어져야 한다는 원리로, 장애인, 비장애인, 노인 등 다양한 수준의 신체적, 감각적, 인지적 능력을 가진 사람 모두가 공정하게 사용할 수 있게 설계된 환경 및 제품을 말한다. 즉, 장애인만을 위한 특별한 설계를 의미하는 것이 아니라 모든 사용자들이 사용할 수 있도록 설계하는 것이다. 이는 장애인뿐만 아니라 비장애인의 접근성도 향상시킨다는 원리이다.

(2) 사용에 있어서의 융통성

광범위한 개인의 선호도와 능력을 포함하는 디자인이어야 한다는 원리로, 개인이 가지고 있는 다양한 선호도와 감각적·인지적 능력의 범위를 고려하여 환경과 제품을 설계해야 한다. 즉, 아동부터 노인까지의 다양한 연령을 가진 사람, 비장애인의 다양한 욕구를 동시에 충족시킬 수 있어야 한다는 원리이다.

(3) 단순하고 직관적인 사용

사용자의 경험, 지식, 언어기술, 집중수준에 상관없이 이해하기 쉽게 디자인이 되어야 한다. 일상적으로 사용하는 스마트폰, 현금인출기, 사무용품, 생활용품 등은 복잡한 사고과정을 거치기보다 직관적으로 사용할 수 있도록 설계되어있다.

(4) 인지 가능한 정보

주변의 조건 및 개인의 감각적 능력과 상관없이 사용자에게 필수 정보를 효과적으로 제공하여야 한다. 사용자를 위한 필수정보를 다양한 방식으로 전달해 신체적인 장애의 여부를 떠나서 필수정보를 제공받는다는 원리이다. 즉, 청각장애인을 위해 효과적인 시각적 제시를 통해 정보를 제공하거나, 시각장애인을 위해 점자를 이용한 정보를 동시에 제공해 주는 방법이 이 원리를 적용한 것일 수 있다.

(5) 오류에 대한 관용성

비의도적이고 우발적인 행동으로 발생할 있는 위험성 및 부정적 결과를 최소화할 수 있도록 디자인한다. 모든 사람들은 상품을 사용하거나 서비스를 이용할 때 실수(오류)를 보인다. 이러한 사용자의 실수는 의도하지 않은 경우가 많다. 이러한 비의도적인 실수를 통해 부정적인 결과를 초래하는 것을 예방하는 원리이다. 예를 들어, 컴퓨터 전원을 끌 때 한 번 더 사용자의 의도를 확인하는 창이 뜨기도 한다.

(6) 최소한의 신체적 노력

효율적이고 편안하게 사용하여 피로도를 최소화할 수 있도록 디자인한다. 최소한의 신체적 노력을 통해 상품을 사용할 수 있도록 설계한다면 장애인, 아동, 노인에게 더 높은 접근성을 제공할 수 있을 것이다. 예를 들어, 최근에 출시되는 자동차는 시동을 걸기 위해 자동차 열쇠를 넣고 돌리는 신체적 노력을 필요로 하기보다, 자동차 시동 버튼을 누르도록 설계되어 있다. 직접 문을 손으로 여는 것보다 자동문으로 설계한다면 더 적은 신체적 노력을 필요로 할 것이다.

(7) 사용에 적합한 크기와 공간

사용자의 신체 크기, 자세, 이동성에 상관없이 접근, 도달, 조작을 위한 적합한 크기와 공간이 제공되어야 한다. 이 원리는 상품을 설계하고 공간을 구성할 때 신장, 접근, 이동의 제약을 가지는 사람을 고려해야 한다는 의미이다. 즉, 다양한 신장을 가진 사람을 고려한 손잡이 높이, 콘센트 높이, 휠체어 이동을 위한 충분한 공간 등이 이 원리를 적용한 것이라고 할 수 있다.

4. 보편적 설계의 적용사례: 보편적 학습설계

최근 특수교육은 일반교육와의 단일체제로 변화되면서 통합교육의 성공을 위한 보편적 학습설계(Universal Design for Learning: UDL)에 대해 논의가 이루어지고 있다(김용욱, 2008; Eric et al., 2018). 통합교육의 성공적인 실현을 위해서는 모든 학생들의 교육적인 접근성이 보장되어야 한다. 특히 교육과정, 교수-학습 운영, 교육환경에 있어서의 교육적 접근성, 학업 및 기능 향상을 위한 서비스 제공, 학교생활의 질 향상 등을 추구해야 한다. 보편적 설계센터에서 강조하고 있는 일곱 가지 원리 또한 통합교육의 성공적 실현을 위한 방법론적 접근과 공통점을 지닌다고 할 수 있다.

1) 보편적 학습설계의 개념

보편적 설계는 주로 건축과 제품 개발에 적용되는 개념이었다. 보편적 학습설계는 건축과 제품 개발에 적용되었던 보편적 설계 원리를 학생의 학습, 교사의 교육, 학습활동과 학습자원에 대한 접근성에 적용하여 교육과정 내용과 교수-학습을 구성하는 것을 의미한다. 응용특수공학센터(Center for Applied Special Technology: CAST)에서는 보편적 학습설계를 학생의 개별 특성을 고려하기 위한 것으로 보며, 새로운 뇌 연구와 매체 공학에 근거한 새로운 교수·학습·평가 접근법으로 정의하고 있다(CAST, 2011). 미국 특수교육학회(CEC, 2005)는 학습의 관점에서 보고, 듣고, 말하고, 움직이고, 읽고, 쓰고, 글자를 이해하고, 학습활동에 참여하고, 조직하고, 활동하고, 기억하는 능력에서 폭넓은 차이를 가진 개인들이 그들의 학습목표를 성취할 수 있도록 교수자료와 활동을 설계하는 것을 보편적 학습설계라고 설명하고 있다.

2) 보편적 학습설계의 원리와 실제

보편적 설계 원리는 학습·교육에 적용 가능하며 특히 통합교육의 중요성이 강조되고 성공적인 통합교육의 실현을 위해서는 비장애학생과 장애학생 모두에게 보편적으로 적용될 수 있는 교육과정, 교구의 개발이 선행되어야 한다(Eric et al., 2018). Bowe(2000)는 보편적 설계의 일곱 가지 원리를 교육에 적용하는 개념을 설명하였으며, 이 밖에 Scott, McGuire와 Shaw(2003)는 학생 공동체, 교수 분위기의 두 가지 원리를 추가하여 보편적 학습설계 원리를 제시하였다.

보편적 학습설계 원리 1. 공정한 사용성
보편적 학습설계 원리 2. 사용에 있어서의 융통성
보편적 학습설계 원리 3. 단순하고 직관적인 사용성
보편적 학습설계 원리 4. 인지 가능한 정보
보편적 학습설계 원리 5. 오류에 대한 관용성
보편적 학습설계 원리 6. 최소한의 신체적 노력
보편적 학습설계 원리 7. 사용에 적합한 크기와 공간
보편적 학습설계 원리 8. 학생 공동체
보편적 학습설계 원리 9. 교수 분위기

보편적 설계 원리의 교육현장에서의 적용 방법을 살펴보면 다음과 같다.

(1) 공정한 사용성

공정한 사용성은 학생의 개별 능력과 관계없이 모든 학생에게 유용하고 접근이 쉽도록 설계하는 것이다. 모든 학생에게 되도록 동일한 방식으로 제공할 수 있으나 불가능할 경우에는 동등한 내용을 제공해야 한다. 예를 들어, 교과과목 관련 홈페이지를 설계할 때 시각장애를 가진 학생이 이용할 수 있도록 홈페이지에 시각적 내용을 음성으로 바꾸어 주는 기능을 추가시킨다면 모든 학생이 공정하게 사용할 수 있는 환경이 조성될 것이다.

(2) 사용에 있어서의 융통성

사용에 있어서의 융통성은 모든 학생의 개별 능력과 특성을 고려한 뒤 수용 가능하도록 설계하는 것이다. 이는 사용할 때 개별 능력과 특성에 알맞은 방법을 선택할 수 있도록 한다. 예를 들어, 박물관 및 미술관에서 현장실습을 수행하게 될 때 전시물에 관한 설명을 읽을 수 있게 할 것인지 녹음된 설명을 듣게 할 것인지 선택하게 한다면 시각장애를 가진 학생 또는 비장애학생 모두에게 편리한 교육수단을 제공하게 된다.

(3) 단순하고 직관적인 사용성

단순하고 직관적인 사용성은 이전에 다루어 본 경험이나 지식, 문해능력 등에 관계없이 사용 가능하도록 하는 것이다. 과학실험도구 작동을 위한 버튼에 문자 설명뿐만 아니라 심볼 혹은 촉각적 정보(점자)를 같이 제공한다면 단순하고 직관적으로 과학실험도구를 조작할 수 있을 것이다.

(4) 인지 가능한 정보

인지 가능한 정보는 학생들의 감각 능력에 관계없이 정보가 효과적으로 전달되도록 하는 것이다. 예를 들어, 교육 관련 영상을 보여 줄 때 자막을 포함하여 보여 준다면 장애의 여부와 상관없이 모두에게 더 효과적으로 정보를 제공할 수 있다. 문서화된 교수자료뿐만 아니라, 온라인 기반의 교수자료를 제공하여 다양한 형태의 자료를 접할 수 있도록 할 수 있다.

(5) 오류에 대한 관용성

오류에 대한 관용성은 의도치 않은 결과를 최소화할 수 있도록 하는 것이다. 예를 들어, 학생이 컴퓨터 프로그램을 사용할 때 적절하지 않은 반응을 보이면 해당 문제에 관해 적절한 수준의 지도와 배경지식을 제공하게 되는데, 이를 통해 인지적 수준에 관계없이 오류에 관한 수정과 학습성취도가 향상될 것이다.

(6) 최소한의 신체적 노력

최소한의 신체적 노력은 말 그대로 신체적인 어려움을 최소화시키는 것이다. 예를 들어, 컴퓨터 문서작업 중 단어 예측 프로그램과 같이 번거로움을 개선한다거나, 학교 및 교실에 자동문을 설치한다면 신체적 장애 여부와 상관없이 모두에게 편리한 학습환경을 제공할 수 있다.

(7) 사용에 적합한 크기와 공간

사용에 적합한 크기와 공간은 학생의 키, 몸무게, 이동성 및 기타 특성에 관계없이 모두 접근 가능하고 활용할 수 있도록 하는 것이다. 예를 들어, 과학실험실에서 왼손잡이 및 오른손잡이를 고려하여 학생들 간의 충분한 공간을 보장해 주고 앉거나 서 있더라도 과학실험을 수행할 수 있도록 공간을 구성한다면 모두에게 편리한 학습환경이 구성될 수 있을 것이다.

(8) 학생 공동체

학생 공동체는 학습 상황에서 학생 간의 의사소통과 상호작용을 향상시키고, 학생과 교수자 사이에 더 많은 의사소통과 상호작용이 발생할 수 있도록 학습환경을 조성하는 원리이다. 수업방법을 그룹학습, 토론, 협동학습의 형태로 제시하는 것이 학생 공동체 원리를 적용한 예라고 할 수 있다.

(9) 교수 분위기

교수 분위기는 특수교육대상 학생, 혹은 다양한 배경을 가진 학생들이 가지는 차이점을 교수자가 인정하고 허용하는 태도를 포함하는 원리를 의미한다. 다양한 학생이 가지는 차이점에 대해 인내하고 각 학생이 가지는 특수한 학습 필요 사항을 존중하기 위해 필요한 사항들을 수업계획안에 포함시키는 것이 교수 분위기 원리를 적용한 예라고 할 수 있다.

3) 보편적 학습설계 가이드 라인: CAST(2011)

응용특수기술센터(CAST)는 2011년 보편적 학습설계를 더욱 실제적으로 적용할 수 있도록 주요 원리를 재구성하고 주요 원리에 따른 지침을 제시하였다. 보편적 학습설계의 원리별 가이드 라인은 〈표 12-1〉과 같다.

CAST(2011)에서 제시하는 보편적 학습설계의 주요 원리는 다양한 방식의 표상 제공, 다양한 방식의 행동과 표현수단 제공, 다양한 방식의 학습 참여 제공의 세 가지로 이루어져 있다. 이 세 가지 주요 원리에 따라 각가 세 가지의 지침을 제시하고 있다.

(1) 다양한 방식의 표상 제공

수업환경 속에는 인지적인 정보를 처리할 때 학생마다 자신이 선호하는 다양한 방법을 이용한다. 때문에 청각장애, 시각장애와 같은 감각장애를 가진 학생, 독특한 정보처리 방법을 사용하는 학습장애, 언어적 · 문화적으로 다른 배경을 가진 학생들이 한 교실에 존재할 수 있다. 따라서 서로 다양한 방식을 사용하는 학생을 위해 여러 가지 시각적 · 청각적 방법(예: e-reader, 오디오북)을 제공해 주는 것이 중요하다. 이러한 요소를 충족하기 위해 동일한 정보를 시각, 청각, 촉각과 같은 다양한 형태로 제공하고, 동일한 형태라도 글자의 크기를 달리 제시하거나, 음량을 알맞게 제시하는 것이 필요하다.

학생의 특성에 따라 e-reader를 제공하여 학습정보를 얻을 있도록 할 수 있다. e-reader를 활용하면 글자 크기도 학생의 특성에 따라 조절할 수 있다.

[그림 12-20] e-reader

출처: https://www.amazon.com/All-new-Kindle-PaperWhite-Waterproofs-Storage/dp/B07CXG6C9W/
ref=sr_1_1_sspa?ie=UTF8&qid=1548830063&sr=8-1-spons&keywords=e-reader&psc=1

(2) 다양한 방식의 행동과 표현수단 제공

학생은 자신이 선호하는 다양한 방식으로 학습과 주변 환경을 탐색하고 자신의 생각과 지식을 표현한다. 즉, 학생의 다양한 특성을 바탕으로 행동과 표현을 위한 적절한 방식을 제공해 주어야 한다. 예를 들어, 지체부자유 학생을 위해 보조공학(예: 교과서를 넘길 수 있는 도구) 기기를 제공하거나, 의사소통 수준이 제한적인 학생을 위해 의사소통 보조기구(예: 보완대체 의사소통기기)를 제공하여 자신을 표현하고 상호작용할 수 있도록 도와줄 수 있다.

표 12-1 보편적 학습설계의 원리별 가이드 라인(CAST, 2011)

주요원리	I. 다양한 방식의 표상을 제공	II. 다양한 방식의 행동과 표현수단 제공	III. 다양한 방식의 학습 참여 제공
하위 가이드 라인	1: 인지 방법의 다양한 선택 제공 1.1 정보의 제시 방식을 학생에 맞게 설정하는 방법 제공하기 1.2 청각정보의 대안을 제공하기 1.3 시각정보의 대안을 제공하기 2: 언어, 수식, 기호의 다양한 선택 제공 2.1 어휘와 기호의 뜻을 명료하게 하기 2.2 글의 짜임새와 구조를 명료하게 하기 2.3 문자, 수식, 기호의 해독을 지원하기 2.4 범언어적인 이해를 증진시키기 2.5 다양한 매체들을 통해 의미를 보여 주기 3: 이해를 돕기 위한 다양한 선택 제공 3.1 배경지식을 제공하거나 활성화시키기 3.2 패턴, 핵심 부분, 주요 아이디어 및 관계 강조하기 3.3 정보처리, 시각화, 이용의 과정을 안내하기 3.4 정보 이전과 일반화를 극대화하기	4: 신체적 표현 방식에 따른 다양한 선택 제공 4.1 응답과 자료 탐색 방식을 다양화하기 4.2 다양한 도구와 보조공학(AT) 기기 이용을 최적화하기 5: 표현과 의사소통을 위한 다양한 선택 제공 5.1 의사소통을 위한 여러 가지 매체 사용하기 5.2 작품의 구성과 제작을 위한 여러 가지 도구를 사용하기 5.3 연습과 수행을 위한 지원을 점차 줄이면서 유창성 기우기 6: 자율적 관리기능에 따른 다양한 선택 제공 6.1 적절한 목표 설정에 대한 안내하기 6.2 계획과 전략 개발을 지원하기 6.3 정보와 자료관리를 용이하게 돕기 6.4 학습 진행 상황을 모니터하는 능력을 증진시키기	7: 흥미를 돋우는 다양한 선택 제공 7.1 개인의 선택과 자율성을 최적화하기 7.2 학습과의 관련성, 가치, 현실성 최적화하기 7.3 위협이나 주의를 분산시킬 만한 요소를 최소화하기 8: 지속적인 노력과 끈기를 돕는 선택 제공 8.1 목표나 목적을 뚜렷하게 부각시키기 8.2 난이도를 최적화하기 위한 요구와 자료들을 다양화하기 8.3 협력과 동료 집단을 육성하기 8.4 성취 지향적(mastery-oriented) 피드백을 증진시키기 9: 자기 조절 능력을 기우기 위한 선택 제공 9.1 학습동기를 최적화하는 기대와 믿음을 증진시키기 9.2 극복하는 기술과 전략들을 촉진시키기 9.3 자기 평가와 성찰을 발전시키기
성취 기대 목표	학습자원이 풍부하고 지식을 활용할 수 있는 학생	전략적이고 목표 지향적인 학생	목적의식과 학습동기가 뚜렷한 학생

출처: www.cast.org; www.udlcenter.org; CAST (2011).

책을 넘길 수 있는 도구를 제공하여 지체부자유 학생도 수업에 참여할 수 있다.

[그림 12-21] 교과서를 넘길 수 있는 도구

출처: https://www.amazon.com/PageFlip-PFLITE001-Lite/dp/B0030DLNS2/ref=sr_1_4?ie=UTF8&qid=1548814451&sr=8-4&keywords=book+page+turner

(3) 다양한 방식의 학습 참여 제공

학생은 자신이 선호하는 다양한 방식으로 학습활동에 참여하고 다양한 요소에 의해서 학습동기가 형성된다. 어떤 학생은 새로운 역할놀이에 흥미를 느낄 수 있고, 어떤 학생은 항상 정형화된 활동에서 원활한 학습 참여가 이루어질 수 있다. 또한 어떤 학생은 개별 학습을 더 선호할 수 있고, 다른 학생은 그룹활동을 했을 때 보다 높은 흥미를 보이며 적극적으로 학습할 수 있다. 즉, 학생의 학습 특성과 동기 향상 요소를 고려하여 다양한 방식으로 학습에 참여할 수 있는 선택권을 제공하는 것이다.

5. 결론

보조공학이란 상업적인 목적으로 만들어지거나, 개인의 특성에 맞추어 만들어진 물건, 장비 또는 생산체계로서, 장애학생의 기능적 능력을 향상시키고 유지시키는 데 사용하는 장치와 서비스를 의미한다. 의사소통, 이동, 감각처리에 어려움을 보이는 학생에게 필요한 요구를 파악하고 적절한 보조공학 장치를 제공한다면, 학생의 성공적인 통합교육 기회를 기대할 수 있을 것이다.

보편적 학습설계란 모든 사람들에게 동등한 학습기회를 보장하기 위한 원리를 적용하는 것을 말하는 것이다(CAST, 2011). 보편적 학습설계를 통하여 개인의 필요성에 따라 수정하기보다는 교육환경, 교육목표, 교육방법, 교구, 교육평가에 있어서 단일한 설계가 모든 학생들의 필요성을 충족시켜 주는 것이 필요하다(Rose, 2001; Wehmeyer, 2006).

일반학급은 다양한 배경과 특성을 가진 비장애학생들로 구성되어 있다. 통합교육 상황에서의 특수교육대상자도 비장애학생들과 같이 다양한 배경과 교육적 필요를 가지고 있다. 하지만 실제 교육현장에서는 모든 학생의 평균을 기준으로 교육과정을 개발하고 활용하는 경우가 대부분이다. 이러한 평균 수준의 기준을 통해서 교육과정을 개발할 경우 학습현장에서 실제적 부가 서비스가 필요한 특수교육 대상 학생의 다양성을 충족시켜 주기에는 한계가 있다. 따라서 보편적 학습설계를 통하여 융통성 있는 학습목표, 학습방법, 교구를 설계하고 비의도적인 교육 장벽을 없애 준다면 교사에게 다양한 학습요구를 충족시켜 줄 것이다(박주연, 2009).

학습과제

1. 자신의 학급에 시각장애를 가진 고등학생이 통합되어 교육을 받고 있다. 이 학생을 위한 보조공학 지원과 보편적 설계 방안은 무엇인지 설명하시오.

2. 자신의 학급에 청각장애를 가진 고등학생이 통합되어 교육을 받고 있다. 이 학생을 위한 보조공학 지원과 보편적 설계 방안을 설명하시오.

3. 자신의 수업에 보편적 학습설계의 원리를 이용하여 수업지도안을 작성하려 한다. 보편적 학습설계를 수업에 적용할 수 있는 여러 가지 아이디어를 설명하시오.

참고문헌

광주광역시 교육청(2017). 시각 및 청각장애 거점 특수교육지원센터 운영 가이드북. 광주: 사람과 사람들.
김남진, 김용욱(2017). 특수교육공학 2판. 서울: 학지사.
김용욱(2008). 통합교육을 위한 방법론적 접근: 보편적 설계. 2008 한국특수교육학회 추계

학술대회 자료집, 11-30

박주연(2009). 통합교육현장에서 적용 가능한 보편적 학습 설계의 개념과 원리 탐색. 지
    적장애연구, 11(1), 237-253.

보건복지부(2008). 보조기구 교부사업 상담매뉴얼. 서울: 한국장애인 개발원.

American Speech-Language-Hearing Association (2004). *Roles and responsibilities
    of speech-language pathologists with respect to augmentative and alternative
    communication: Technical report.* Retrieved February 2009, from http://www.
    asha.org/docs/html/TR2004-00262.html

Assistive Technology Act, PL 108-364. (2004)

Bowe, F. G. (2000). *Universal Design in education: Teaching nontraditional students.*
    Westport, CT: Bergin & Garvey.

Bryant, D. P., & Bryant, B. R. (2003). *Assistive technology for people with disabilities.*
    Boston, MA: Pearson Education, Inc.

CAST (2011). *Universal Design for Learning Guidelines version 2.0.* Wakefield, MA:
    Author.

Center for Universal Design (1997). *The principles of universal design (Version
    2.0—4/1/97).* North Carolina State University, retrieved from http://www.ncsu.
    edu/www/ncsu/design/sod5/cud/about_ud/udprinciplestext.htm

Corn, A. L., Wall, R. S., & Bell, J. (2000). Impact of optical devices on reading rates
    and expectations for visual functioning of school-age children and youth with low
    vision. *Visual Impairment Research, 2,* 33-41.

Council for Exceptional Children. (2005). *Universal Design for Learning: A guide
    for teacher and education professionals.* Arlington, VA: Pearson, Merrill Prentice
    Hall.

Eric, J., Moore, E. J., Smith, F. G., Hollingshead, A., & Wojcik, B. (2018). Implementing
    and scaling-up Universal Design for Learning in teacher preparation programs.
    Journal of special Education Technology, 33(1), 40-53.

Hasselbring, T. S., & Bausch, M. E. (2006). Assistive technologies for reading.
    Educational Leadership, 63, 72-75.

Individuals with Disabilities Education Act, 20 U.S.C. § 1400 (2004)

Mace, R. L. (1998). Universal design in housing. *Assistive Technology, 10*(1), 21-28.

Mace, R. L., Hardie, G. J., & Place, J. P. (1990). Accessible environments: Toward
    universal design. In W. Preiser, J. Visher, & E. White (Eds.), *Design interventions:
    Toward a more human architecture.* New York, NY: Van Nostrand Reinhold.

Pub. L. No. 105-394. S. 2342 (Assistive Technology Act of 1998)

Rose, D. H. (2001). Universal Design for Learning: Deriving guiding principles from networks that learn. *Journal of Special Education Technology, 16*(1), 66-70.

Scott, S., McGuire, J., & Shaw, S. (2003). Universal Design for Instruction: A new paradigm for teaching adults in postsecondary education. *Remedial and Special Education, 24*(6), 369-379.

Wehmeyer, M. (2006). Universal Design for Learning, access to the general edcuation curriculum and students with mild mental retardation. *Exceptionality, 14*(4), 225-235.

http://atrac.or.kr/assistant/

http://blog.naver.com/PostView.nhn?blogId=hearmall&logNo=50185721326

http://eduecho.com/

http://www.atall.or.kr/atracware/

http://www.cowalknews.co.kr

http://www.himsintl.co.kr/product02/

http://www.silwel.or.kr/

http://www.widexdaejeon.com/

https://shop.rnib.org.uk/typoscopereading-guides-pack-of-four.html

https://www.amazon.com/All-new-Kindle-PaperWhite-Waterproofs-Storage/dp/B07CXG6C9W/ref=sr_1_1_sspa?ie=UTF8&qid=1548830063&sr=8-1-spons&keywords=e-reader&psc=1

https://www.amazon.com/PageFlip-PFLITE001-Lite/dp/B0030DLNS2/ref=sr_1_4?ie=UTF8&qid=1548814451&sr=8-4&keywords=book+page+turner

https://www.attainmentcompany.com/gotalk-20

https://www.yeswecan.or.kr/community/

제13장

진로 · 직업교육 현황 및 전환교육

 학습목표

- 진로 · 직업교육의 개념을 전환교육을 중심으로 이해한다.
- 진로 · 직업교육의 대표적인 모델을 이해한다.
- 한국 및 세계의 진로 · 직업교육의 사례를 살펴본다.

학습개요

장애인의 자립에 있어서 직업은 중요한 문제이다. 장애를 가진 학생의 졸업 이후 취업을 위한 진로 · 직업교육은 주로 특수학교 및 통합학교에서 이루어져 왔다. 고등학교 졸업 특수교육대상자의 취업률은 지속적으로 향상되고 있는 것으로 나타났지만, 여러 지원 시스템의 한계로 인하여 안정적인 고용유지율을 보여 주지 못하고 있다. 이 장에서는 진로 · 직업교육의 개념을 이해하고, 직업교육의 한국 및 해외 현황을 살펴볼 것이다. 뿐만 아니라 진로 · 직업교육의 주요 패러다임라고 할 수 있는 전환교육의 개념과 적용 유형들을 살펴봄으로써 성공적인 진로 · 직업교육 설계를 이해하고 적용하는 기초적인 능력을 배양하도록 한다.

1. 진로·직업교육의 의의 및 목적

장애인의 직업을 통한 자립은 중요한 문제이며 모든 장애인에게 이루어져야 한다. 특히 성인기로의 전환을 앞두고 있는 특수교육대상자의 직업교육은 매우 시급하다고 할 수 있다. 하지만 특수교육대상자는 장애로 인하여 진로선택의 자유도가 넓지 않으며 심한 중도의 장애를 가진 장애학생은 집중적인 직업교육 서비스가 동반될 때 자립을 이룰 수 있다. 진로·직업교육의 목표는 자신의 적성과 요구에 적합한 진로를 합리적으로 선택하고 적절히 준비하여 궁극적으로 학교 졸업 이후에 직업을 유지하면서 만족한 삶의 질을 향유하도록 하는 데 있다고 할 수 있다. 즉, 성공적인 진로·직업교육을 통하여 특수교육대상자는 긍정적인 자아개념과 원만한 대인관계기술을 습득할 수 있고 자기 능력의 향상 정도를 스스로 확인함으로써 자존감 향상을 가져올 수 있다. 뿐만 아니라 장애인 스스로에게 있어서 직업을 통하여 사회에 참여함으로서 진정한 통합으로서의 의의를 가질 수 있고, 심리적·경제적 안정감을 가져올 수 있다. 따라서 특수교육대상자의 진로·직업교육은 성인 생활로의 성공적인 전환을 지원하기 위하여 의도적·조직적·체계적으로 이루어져야 한다(정동영, 2014).

2. 초·중등학교 진로교육의 목표

교육부(2015a, p. 1)가 제시한 학교 진로교육 목표와 성취기준에 따르면, 학교 진로교육의 목표를 "학생 자신의 진로를 창의적으로 개발하고 지속적으로 발전시켜 성숙한 민주시민으로서 행복한 삶을 살아갈 수 있는 역량을 기른다."라고 제시하고 있으며, 자신과 일에 대한 이해와 긍정적 가치 형성, 다양한 진로 탐색과 체험을 바탕으로 한 꿈 탐색, 진로 설계를 위한 진로개발역량 기초 배양을 초등학교의 진로교육 목표로 제시하고 있다. 또한 한국직업능력개발원(2012)은 초등학교 단계에서의 진로교육의 목적을 "긍정적 자아개념을 형성하고 일의 중요성을 이해하고 진로 탐색과 계획 및 준비를 위한 기초 소양을 키움으로써 진로개발역량의 기초를 배양한다."라고 제시하였다.

교육부(2015a, p. 1)는 중학교의 진로교육 목표를 "초등학교에서 함양한 진로개발역량의 기초를 발전시키고, 다양한 직업세계와 교육기회를 탐색하여 중학교 생활 및 이후의 진로를 설계하고 준비한다."라고 제시하고 있으며, 일반고등학교 진로교육의 목표를 "미래 직업세계 변화에 대한 이해를 바탕으로 자신의 진로목표를 세우고 구체적인 정보 탐색을 통해 고등학교 이후의 진로계획을 수립하고 실천하기 위한 역량을 개발한다."라고 제시하고 있다.

실제로 초등학교 연령의 특수교육대상자를 위해 적용할 수 있는 진로교육을 위한 교과는 2015 기본교육과정(교육부, 2015b)의 실과라고 할 수 있다. 실과는 초등학교 5~6학년에 편제·운영되고 중학교 '진로와 직업'과 연계성을 가지는 교과로, 실과는 '가정생활' '기술정보' '생명·환경' '진로 인식'의 네 가지 영역으로 구성된다. 특히 '진로 인식' 영역에서는 자기 이해 및 직업의 중요성 인식을 위한 내용으로 구성되어 있으며, 다양한 직업의 세계, 자신의 능력과 흥미 등에 대하여 탐색하는 내용 요소로 구성되어 있다.

중학교 및 고등학교 연령의 특수교육대상자를 위해 적용할 수 있는 진로교육 관련 교과는 2015 기본교육과정(교육부, 2015b)의 '진로와 직업' 교과라고 할 수 있다. 중학교 및 고등학교의 진로와 직업 교과는 실과에서 더 나아가, 자신을 이해, 진로와 직업의 세계를 탐색, 적합한 진로와 직업에 대한 의사결정, 자신에게 필요한 지식, 기능, 태도를 기르도록 하는 교과이다. 진로와 직업 교과는 "자신의 흥미, 적성, 능력을 이해하고 다양한 직업 세계 및 진로에 대한 폭넓은 탐색과 경험을 바탕으로 진로계획을 수립하며 진학 또는 취업에 필요한 지식, 기능, 태도를 익혀 진로를 개척해 나갈 수 있는 역량을 기르는 것"을 목표로 한다(교육부, 2015b, p. 232).

3. 한국의 진로·직업교육 현황

장애를 가진 학생들이 졸업 이후에 취업을 하는 데 있어 가장 중요한 요소는 학교에서 이루어지고 있는 진로·직업교육이라 할 수 있다. 2018 특수교육통계(교육부, 2018)에 따르면 고등학교 및 전공과를 졸업한 특수교육대상자의 취업률은 31.0%(1,976명)이며 비진학·미취업자 수는 4,399명에 이르는 것으로 보고되고 있다. 취업한 특수교육대상자들은 주로 제품제조, 청소·세탁, 식음료 서비스 등의 직종에 취업하는 것으로 나타났으며, 부가적인 직업교육을 위한 학교 교육과정이라고 할 수 있는 전공과 졸업생의 취업률 역시 43.5%에 불과한 것으로 나타났다.

　구체적으로 제5차 특수교육발전 5개년 계획(교육부, 2017)자료에 따르면, 2017년 2월 고등학교 및 전공과를 졸업한 졸업 특수교육대상자 9,786명 중 비진학 · 미취업자는 4,344명(44.4%)으로 나타났으며, 진학자는 3,595명(36.%)으로 나타났으며, 취업자는 1,847명(29.8%)으로 나타났다.

　한국의 경우 고등학교를 졸업한 특수교육대상자의 직업재활훈련 및 자립생활훈련을 위해 특수학교 또는 일반학교에 '전공과' 또는 '특수학교 직업교육 중점학교'를 설치 운영하고 있다.

　'전공과'란 고등학교 과정을 졸업한 특수교육대상자의 직업재활훈련 및 자립생활훈련을 위해 특수학교 또는 일반학교에 설치한 수업연한 1년 이상의 과정을 의미한다.

　특수학교 및 특수학급의 전공과 학급 수는 2007년 145개(특수학교)에서 2017년 608개로 증가하였다. 전공과를 졸업한 특수교육대상자의 졸업 후 진로를 살펴보면 전공과 졸업자 총 1,354명 중 진학자는 11명, 취업자는 687명, 미진학 · 미취업자는 656명으로 나타났다. 또한 진학률은 2007년 1.3%에서 2012년 0.8%로 감소하였고, 취업률은 2007년 31.8%에서 2012년 51.2%로 증가하였다.

　특수학교 직업교육 중점학교란 특수학교 고등학교 교육과정 편성 · 운영 시, 교과(군)별 50% 범위 내에서 시수를 감축하여 '진로와 직업' 교과를 중심으로 운영하는 학교를 의미한다.

　직업교육 중점학교는 2015년 5개에서 2017년 17개로 증가하였다.

　2016년 장애인 경제활동 실태조사(한국장애인고용공단, 2016)에 따르면, 15~29세 청년층 장애인의 실업률은 16.8%로 전체 인구의 청년층 실업률에 비해 두 배 가까이 높은 수치를 보여 주었다. 특히 지적장애, 자폐성장애, 정신장애가 포함되어 있는 정신적 장애인의 경우 경제활동에 있어 가장 취약한 장애 유형으로 나타나고 있다(박은영, 2015; 박은영, 신인수, 2011). 장애인 직업고용 현황에 따르면 정부 부문과 민간 부문을 모두 포함한 장애인 고용율은 1991년 0.43%에서 2011년 2.28%로 5배 이상 증가하였다. 하지만 장애인 고용형태는 공공행정, 단순노무종사자, 임시 · 일용근로자에 종사했던 비율이 높은 것으로 나타났다(한국직업능력개발원, 2012). 뿐만 아니라 장애인 임금근로자는 일자리의 파산, 해고, 일거리가 없어서 그만둔 비율이 높았고, 자영업주의 경우 장애나 건강문제 등 때문에 그만둔 것으로 나타났으며 안정적인 고용유지율을 보여 주지 못하고 있다.

이러한 통계자료를 살펴보면 장애청소년 및 장애성인의 대다수가 청소년기에서 성인기로, 그리고 고등학교 삶에서 지역사회의 삶으로 전환하는 데 어려움을 가지고 있다고 말할 수 있다. 매해 9000명에 가까운 특수교육대상자가 졸업(교육부, 2015a)하는 가운데 교육자와 부모가 직면하는 핵심적인 쟁점이 될 수 있다. 독립된 성인으로서, 그리고 당당한 사회 구성원으로서 사회에 기여하고 통합하는 특수교육의 기본적이고 궁극적인 목표 성취를 위해 제도적 보완이 필요하다. 지난 20년 동안, 특수교육대상자들의 학교 시기에서 독립적 성인기로의 전환 및 진로 · 직업교육은 국가적인 쟁점이 되어 왔다.

4. 세계의 진로 · 직업교육 현황

미국의 2004년 「장애인교육법」(IDEA, 2004)은 14세 혹은 16세 학생의 개별화교육 프로그램에 훈련, 교육, 고용, 독립 생활기술과 관련된 적절한 전환평가를 실시하고 중등교육의 이후 측정 가능한 목표에 도달하기 위해 필요한 전환서비스(교육과정 포함)를 반드시 포함하도록 규정하고 있다(교육부, 2017). 미국의 경우, 성인의 약 81%가 정규직 혹은 비정규직으로 취업하고 있는 반면, 성인 장애인은 약 31%의 취업률을 보이고 있다. 70% 이상의 성인 장애인은 독립적인 삶을 이루어 나가지 있지 못한 것으로 나타났다.

「장애인교육법」(IDEA, 2004)에서는 특수교육에 대한 책무성을 강화하기 위하여 각 주에서 약 20개의 지표들을 관리하도록 규정하고 있으며, 개별화교육 프로그램에 중등교육 이후 성취하고자 하는 목표를 포함하고 그 목표에 도달하기 위한 전환서비스 및 교육목표를 포함시켜야 한다고 규정하고 있다. 뿐만 아니라 학생의 실제 중등 교육의 이후 성과에 중점을 두어 개별화교육 프로그램을 가졌던 청소년이 고등학교를 떠난 청소년들의 고용이나 고등교육 재학 등에 대한 자료를 수집하도록 하고 있다.

영국은 『지원 및 목표: 특수교육적 필요와 장애(support and aspiration: A new approach to special education needs and disability』(Department for Education, 2011)를 발간하여, 특수교육대상자들이 성인으로의 삶을 준비할 수 있게 계획하도록 규정하고 있다. 또한 16세 이후에 특수교육대상자는 교육기회 및 취업기회를 가지며, 취업과 고용유지가 가능하도록 구체적인 방안을 수립하고 적용하도록 하고 있다. 특수교육대상자의 고등학교 재학 중 직업경험을 강조하여, 작업 시 새로운 기술 습득과 함께 급여도 받는 견습과 특수교육대상자를 위한 지원 인턴십(supported internship)을 운영하고 있다.

핀란드는 특수교육대상자를 위한 초기 직업교육에 대한 방안을 2002년 7월에 발표하고 적용하였다. 이 방안의 주요 내용으로 고등학교 직업교육 및 훈련에서 학생의 필요에 따라 개별 학습 계획과 지원 방안을 마련하고, 다양하고 특수한 지원과 교수를 제공하도록 법으로 정하고 있다.

5. 진로 · 직업교육의 정의 및 전환교육의 개념

「장애인 등에 대한 특수교육법」 제2조 제9항에서는 "진로 및 직업교육이란 특수교육대상자의 학교에서 사회 등으로의 원활한 이동을 위하여 관련 기관의 협력을 통한 직업재활훈련 · 자립생활훈련 등을 실시하는 것을 말한다."라고 정의하고 있다. 또한 고등학교를 졸업한 장애인에게 중등교육 이후 전환프로그램은 고용 및 직업 관련 교육과 비직업적인 중등교육 이후 전환 프로그램으로 나눌 수 있으며 직업훈련, 사회적 기술 향상 교육, 직업적 · 전문기술적 프로그램을 포함한다(이성하, 나운환, 2012).

진로 · 직업교육이란 용어는 직업교육, 직업재활, 직업지도, 진로지도 등의 의미를 집약하여 사용되기도 한다(김삼섭 외, 2013). 구체적으로 진로 · 직업교육이란 자신의 진로를 합리적으로 의식하고 선택하며, 전인교육과 미래지향적인 자아실현을 위한 준비과정으로서 진로지도와 취업지도를 포함하는, 직업교육보다 포괄적인 용어를 말하며, 진로교육의 하위개념으로 간주되는 직업교육은 취업을 위한 준비교육으로 진로교육의 후반 과정에서 중점적으로 전문화된다. 뿐만 아니라 특수교육의 궁극적 목적은 생활의 자립을 통해 지역사회에 공헌할 수 있는 사회 구성원으로 살아갈 수 있도록 하는 것이다. 이는 결국 진로·직업교육을 통하여 이루어질 수 있다.

「장애인 등에 대한 특수교육법」은 통합환경을 제공하고 생애주기에 따른 장애 유형 및 정도의 특성을 고려한 교육 실시, 자아실현 및 사회통합에 기여할 수 있도록 필요한 교육적 서비스 제공 등을 강조하고 있다. 또한 특수교육대상자를 위한 직업교육에서는 단순히 직업기술을 가르치는 것으로 국한되는 것이 아니라 학생들의 취미와 특성, 적성 등을 고려하여 지역사회의 적응과 취업에 이를 수 있도록 하는 '전환교육'을 중심으로 편성·운영하는 것이 바람직하다.

여기서 전환교육이란 한 가지 조건, 환경, 장소로부터 다른 조건, 환경, 장소로 변화해 가는 과정에서 이루어지는 종적 전환(상급학교로의 전환 시) 혹은 횡적 전환(통합학급, 학습도움실 등으로의 전환 시) 지도의 과정에서 제공되는 교육적 서비스를 의미할 수 있다(이성하, 나운환, 2012; 정동영 2014). 하지만 주로 전환교육은 장애 학생을 위한 진로교육, 기능적 생활 중심 프로그램을 통한 사회 전환 교육활동 등을 포괄하는 개념으로 사용되고 있다.

6. 전환교육의 단계: 개별화전환계획 중심으로

중등교육에 있어서 전반적인 목표는 성인으로서 개인적 성취를 달성할 수 있도록 해 주는 것이다. 이 목적을 성공적으로 달성하기 위해서 특수교육대상자는 자신을 위한 서비스와 지원을 파악할 필요가 있다. 이 과정을 통해 유용한 기술 및 지식을 습득하고, 성인기의 요구와 최대로 충족시켜 줄 수 있는 성인 지원 서비스 기관을 파악할 수 있다. 이러한 개괄적인 전환의 과정을 [그림 13-1]에서 제시하고 있다.

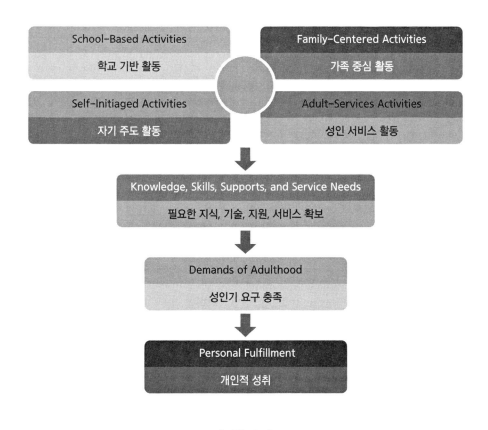

[그림 13-1]

출처: Patton & Dunn (1998).

IDEA(2004; PL 101-476)에서는 전환을 핵심적인 의무사항으로 제시하였다. 이 법에 따르면 학교는 학령기 이후의 학생 성취를 위한 계획을 의무화하고 적절한 교육과정을 제공하도록 의무화하고 있다. 이 과정은 성과중심의 과정이 되어야 하며, 기능적·학업적 성취, 학령기 이후의 삶으로 전환과정을 촉진하는 것을 주요 목표로 두고 있다. 성과중심의 과정 속의 성과는 고용, 대학교육, 훈련, 지역사회 속의 삶, 성인기 평생교육, 성인 서비스 영역에 초점에 두어야 한다. 구체적인 방법으로 16세 이상(적절한 경우 14세부터)의 학생은 개별화전환계획(indivisual transition plan: ITP)을 의무적으로 적용받게 되었다. 개별화전환계획(ITP)은 청소년기의 개별화교육계획(IEP)와 함께 구성되어, 고용서비스, 직업재활, 학교시스템과 관련된 다양한 기관의 책임과 협력에 대한 내용을 포함하도록 규정되어 있다. 이를 통해 학교에서 성인기와 지역사회 속의 삶의 전환을 성공적으로 이끌어 내도록 지원하는 것이다. 개별화전환계획은 일반적으로 전환교육의 계획 수립, 전환교육

의 실행, 전환교육의 성과 도출의 단계로 적용된다. 한국에서도 청소년기의 개별
화교육계획 속에서 개별화전환계획의 요소를 담고 있다.

7. 특수교육대상자를 위한 취업과정

일반적으로 특수교육대상자는 직업능력평가, 직업훈련과정, 고용의 단계를 걸
쳐 취업을 할 수 있다(국립특수교육원, 2016). 이 과정에선 특수교육대상자, 학부모,
관련 기관 간의 협력적 팀 접근이 중요하다고 할 수 있다.

첫째, 직업능력평가 단계에서는 특수교육대상자를 대상으로 직업능력평가를 실
시한다. 직업평가는 취업희망 직종 조사, 신체능력, 사회심리기능, 작업기능, 의료
적 진단을 통해 특수교육대상자의 취업과 관련된 정보를 종합적으로 파악한다. 평
가 대상자의 특성과 평가목적 등을 고려하여 국내·외 표준화된 검사도구로 평가
할 수 있다. 예를 들어, 한국장애인고용공단의 온라인심리검사(http://kead.or.kr/)
를 이용하여 온라인 평가를 실시할 수 있다.

둘째, 이러한 직업능력평가를 통해 파악한 특수교육대상자는 개별 특성에 따른
직업훈련과정을 거치게 된다. 한국장애인고용공단(2013)에서는 장애유형별 특성
화훈련 교수기법을 제시하면서 지적·자폐성장애학생의 경쟁고용을 목표로 이들
의 실습장 환경 조성, 생활관 환경 조성 등의 내용을 제시하고 있다. 국립특수교육
원(2016)은 직업훈련과정은 직업훈련 종목 조사, 직업훈련 실시, 직업훈련 분석표
와 훈련 과정도 작성, 평가 및 성과 점검을 제시하고 있다.

직업훈련 종목 조사를 위해서는 주변 특수교육지원센터나 거점 특수학교 등의
훈련시설에서 학생이 희망하는 종목을 선택하고 학교 교육과정에 맞추어 실시한
다. 직업훈련시설이 갖추어지지 않았거나 현장실습이 목적인 경우에는 유관기관
에 설치되어 운영 중인 직업훈련소(예: 한국장애인고용공단)를 안내하는 것이 일반
적이다. 직업훈련 실시 단계에서는 특수교육대상자가 희망하는 직종 또는 지역사
회에서 요구하는 직종을 선택하여 교내·외 훈련을 실시함으로써 현장실습기관
적응에 필요한 직업기능, 태도, 지식, 사회성 등을 향상시킬 수 있도록 한다. 직업
훈련 분석표는 훈련 유형, 직업훈련을 지원하는 사업체, 훈련 기간, 준비물, 훈련
과정의 순서, 훈련 내용, 교육적 효과·평가 등으로 구성하여 훈련 내용과 정도를

파악할 수 있도록 작성된 서류를 말한다. 평가 및 성과 점검 단계에서는 직업훈련 후 학생의 능력을 파악하고 경쟁고용, 지원고용, 보호고용 중에서 학생의 능력과 적성에 적합한 고용 형태를 결정한다.

셋째, 고용단계에서 학생은 경쟁고용, 지원고용, 보호고용의 형태로 취업을 이룰 수 있다. 경쟁고용의 형태는 장애인, 비장애인과의 일반적인 경쟁을 통해 취업하는 형태이며, 보호고용은 일반적인 형태의 직장에 취업하기 힘든 장애인에게 특수한 작업 환경을 제공해 주어 해당 환경에서 근무하면서 보수를 받도록 하는 것이다. 일반적으로 신체나 정신 혹은 다른 장애를 가진 취학 연령 이상인 자로, 어느 정도 노동력을 가졌지만 타인의 지원 없이는 독립적인 직업활동에 제한적인 장애인을 대상으로 한다. 보호된 환경에서 주로 중증장애인들을 중심으로 고용이 이루어지므로 사회적 통합의 측면에서 제한점이 있고, 우리나라에서는 주로 보호 작업장이라고 불리는 장소에서 행해지는 고용형태를 말한다. 지원고용은 경쟁고용과 보호고용의 중간 형태로 학생의 고용을 위해 취업현장에 교사 또는 직무지도원 등의 인력을 배치하는 고용의 형태를 말한다. 직업상담과 직업능력평가 결과, 다른 사람의 도움 없이는 혼자 독립적인 직업활동에 제한적인 장애인을 대상으로 한다. 지원고용의 궁극적인 목표는 배치된 인력의 지원 정도를 점점 줄여 나가며 최종적으로는 도움 없이 독립적인 직업인으로서 역할을 수행해 나가는 것이다.

8. 한국 진로·직업교육의 발전 방향

21세기에 들어서 직업환경 역시 정보화 사회로 변화하고 있다. 정보화된 직업환경은 정보통신기술 발전, 시장의 세계화, 지식기반 산업화, 노동에 관한 가치 변화 등의 특징을 가진다고 할 수 있다. 따라서 특수교육대상자가 새로운 직업환경에 적응하기 위한 진로·직업교육 프로그램은 노동 유연성을 향상시키고, 다양한 직업경험을 제공해야 하며, 장애 특성에 따른 개별적 요구와 필요에 부응할 수 있도록 전문 숙련직과 단순 생산직에 필요한 구체적인 기술과 삶의 질에 초점을 두어야 한다. 직업환경 변화에 따라 진로·직업교육 프로그램의 패러다임이 지원고용과 전환기 교육으로 변화되었다. 이에 따른 교육부(2017)의 '제5차 특수교육발전 5개년 계획'에 따른 구체적인 변화의 방향은 다음과 같다.

첫째, 특수학교 진로교육 관점이 변화되어야 한다. 특수학교에서 이루어지는 전환교육은 학생의 필요에 따른 실제적인 기술훈련에 중점을 두어야 하며, 현장과 연계하여 교육하는 것이 바람직하다.

둘째, 학제와 교육과정의 유연화를 통해 직업현장과 연계를 통한 진로 · 직업교육이 제공되어야 한다. 직업 고용주와의 연계를 통해 직업현장 내에 학급을 설치하거나 학교 내에 고용주와 연계된 직업훈련장을 설치하여 산학연계성과 직업교육의 효율성을 향상시켜야 한다. 특수교육대상자에게 지역사회의 일반사업장과 유사한 직업교육 환경을 조성하여 학교 졸업 후 취업률 확대를 기대할 수 있다.

셋째, 중등과정의 직업교과 전문교사 등 전문인력의 확보와 관련 연수 프로그램이 개발되고 제공되어야 한다.

넷째, 특수학교에서 주로 이루어지는 직업교육뿐만 아니라, 일반학교의 특수학급에서도 현장실습 중심의 직업교육을 제공할 수 있는 통합형 직업교육 확대를 위한 제도적 보완이 필요하다.

이와 같은 변화의 방향에 따라 이미 학교현장에서 실제적인 직업교육 변화가 일어나고 있다. 특수학교를 중심으로 현장중심 직업교육을 위한 특수학교 학교기업의 형태가 30개교에 설치 운영되고 있다. 특수학교 학교기업이란 장애학생 직업훈련을 목적으로 특수학교 내에 일반사업장과 유사한 형태의 직업훈련실을 설치하여 현장중심 직업교육을 제공하는 형태로, 장애학생 졸업 후 취업 및 자립생활 능력 향상, 고등교육 기회 및 지원 확대, 사회 참여 역량 강화, 장애 특성에 맞춘 다양한 평생교육 기회 확대, 평생교육 질적 향상, 특수교육대상자 통합형 직업교육 거점학교 및 특수학교 학교기업을 통한 직업교육 확대 및 내실화 등을 위해 노력하고 있다.

이 밖에도 특수교육대상자의 거주지에서 쉽게 접근할 수 있는 일반고 특수학급, 특수학교 고등학교과정 학생을 대상으로 특성화고, 마이스터고, 전문대학 및 폴리텍대학에 위탁교육을 통한 직업교육의 내실화를 기대할 수 있다. 즉, 직업교육 전문대학의 교육인력 및 인프라를 활용하여 전문직업교육을 제공할 수 있을 것이다. 고용노동부, 보건복지부 등 정부 부처 간의 협력을 통해 장애학생 직업교육 및 취업을 위한 지원시스템을 강화할 수 있을 것이다. 고용노동부와의 협력을 통해 각급학교 장애인 일자리 창출 사업을 추진할 수 있으며, 한국장애인고용공단, 한국

장애인개발원, 한국직업능력개발원 등 유관기관과 연계하여 장애학생 취업을 지속적으로 지원할 수 있을 것이다.

9. 결론

장애를 가진 학생들이 졸업 이후에 취업을 하는 데 있어 가장 중요한 요소는 학교에서 이루어지고 있는 진로 및 직업교육이라 할 수 있다(박영근, 윤형진, 2015). 장애인의 직업적성에 대한 선행 연구 분석 결과, 장애인의 직업흥미와 취업 직종 간의 연계가 잘 되었을 때 직업유지가 성공적으로 이루어지는 것을 확인할 수 있었는데(박은영, 강석구, 김삼섭, 2007), 이는 장애인의 적성이나 능력을 고려하여 직업을 선택하는 것이 직업을 오래 유지하는 데 중요한 요인으로 작용한다고 볼 수 있다. 특수교육대상자의 진로·직업교육은 특수교육대상자의 성공적인 성인기 전환을 위한 직업재활과 자립생활을 위한 교육뿐만 아니라, 특수교육대상자과 부모 모두에게 보다 나은 성인기를 준비할 수 있도록 진로의 방향에 대해 모색하는 교육이어야 한다(이경선, 이미숙, 2015).

'진로·직업교육'이란 특수교육대상자의 학교에서 사회 등으로의 원활한 이동을 위하여 관련 기관의 협력을 통하여 직업재활훈련·자립생활훈련 등을 실시하는 것을 말한다. 고등학교를 졸업한 장애인에게 중등교육 이후 전환 프로그램은 고용 및 직업 관련 교육과 비직업적인 중등교육 이후 전환 프로그램으로 나누어진다. 뿐만 아니라 고등학교를 졸업한 특수교육대상자의 직업재활훈련 및 자립생활훈련을 위해 특수학교 또는 일반학교에 설치한 과정으로 '전공과' 또는 '특수학교 직업교육 중점학교'를 설치 운영하고 있다.

일반적으로 진로·직업교육을 통한 성공적인 학교와 사회 간의 전환을 위해서 개별화전환계획(ITP)을 수립하여 적용한다. 개별화전환계획(ITP)은 청소년기의 개별화교육계획(IEP)과 함께 구성되어, 고용서비스 직업재활, 학교시스템과 관련된 다양한 기관의 책임과 협력에 대한 내용으로 구성된다.

실제 교육현장에서 특수교육대상자로 진로·직업교육을 위해서는 단순 생산직에 국한되는 기술교육이 아니라 새로운 직업환경에 부응할 수 있도록 전문 숙련직과 다양한 직업 경험을 제공하는 방향으로 변화가 필요할 것이다.

학습과제

1. 자신의 학급에 지적장애를 가진 고등학생이 통합되어 교육을 받고 있다. 이 학생을 위한 진로·직업교육 지원 방안에 대해 논하시오.

2. 자신의 학급에 시각장애를 가진 고등학생이 통합되어 교육을 받고 있다. 이 학생을 위한 진로·직업교육 지원 방안에 대해 논하시오.

3. 자신의 학급에 소속된 특수학생의 부모는 졸업 후 취업보다 고등교육기관 취학을 원하고 있다. 이에 따른 지원 방안에 대해 논하시오.

4. 자신의 학급에 소속된 특수학생을 위한 진로·직업교육을 설계하려 한다. 교사가 가진 자원에 따른 적절한 수준의 지원 방안을 설명하시오.

 참고문헌

교육부(2014). 제5차 특수교육발전 5개년('18~'22) 계획. 세종: 교육부.

교육부(2015a). 2015 학교 진로교육 목표와 성취기준. 세종: 교육부.

교육부(2015b). 2015 기본교육과정. 세종: 교육부.

교육부(2017). 2017 특수교육통계. 세종: 교육부.

교육부(2018). 2018 특수교육통계. 충남: 국립특수교육원.

김삼섭, 구인순, 김형완, 박은영, 박희찬, 서종열, 이효성, 임경원, 전보성, 정민호, 황윤의(2013). 장애인 직업교육의 이론과 실제. 서울: 학지사.

국립특수교육원(2016). 특수교사와 학부모를 위한 취업·창업 정보제공서 I. 충남: 국립특수교육원.

박영근, 윤형진(2015). 지적장애학생들을 위한 효과적인 진로 및 직업교육 실행방안에 관한 교사인식. 특수교육재활과학연구, 54(3), 213-133.

박은영(2015). 청년기 지적장애인의 고용 유지 결정 요인: 직업훈련 프로그램 참여자의 개인적 요인을 중심으로. 한국콘텐츠학회논문지, 15(4), 519-529.

박은영, 강석구, 김삼섭(2007). 자폐인의 직업유지 요인에 관한 사례 연구. 특수교육학연구, 42(1), 2017-226.

박은영, 신인수(2011). 발달장애 학생의 적응행동에 대한 전환교육 프로그램의 효과: 메타분석. 장애와 고용, 21(2), 59-78.

이경선, 이미숙(2015). 장애학생의 진로·직업교육의 부모 인식에 대한 국내 문헌 분석. 장애와 고용, 25(4), 137-159.

이성하, 나운환(2012). 발달장애인의 중등교육이후 전환프로그램 모형 개발 연구. 지적장애연구, 14(4), 255-292.

정동영(2014). 지적장애학생의 전환 지원을 위한 진로교육의 목표와 방법 탐색. 특수교육 교과교육연구, 7(1), 1-25.

한국장애인고용공단(2013). 공단 사업현황 자료. 경기: 한국장애인고용공단 고용개발원.

한국장애인고용공단(2016). 2016년 장애인경제활동실태조사. 경기: 한국장애인고용공단 고용개발원.

한국직업능력개발원(2012). 학교 진로교육의 목표와 성취기준. 서울: 교육과학기술부.

Department for Education. (2011). *Support and aspiration: A new approach to special educational needs and disability.* UK: Department for Education

Doren, B., Bullis, M., & Benz, M. R. (1996). Predictors of victimization experiences of adolescents with disabilities in transition. *Exceptional Children, 63*(1), 7-18.

Flexer, R. W., Simmons, T. J., Luft, P., & Baer, R. M. (2001). *Transition planning for secondary students with disabilities.* Upper Saddle River, NJ: Prentice-Hall, Inc.

Halpern, A. S. (1985). Transition: A look the foundation. *Exceptional Children, 51*(6), 476-486.

Patton, J., & Dunn, C. (1998). *Transition from school to young adulthood: Basic concepts and recommended practices.* Austin, TX: PRO-ED.

West, J. (1991). *The Americans with Disabilities Act: From policy to practice.* New York, NY: Milbank Memorial Fund.

Will, M. (1984). *OSERS programming for the transition of youth with disabilities: Bridges from school to working life.* Washington, DC: Office of Special Education and Rehabilitation Services, U.S. Office of Education.

찾아보기

내용

저자 소개

강영심(Kang Young-Sim)
부산대학교 교육학 박사
미국 유타주립대학교 특수교육학 박사후과정
현) 부산대학교 특수교육과 교수

〈주요 저·역서〉
통합교육: 교사를 위한 특수교육입문(2판, 공저, 학지사, 2009), 다중지능과 교육(공역, 중앙적성출판사, 2004)

〈주요 논문 및 연구보고서〉
부산 장애 문화예술인 실태조사(2018, 부산문화재단), 지적장애학생의 기본심리욕구가 행복감에 미치는 영향(2018), 장애대학생의 진로정체감 지위 분석(2019)

김기흥(Kim Ki-Heung)
독일 쾰른대학교 특수교육대학원 교육학 박사
현) 부산교육대학교 유아교육과 교수

〈주요 저서〉
장애아교육학: 장애아동의 이해와 교육을 위한 입문서(개정판, 집문당, 2014)

〈주요 논문〉
Schulische Inklusion von Schuelern mit Behinderung im Primarbereich der Bundesrepublik Deutschland im Vergleich zu Suedkorea(2013), 특수학교에 재직 중인 특수교사들이 바라본 일반학교에서의 통합교육과 특수학교 교육에 대한 인식(2014), 특수학교에 재직 중인 특수교사들의 통합교육에 관한 인식(2016), 독일의 특수학교 교사들의 통합교육에 대한 인식-뒤셀도르프, 쾰른 및 부퍼탈 지역을 중심으로(2017)

김자경(Kim Ja-Kyoung)
미국 미주리대학교 컬럼비아캠퍼스 철학 박사
현) 부산대학교 특수교육과 교수

〈주요 저·역서〉
학습장애: 이론과 실제(공저, 학지사, 2012), 경도·중등도 장애 학생을 위한 교수전략(공역, 학지사, 2011), 교실 속 다양한 학습자를 위한 수학교과의 차별화 교수법: 21세기 교실에서의 공통핵심수학교육(공역, 시그마프레스, 2017)

〈주요 논문〉
통합교육에 대한 예비교사들의 은유 표현(metaphor) 분석(2018), CRA 기반 수감각 검사도구 개발: 느린 학습자 조기 진단을 위한 기초연구(2018)

여승수(Yeo Seung-Soo)
미국 미네소타대학교 트윈시티캠퍼스 철학 박사
현) 부산교육대학교 초등특수교육 전공 교수

〈주요 저·역서〉
읽기 장애 조기 선별검사의 측정학적 적합성 연구(집문당, 2018), 특수교육 평가의 이해: 이론과 실제(공저, 학지사, 2019), 학습장애 및 학습부진 아동의 과학적 평가방법: 교육과정중심측정(CBM)의 이해(공역, 학지사, 2015)

〈주요 논문〉
보편적 선별(Universal Screening)을 위한 초등학교 1학년 수학 CBM의 측정학적 적합성 연구(2017), 읽기 보편적 선별검사의 2년 후 예측타당도 분석: 어절선택 CBM의 활용(2018)

최진혁(Choi Jon-Hyeok)
미국 컬럼비아대학교 철학 박사
현) 부산대학교 특수교육과 교수

〈주요 저·역서〉
언어행동분석(공역, 시그마프레스, 2011), 당당 엄마 특수 교육: 미국 특수교사가 전하는 엄마를 위한 응용행동분석(공저, 시그마프레스, 2013)

〈주요 논문〉
The effects of an auditory match-to-sample procedure on listener literacy and echoic responses(2015)

황순영(Hwang Soon-Young)
부산대학교 특수교육학 박사
현) 부산대학교 특수교육과 교수

〈주요 역서〉
정서행동장애학생의 이해와 교수전략(공역, 시그마프레스, 2010), 최신행동치료(공역, 센게이지러닝코리아, 2011), 정서행동 장애 학생의 성공적인 통합교육을 위한 이해와 실천(공역, 시그마프레스, 2013), ADHD에 관한 100문 100답(역, 시그마프레스, 2014), 기능적 행동평가(공역, 학지사, 2016)

특수교육학개론

다양한 학습자와 함께하는 통합교육

Special Education

2019년 3월 20일 1판 1쇄 발행
2024년 3월 25일 1판 4쇄 발행

지은이 • 강영심 · 김기홍 · 김자경 · 여승수 · 최진혁 · 황순영
펴낸이 • 김 진 환
펴낸곳 • (주) **학지사**

04031 서울특별시 마포구 양화로 15길 20 마인드월드빌딩 5층

대표전화 • 02) 330-5114   팩스 • 02) 324-2345

등록번호 • 제313-2006-000265호

홈페이지 • http://www.hakjisa.co.kr
인스타그램 • https://www.instagram.com/hakjisabook

ISBN 978-89-997-1903-5 93370

정가 17,000원

출판미디어기업 학지사

간호보건의학출판 **학지사메디컬** www.hakjisamd.co.kr
심리검사연구소 **인싸이트** www.inpsyt.co.kr
학술논문서비스 **뉴논문** www.newnonmun.com
원격교육연수원 **카운피아** www.counpia.com